イスラーム・ジェンダー・スタディーズ

長沢栄治 監修
岩崎えり奈／岡戸真幸 編著

8 *Ideals and Realities of Labor*

労働の理念と現実

明石書店

「イスラーム・ジェンダー・スタディーズ」シリーズ刊行にあたって
――8『労働の理念と現実』

本シリーズは、「イスラーム・ジェンダー学」の研究成果を具体的な内容で分かりやすく読者に示すことを目的にしています。

この第8巻のタイトルは『労働の理念と現実』です。他の巻は公開セミナーや科研内の公募研究会の成果をまとめたものですが、本巻は、第3巻の「教育」というテーマと並んで、「労働」も取り上げるべきではないかという、研究分担者の鷹木恵子さんの提案を受けて企画したものです。そこで岩﨑えり奈さんに出版の企画をお願いし、さらに岡戸真幸さんにも加わっていただき、編者お二人の努力によってこのたび刊行に至りました。この編集企画のために、執筆者によるオンライン会議（研究会・編集会議）が計11回開催されたと聞いております（「編者あとがき」参照）。お二人にはこの場を借りて深く感謝申し上げます。

この第8巻は編者の岩﨑さんが「はじめに」で述べているように、「労働」とは何かを問うことを大きな目標にしています。特に人類史とともに古いともいえる性別役割分業の問題を軸に、様々なイシューが取り上げられています。

ところで分業（division of labor）という言葉について、筆者はマルクス経済学者の森田桐郎先生から以前、聴講した大学院ゼミで次のようなお話を聞いたことがあります。分業は直訳すれば「労働の分割」だが、例えば世界的分業は本来、分断や差別をともなうことなく、普遍的な人類全体の労働を世界中の人々が共に分かち合うものでなくてはならない。そのような内容だったと記憶しています。

性別役割分業についていえば、階級の廃止によってジェンダーによる抑圧構造も消滅するといった、素朴な社会主義の未来像を今や信ずる人も少ないでしょう。しかし、普遍的な人類全体の労働を、対等な立場に立って、それぞれが等価な存在と認めて共に分かち合い、さらにはその分かち合いのあり方、役割分担を自由に組み替えることができる社会の実現は、人類の一つの夢であります。そして、イスラームをはじめとする宗教や文化的イデオロギーは、必ずしもその夢を妨げるものばかりではないと思うのです。

以上はもちろん「理念」あるいは「理想」の話です。この巻では「現実」における実践が様々な事例を通じて論じられていますが、その経験の積み重ねこそが「理念」の実現を導くものでしょう。これらの実践は、人々の内においては個人の尊厳と名誉と結びつき、外に向かっては連帯と共助のネットワークへと広がるものです。しかし、「理念」の実現に至る道は険しく、また一筋縄ではいかないことも分かるのです。

「イスラーム・ジェンダー学」科研・研究代表者
長沢栄治（東京外国語大学アジア・アフリカ言語文化研究所フェロー／東京大学名誉教授）

※本シリーズの各巻は、日本学術振興会科学研究費補助金・基盤研究（A）課題番号16H01899「イスラーム・ジェンダー学構築のための基礎的総合的研究」（2016〜19年度）および基盤研究（A）課題番号20H00085「イスラーム・ジェンダー学と現代的課題に関する応用的・実践的研究」（2020〜23年度）の成果の一部です。プロジェクトのウェブサイトURLは、islam-gender.jp です。

はじめに

岩﨑えり奈

1　「労働」を見直す

若者の失業、不安定雇用、過労死など、労働をめぐる問題は現代の最も重要な社会問題である。日本においては、非正規労働者の過酷な労働条件、長時間労働やハラスメントなどが問題になっている。世界においても低賃金、不安定な雇用や失業が深刻な問題であることは、ＩＬＯ（国際労働機関）が１９９９年に提唱したディーセント・ワークにみてとれる。ディーセント・ワークとは「すべての人々の完全かつ生産的な雇用と働きがいのある人間らしい雇用」のことであり、国連ＳＤＧｓ（持続可能な開発目標）の目標８においても「働きがいのある人間らしい雇用」（ディーセント・ワーク）が掲げられている。

ディーセント・ワークが問題になる背景には、非正規労働者が増え続け、しかも正規雇用も増えていない現実がある。その結果、日本では、雇用が安定しているが残業など企業拘束性が大きい正規雇用と、雇用が不安定で賃金も低い非正規雇用に雇用形態が二極化している。正規労働者は働きすぎになり、非正規労働者は低い賃金・待遇・地位の問題に直面し、働く人が精神的に追いつめられているのである。

新型コロナウイルスの感染拡大により2020年から始まったコロナ禍は、このような労働者間の格差を露呈した出来事であった。日本のみならず世界中で、コロナ禍は非正規労働者に経済的打撃をあたえ、医療・介護現場におけるケア労働の負担増をもたらしたが、特に経済的・社会的被害を被ったのは非正規労働者・低所得者層であった。

今日の労働問題の核心には、ジェンダーの問題がある。20世紀半ば以降、多くの国は安定的な企業における男性正規雇用を前提に、人生の意味と保護を組み立ててきたからだ（上村 2021）。日本の場合、女性は夫がいて扶養されていれば、低賃金でいても問題ないという考え方に基づいて、社会保障制度が構築されてきた。また、男性は女性と子どもを扶養するために長時間労働を求められてきた。

しかし、先進国のみならず途上国においても、技術の進歩、社会の変化とグローバル化にともない、労働市場を取り巻く環境は大きく変化している。そのため、男性正規雇用の前提は現実に合わなくなっている。実際、コロナ禍においても、経済的・社会的被害をより多く被ったのは女性であった（竹信 2023）。

こうして、性別によらず、誰もが適切な労働時間と賃金で働けるようにするためには、「労働」の見直しが求められている。「労働」とは、似た言葉に「仕事」もあるが、一般的には、経済的な報酬をともなう活動として理解されている。政策決定者も研究者も、貨幣的富を豊かさとして理解し、市場での有償労働に価値を置いて、労働を有償／無償、正規（フォーマル）／非正規（インフォーマル）、男性／女性に線引きしてきた。

政治哲学者のハンナ・アーレントは『人間の条件』（1958年）のなかで、人間を他の動物と区別する要素（「人間の条件」）として、労働（labor）、仕事（work）、活動（action）を挙げた（アレント 1994）。労働とは人間の生命を維持するための営みであり、私たちがイメージする労働に近く、知的・肉体的に働くことで経済的報酬を得る行為である。この労働は、生きていくために不可欠な行為で、時には苦痛をもたらす。これに対して、仕事は思考し新たな創造物をつくる行為、活動は多種多様な人々との共同行為である。アーレントによれば、前近代の社会において最も重要な社会的な営みであった活動にとってかわり、近代の社会になると労働が特権化し重要な営みになった。貨幣の量では表されない家事やケア労働は「労働」とみなされなくなり、どんな職業に就き、どれだけ稼いでいるのかが社会において重要になったのである。

しかし、市場での貨幣価値という尺度を取り払って「労働」を見直すならば、私たちの生活を支えている「労働」には実にさまざまな活動がある。無償であっても、家事やボランティアも広義の「労働」である。国や社会によっても、何が「労働」と認識されるかは異なる（中谷・宇田川 2016）。

2　本書のねらい

本書が対象にするのは、ムスリム（イスラーム教徒）社会の国・地域である。イスラームは男女の混在を良しとせず、女性を隔離する傾向が強い宗教とされる。またイスラーム圏の国・地域によっては、女性が働くべきでないとする規範が根強く、実際に女性の労働参加率が低い国があるのは事実だ。しかし、女性労働者が少ないようにみえたとしても、それは性別役割分業に関する近代イスラームの言説と、近代の男性の産業労働こそが「労働」だとする観念のせいで、女性の多様な働き方が軽視されていたためである。「労働」を広くとらえるならば、ムスリム社会において、女性も男性も多様な働き方をしていることが理解されるであろう。

本書は2部で構成され、ムスリム社会における多様な「労働」のあり方を理念と現実の両面から明らかにすることを目的にしている。第Ⅰ部「歴史と思想のなかの労働とイスラーム・ジェンダー」は理念と歴史上の「労働」を扱う。イスラームの歴史において「労働」がどのようにとらえられ、どのような意味をもったのか、近代化のなかで「労働」概念がどのように形成されたのか、現代のムスリム社会において、「労働」が信仰とどのように結びついているのかを明らかにする。第Ⅱ部「ムスリム社会の労働の現実とジェンダー」では、ムスリム社会を対象にする研究者がそれぞれのフィールドワークをもとに、生活のなかで営まれるさまざまな「労働」に目を向け、「労働」の意味を考察する。

ムスリム社会における多様な「労働」を考察することには、次のような意義がある。

①ムスリム社会では、「労働」は経済的な報酬をともなう活動であると同時に、神への奉仕でもある。利益追求と神への奉仕が結びついていることにイスラームの特徴があるが、その結びつき方は時代や地域によって異なる。ムスリム社会の過去と現在における「労働」観を考察することで、私たちが自明のものとしてきた「労働」観を見直すことができるだろう。

②女性が外出時に着用するヒジャーブにみられるように、イスラームは男女隔離、性別役割分業の規範が強い宗教という見方が一般的にある。確かにムスリム社会においては、家庭外の労働が、女性は家にいるべきかどうかといったクルアーンの解釈の問題と結びつけられやすい傾向がある。しかし、現実には、ジェンダーや家族、国家と宗教などさまざまな要素が絡んだ交渉により、家庭内労働と家庭外労働の境界は動き、変容し、場合によっては問い直されてきた。すなわち、多様な「労働」の現実を明らかにすることは、イスラームと一口に言ってもその解釈は時代や社会によって異なり、ムスリム女性だけではなく、男性の働き方も同じく多様であり、境界をめぐる交渉を通じて絶えず変化している社会であることを示すことになるだろう。

③先に述べたように、「労働」の見直しは日本社会のみならず世界共通の課題である。ムスリム社会における男女の多様な働き方を知り、彼らが生活のなかで「労働」をどのように実践しているのかを理解することは、日本の「労働」のあり方を見直すことにもつながるだろう。コロナ禍を機に新しい働き方が問われているなか、本書が私たち自身の働き方を見直す一助となれば幸いである。

◉統計にみるムスリム諸国の女性の労働

「労働」の理念と現実をイスラームとジェンダーのかかわりで考察する各章に入る前に、以下では「労働」の全体的な状況を主要な統計指標で確認しておこう。

経済的報酬をともなう「労働」にどれだけ女性が参加しているのかを示す指標として一般的に用いられるのは、労働参加率と失業率である。労働参加率は15歳以上人口に占める労働力人口（就業者と失業者）の割合を指す。就業者は、調査期間中に1時間以上、経済的収入をともなう仕事をした者に加え、無報酬の家族労働者も含まれる。なお、統計において無報酬の家族労働者の過小評価がしばしば批判されており、後述するように、無報酬労働者を把握するための試みが近年なされている。

この二つの指標でもって世界の地域別に労働参加状況を概観しよう。これらの地域区分のなかでムスリム人口が多いのは中東・北アフリカと次いで南アジアであるが、ムスリム人口は西アフリカや東南アジア（表1では東アジア・太平洋諸国に含まれる）にも多い。表1に示されるように、女性が最も多く労働参加している地域は東・南アフリカと東アジア・太平洋諸国である。男性の労働参加率に対する女性の比率をみると、この二つの地域ではその値が80％以上であり、ほぼ男性と同じくらい経済報酬をともなう「労働」に参加しているといえる。これに対して、中東・北アフリカ（アラブ諸国）の女性労働参加率は世界最低で2022年で19・7％であった。次いで女性の労働参加が低い地域は南アジアで、25・6％であった。

これら二つの地域では男性の労働参加に対する女性の比率も低いから、女性は男性よりも労働参加しない傾向が強いということになる。ただし、注意しなければならないのは、深刻な失業問題にこれら二つの地域、特に中東・北アフリカの女性が直面していることである。若者の失業は世界中で深刻な社会問題であるが、中東・北アフリカに

表1　世界の地域別女性の労働参加率と失業率（%）（2022年）

	15歳以上労働参加率（女性）		若年（15～24歳）失業率	
	女性	男性に対する比率	女性	男性
東・南アフリカ	65.0	87.5	15.4	13.3
西・中央アフリカ	54.6	79.5	10.4	9.2
アラブ諸国	19.7	30.9	43.4	22.6
東アジア・太平洋諸国	59.0	80.5	10.4	11.9
ヨーロッパ・中央アジア	50.5	78.0	16.5	14.7
ラテンアメリカ・カリブ諸国	51.0	69.0	18.2	13.0
南アジア	25.6	34.3	21.4	20.2
世界	47.3	68.2	17.3	15.1

注：東南アジア諸国は、東アジア・太平洋諸国に含まれる。
［出所：World Bank, Gender Disaggregated Labor Database（GDLD）（https://databank.worldbank.org/source/gender-statistics）］

表2　ムスリム諸国の女性の労働参加率と雇用形態（%）（2021年）

	15歳以上労働参加率*		若年（15～24歳）失業率		不安定な雇用		パートタイム雇用		インフォーマル雇用	
	女性	男性に対する比率	女性	男性	女性	男性	女性	男性	女性	男性
フィリピン	44.1	65.1	10.3	5.4	38.4	31.4	32.5	30.4	－	－
マレーシア	55.4	67.0	13.0	10.7	22.9	19.7	11.0	9.3	－	－
インドネシア	52.0	65.4	12.7	13.4	58.3	43.4	44.8	29.0	75.9	73.8
パキスタン	24.5	30.4	14.4	10.4	69.3	50.5	42.6	6.4	72.6	71.1
イラン	13.3	22.6	37.0	22.8	38.9	40.0	55.7	26.9	－	－
アラブ首長国連邦	52.6	59.3	18.9	6.5	4.7	1.1	3.9	2.2	－	－
サウジアラビア	28.6	34.7	48.4	19.3	4.6	2.8	－	－	－	－
クウェート	24.6	55.8	31.4	10.9	0.0	1.4	－	－	－	－
トルコ	32.8	48.0	28.7	15.7	28.3	23.4	26.9	15.1	－	－
ヨルダン	13.8	23.6	55.4	36.6	3.4	9.5	15.2	9.8	－	－
エジプト	15.3	22.2	42.5	12.4	28.9	16.2	32.3	17.2	41.1	57.1
チュニジア	29.1	39.5	39.9	35.9	9.9	18.4	28.6	17.3	－	－
アルジェリア	14.6	25.6	47.8	24.9	21.7	27.0	36.2	15.7	－	－
モロッコ	20.9	30.8	41.9	24.5	53.5	43.0	46.3	14.1	－	－
ガーナ	63.5	90.1	7.1	7.2	78.2	62.5	35.6	29.8	88.3	75.9

注：(1) 表中の国は、本書で扱う国を日本からみて近い順に東から西へ並べた。
(2) * マレーシア、アルジェリア、ガーナは2020年の値。
(3)「不安定な雇用」（vulnerable employment）は、従業員をもたない自営業者と無報酬家族労働者の合計値。「パートタイム雇用」は正規雇用だが通常よりも雇用時間が少ない雇用形態。「インフォーマル雇用」は、財やサービスを生産・販売する零細企業従事者。タクシー運転手や露天商などの自営業も含まれる。
［出所：UN WOMEN（https://data.unwomen.org/data-portal）; World Bank, Gender Data Portal（https://genderdata.worldbank.org/）; ILOSTAT（https://ilostat.ilo.org/data/）］

おいて最も深刻であり、中東・北アフリカの若い女性が失業に晒されやすい状況にあることは、アラブ諸国の15～24歳の女性の若年層失業率が世界で突出して高く43・4％に上ることに示される。

次に、ムスリムが多い国々の女性の労働参加状況を、本書で扱う国に絞って概観しよう（表2）。女性の15歳以上労働参加率は東南アジアのフィリピン、マレーシア、インドネシア、西アフリカのガーナで高い。ガーナの女性はほぼ男性と同じくらい労働参加率が高い。他方、イランからモロッコまでの中東・北アフリカ諸国は低い傾向にあるが、中東・北アフリカ諸国のなかでは例外的に、アラブ首長国連邦の女性の労働参加率が高いのが目を引く。若年層失業率は労働参加率と関連があり、労働参加率の低いアラブ諸国において若い女性の失業率が高い傾向にある。

雇用形態に関しては、近年、ＩＬＯや国連により不安定雇用や無報酬労働者を把握するための推計が試みられている。代表的な指標に、従業員をもたない自営業者と無報酬家族労働者からなる「不安定な雇用」、パートタイム雇用、インフォーマル雇用がある。これらの指標からは、各国に共通する傾向として男性よりも女性の方が不安定な雇用に従事していることがうかがえる。

ケア労働に関しては、時間利用調査が多くの国で実施されるようになり、家庭内の無報酬労働の実態が明らかにされつつある（時間利用調査については、コラム5参照）。ＩＬＯが２０１８年にまとめたケア労働に関する報告書によれば、働いていない女性（非労働力人口）に働かない主な理由を問うたところ、無報酬のケア労働に従事していることを挙げる女性が多く、特にそれはアラブ諸国において高かった（ILO 2018）。図1は女性が労働参加しない理由として、無報酬労働を回答として挙げた女性がアラブ諸国で突出して多いことを示している。

このことは一見するとアラブ諸国の女性は「労働」していないようにみえたとしても、ケア労働の担い手として女性が働いていることを示している。実際、図２に示されるように、アラブ諸国では報酬労働に時間を費やす女性はきわめて少ないものの、一日当たり３２９分と他の地域よりも多い時間を無報酬のケア労働に充てている。したがって、アラブ諸国において女性の労働参加率は低いが、それは家庭内の無報酬のケア労働が「労働」統計から抜け落ちていることを表している。また、アフリカやアジア地域では、経済的報酬をともなう「労働」に加え、無報酬のケア労働も女性が負担していることも見過ごしてはならない。

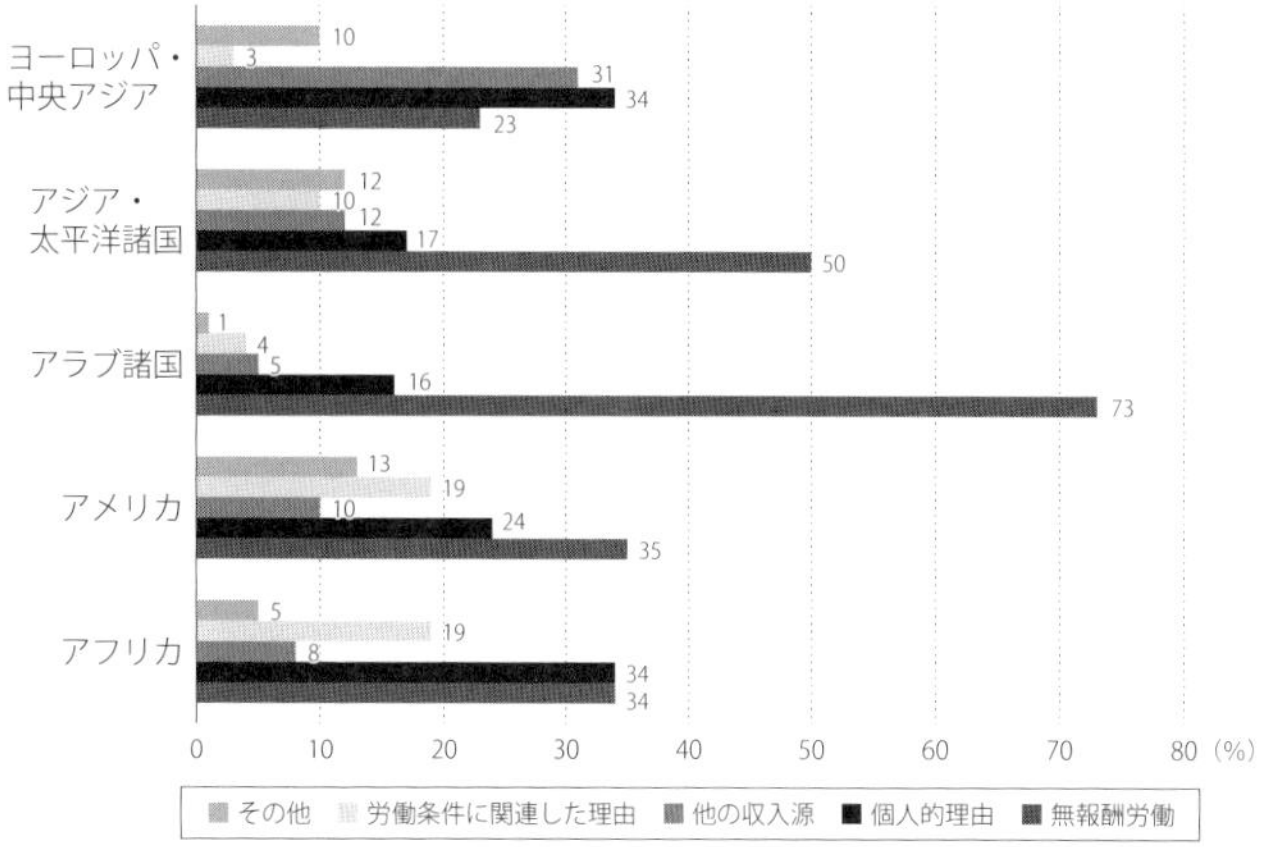

図１　働いていない女性（非労働力人口）が回答した働かない（労働参加しない）理由（％）

［出所：ILO 2018: 84-85］

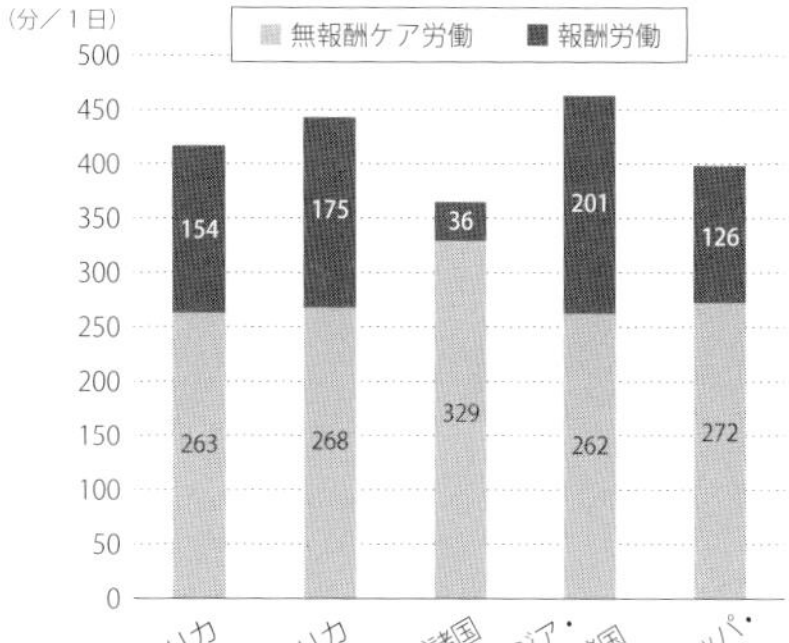

図２　無報酬ケア労働と報酬労働に費やす１日当たりの時間（分）

［出所：ILO 2018: 56］

本書で主に対象とした国・地域

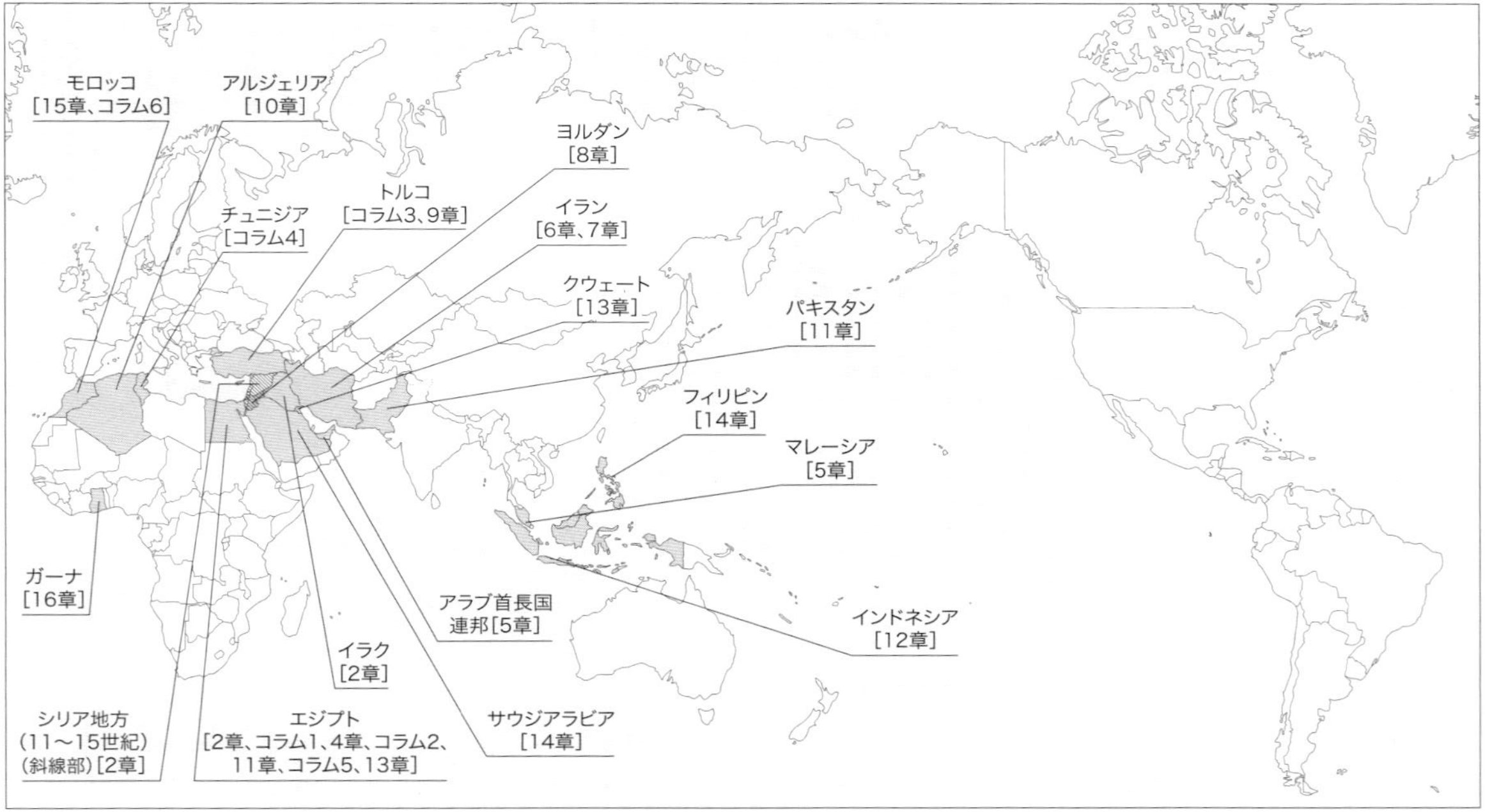
モロッコ［15章、コラム6］
アルジェリア［10章］
チュニジア［コラム4］
トルコ［コラム3、9章］
ヨルダン［8章］
イラン［6章、7章］
クウェート［13章］
パキスタン［11章］
フィリピン［14章］
マレーシア［5章］
インドネシア［12章］
アラブ首長国連邦［5章］
イラク［2章］
サウジアラビア［14章］
ガーナ［16章］
シリア地方（11〜15世紀）（斜線部）［2章］
エジプト［2章、コラム1、4章、コラム2、11章、コラム5、13章］

イスラーム・ジェンダー・スタディーズ8

労働の理念と現実

目次

IG科研

第Ⅰ部 歴史と思想のなかの労働とイスラーム・ジェンダー

第Ⅱ部　ムスリム社会の労働の現実とジェンダー

※本文中の写真で出所の記載のないものについては、原則として執筆者の撮影・提供によるものです。

第Ⅰ部

歴史と思想のなかの労働とイスラーム・ジェンダー

第1章

イスラームの聖典に読む「労働」とジェンダー

──クルアーンとその解釈の可能性

大川玲子

はじめに

一般的なイメージとは異なり、クルアーンには、女性は家のなかにいて家事や育児にいそしむべきで外で仕事をすることはあり得ない、といったことは書かれていない。この女性を家に隔離する習慣は、女性が身に着けるとされるベール（ヒジャーブ）と同様に、クルアーンの規定ではなく、後代に、おそらくサーサーン朝ペルシャやビザンツ帝国の影響で成立したもので、それがクルアーン解釈に読み込まれていったともされる（Stowasser 1994: 92）。

クルアーンには商売についての言及が少なくない。クルアーンが啓示された当時の7世紀のアラビア半島では交易が盛んで、メッカはその重要拠点であり、ムハンマド自身も隊商交易に従事していた。またムハンマドの最初の妻ハディージャが隊商交易ビジネスを営んでいたことから、現在の女性企業家のモデルのようにとらえられることもある。だがクルアーンは特に女性の労働のあり方について明確に述べているわけではない。ジェンダーを考えるにあたって重要なのは、現代ムスリム社会において労働の性別役割分業を正当化する根拠としてこの聖典の言葉が用いられているということであろう。本章は特に、女性が家にいることと養われることの根拠とされてきた句に焦点を当てることにしたい。

この男女の労働上の役割分担という「ジェンダーと労働」の問題は、ムスリム社会に限ったことではなく、近代以降、現代にいたるまで、さまざまな文化的文脈のなかで議論されてきた。例えば日本では、上野千鶴子が1995年に発表した「『労働』概念のジェンダー化」を読むと、主婦の家庭内外での労働をめぐる議論が男女の平等を求めるなかで複雑に展開してきたことがよくわかる（上野 1995）。上野と同時代のエジプトの女性学者でクルアーン解釈書も著したビント・シャーティウ（アーイシャ・アブドッラフマーン、1913－1998。後藤 2020 や大川 2021も参照のこと）が、自分の世代と母の世代との間にある大きなギャップについて語っている。その論文「イスラームと新しい女性」によれば、自分たちは母たちのいた「ハーレムの壁のなかから公共生活というきわめて離れた地平に向けて旅をして」、三つの戦いの場に踏み込んだ。それらは、「ベールを脱ぎ棄てること、教育を受けること、そして家の外で仕事をすること」であった、と（BSh 1999: 194）。

本章では、男女の家の内外での役割分担という枠組みの根拠とされてきたクルアーンの句をいくつか取り上げ、それらの句の背景や解釈の展開を検討する。これらの句がジェンダーによって労働の質が異なるべきだという解釈しか可能としないのか、つまり、クルアーンは女性の家庭外での労働を認めない解釈しか提示し得ないのかについても考えたいのである。まずは、女性は家にいるべきという男女隔離（33章33、53節）、女性に対する男性の優位性（2章228節と4章34節）についての句の背景や解釈の展開を概観する。次いで、1990年代に刊行され影響力の大きいクルアーン解釈書を二つ取り上げる。一つは、エジプトで多大な人気をほこってきた、ムハンマド・ムタワッリー・シャアラーウィー（1911－1998）の『シャアラーウィーのクルアーン解釈（タフスィール）』である（Sha'rāwī n.d.）。彼はスンナ派で最高権威をもつウラマー（宗教知識人）組織アズハルの出身である。もう一つは、アフリカ系のアメリカ人改宗者で女性学者のアミーナ・ワドゥード（1952－）『クルアーンと女性　聖なるテクストを女性の視点から読む』（Wadud 1999）である。この背景を全く異にする二人のムスリム学者のクルアーン解釈はある意味で両極端にあるが、クルアーン解釈には幅があり、社会の要請による高い可変性をもつことがうかがえるであろう。

1　女性は「家にいるべき」？――クルアーン33章33、53節をめぐって

ムスリム社会は男女が混在することを忌避し、女性を隔離する傾向が強いとされる。例えばモロッコ出身のフェミニスト学者ファーティマ・メルニーシーはこのことを次のように描写している。「男性の空間にいる女性は挑発的・攻撃的存在だと考えられる。学校教育や就業はどちらも女性が自由に街中を移動することを必要とするため、近代化によって多くの女性が公的な非難に晒されることを余儀なくされた。女性には男性の空間を使う権利がない。もしそこに入ったなら、男性の秩序や心の平安を乱すことになるのである」（Mernissi 1987: 143-144）。

その根拠となるクルアーンの句としてまず考えられるのは、33章33節であろう（以下、クルアーンは私訳で、重要な点を太字で示している）。

家にいて、昔の無明時代のように**身を飾り立て**てはならない。そして礼拝を守り、喜捨をして、アッラーとその使徒に従いなさい。この家の者たちよ、アッラーは汝らから不浄を取り払い、清らかにしたいと望み給う。

　この句だけだと、女性は家のなかで慎み深く生きていくべきと述べられているようにも読める。しかし文脈を確認する必要がある。33章32節には「預言者の妻たち、汝らは他の女たちと同じではない」とあり、この句はムハンマドの妻たちに向けられたものであることがわかる。後で述べる24章30～31節が信徒の男女全般に呼びかけられていることからも、この33章33節が限定された対象に向けられた命令であると解釈することができる。クルアーンにおける女性に関連する句の解釈史を分析したバーバラ・F・ストワッサーはその著書『クルアーン、伝承、そして解釈における女性たち』のなかで、この句についてこう論じている。この句は預言者の妻に向けられたものとして解釈されていたが、近代以前にはムスリム女性一般に適用されるようになった。「**身を飾り立て**」の意味もまた、外で身を隠すヒジャーブに対置される反イスラーム的行動と解釈されるようになった。中世以降、都市の上層ムスリム女性が家に隔離される慣習の根拠とされ、このため女性の公的活動は否定されることになった（Stowasser 1994: 97-99）。

　この33章33節と関連して、男女が混在することを避け、女性の家のなかへの隔離を説く言説の根拠とされるクルアーンの句は、33章53節に含まれている、預言者の家に食事に呼ばれた客人は預言者の妻たちに声をかけるときに「**帳《ヒジャーブ》の後ろから**」するようにという命令の言葉である。ここでの「ヒジャーブ」はムスリム女性が身体を隠すために身に着けるものではなく、何らかの仕切り（カーテンなど）と考えられる。33章53節は信仰者たちが預言者の家に食事のために訪れる際の内容となっている。クルアーンは、食事の準備が終わるまでは、家に入らずに外で待っているように命じている。そして呼ばれた後で家に入り、食べ終わったら世間話をして長居したりせず、退出するようにと言う。それは、預言者は長居する者を迷惑に感じても、そのようには言えないからである。これらの指示の後に下された言葉が、

また、汝らが彼女らに何か頼むときには、**帳《ヒジャーブ》の後ろから**頼みなさい。

というものである。ここでいう「彼女ら」は預言者の妻たちということになる。このように「**帳**」越しに会話し、直接接触することを避ける理由として、クルアーンは、その方がお互いの心が汚れずに済み、預言者を悩ませずに済む、と述べている。つまり、男女の心が乱れるのを避けるために仕切りを設ける必要があるということである。この句はこの後さらに、男性信者たちは預言者の死後、その妻たちと結婚することはできないとも述べられており、預言者の家庭についての句であると読むことができる。

この句が啓示された経緯についてはハディース（預言者ムハンマドの言行録）がこう伝えている。ヒジュラ暦5年、ザイナブ・ビント・ジャフシュとムハンマドとの結婚式の時に、客がなかなか帰らず、ムハンマドは不愉快になった。すると、新婦の部屋に入ろうとする新郎と客の間に帳を下ろすという啓示が下された、という。この後、預言者の妻たちは公的生活から隔離されるようになった。しかし時代が下ると、この規定はムスリム女性一般に適用されるものだと解釈されるようになった。メルニーシーはさらに、この帳は公的な空間と預言者の私的な空間を区別するものとして啓示されたにもかかわらず、その後、女性の隔離に結びつけられてしまった、ムハンマドはこのような状況を認めないだろうと批判している（Stowasser 1994: 90-92 ; Mernissi 1991: 85-101）。

2　男性は女性の扶養者なのか？——2章228節・4章34節をめぐって

「男性には女性より一**段階**（ダラジャ）がある」（2章228節）や「男性たちは女性たちを**監督する者**である」（4章34節）は男性の女性に対する優位性の根拠となる句として広く知られ、議論されてきた。これらの言葉は家族のあり方に関連する文脈で語られており、家庭におけるジェンダーのあり方に影響を与えてきた。ここでは女性の労働という観点からこれらの句を検討していきたい。果たしてクルアーンは、男性が一家の主であり、妻は夫の稼ぎで扶養されて家事育児をするもので、家の外で働いて稼ぐことは認められない、と命じているのであろうか？

2章228節は離婚についての句である。離婚された女性は再婚せずに3度の月経を待つ必要があるという言葉で始まり、離婚せずに和解する場合について述べている。そしてここで問題となるのが、これに続く次の言葉である。

男性には女性より一**段階**がある。

この「一**段階**」がどういう意味なのかが問題となる。次の229節も離婚についての規定が続けて述べられており（大川 2021: 194-197参照）、この228節も文脈としては離婚についての規定に関連するものだと読めるだろう。しかし一般的な男女の優劣の根拠とされてきた点が争点となる。

例えば中世のハンバル派法学者として知られるイブン・カイイム・ジャウズィーヤ（1350年没）は、

夫が家で掃除洗濯といった召使いのような家事をすることはあり得ないという根拠として、次の4章34節に言及している（Bauer 2015: 162）。つまり家事をする者は「一段下」であり、それが女性だとクルアーンに規定されているということになる。この背後には家の外での仕事が家事よりも優れているという前提が存在する。

4章34節はその冒頭に

男性たちは女性たちを**監督する者**である。なぜならアッラーは**ある者たちより他の者たちに多くの恵みを与え**、彼らが彼らの財産から出費するのだから。

とあり、この点に着目する。この句の後半には、夫は従順でない妻を打ってもよいと読めるよく知られた言葉があり、クルアーンがドメスティックバイオレンスを認めるのかという解釈上の問題を生んでいるが、ここでは取り上げない（大川 2021: 222-225 を参照のこと）。また一つ前の4章33節は相続について、後に続く35節は夫婦間の問題の仲裁について述べられている。よってこの節も家族内の問題について述べる文脈のなかにあると読める。

実際に多くの前近代の解釈者は、男性が女性に婚資や生活費を支払うのだから、もしくは、女性は家の外で男性を指導するには能力が不足しているのだから、女性は家で男性に奉仕すべき、という見解を提示している（Stowasser 1984: 25-27; Bauer 2015: 164）。だがカレン・バウアーも指摘するように（Bauer 2015: 168-169）、4章33節は相続について述べており、34節もその文脈でとらえることが自然であろう。クルアーン4章11～12節では男性が女性の倍の額を相続すると規定されている。つまり男性が女性よりも多くを相続する「**多くの恵みを与え**」られている立場なのだから、女性に生活費を出すべきである、と読めることになる。そうすると、この句では女性が家の外で仕事をする能力があるかどうかではなく、家庭での家計の分担の問題が述べられているといえるだろう。

3　ムハンマド・ムタワッリー・シャアラーウィー

アズハル出身ウラマーであったムハンマド・ムタワッリー・シャアラーウィーは、1977年から死去する1998年までエジプトのテレビ番組でクルアーンを解釈しつつ説教を続け、庶民から高い人気を博した。そのクルアーン解釈書『シャアラーウィーのクルアーン解釈』(1991年頃)は説教をもとにしたもので、わかりやすいアラビア語で書かれ、広く読まれてきた(Okawa 2021: 14-16)。

シャアラーウィーはその解釈書のなかでアーダム(アダム)とハッワー(イブ)の創造についてのクルアーンの句(7章189節)を解釈するにあたって、女性は男性の住処であり、外で仕事をして疲れている男性を優しく癒やす必要がある、と述べている。人類はその始まりから男女の役割分担が設定されているということがクルアーンを根拠として説かれ、それを根拠として現代社会における女性の家庭外就労が否定されているのである(Okawa 2021: 18)。とはいえ、この句に男女分業を読み込む必然性が高いとは考えられず、それほどにシャアラーウィーにとって、男性が外で働き、女性が家を切り盛りして男性を癒やすことを強調することが重要であったということであろう。

同様に女性に家にいるよう命じているクルアーン33章33節についてもシャアラーウィーは、男女分業に基づく解釈を展開している。「**家にいて**」の意味は、家から頻繁に出てはいけないということである。これは女性に一般的な礼儀作法で、なぜならば、家の幼児や夫や子どものために奉仕するのに忙しければ、外に出かける余裕などないはずだからである。夫が帰宅したときに妻が家事で忙しければ、おそらく夫は妻が自分に何もしてくれないので疲れてしまうであろう。つまり、家にいることに適していない女性は頻繁に外出し、家の外のことをして家のことは疎かになってしまう。もし妻が簡単な物作りなどを学ぶならば、家計がうるおい、夫の足しになる。それは、いろいろなものを作って夫を助けることで知られるダミエッタ（エジプト北部のナイル川デルタ地域にある都市ディムヤート）の妻たちのようなものである。そこで娘たちは工芸を学んで父親を助け、結婚後は夫を助けている（Shaʻrāwī n.d.: vol.19, 12021-12022）。つまりシャアラーウィーは、夫に負担をかけない程度に妻が家内労働で家計を助けるのはよいが、家の外で仕事をすることは認められないと考えているのである。

預言者の妻たちに声をかけるときに「**帳の後ろから**」するようにと命じる33章53節については、他人の所有物に手を出してはならないという倫理的教訓として読み取っている（Shaʻrāwī n.d.: vol. 19, 12132-12134）。つまり妻は夫の所有物という認識が前提となっていることがうかがえる。

男性は上の段階にあり、女性を扶養すると規定している2章228節の解釈にあたっては男女分業を読み込んでいる。それによれば、男女はそれぞれ別の領域をもち、男性は現世の活動においてより高い地位を占める。よって男性が女性の領域の業務について命じてもよく、女性のための費用も払うとしている。ここで4章34節に言及しつつ、扶養は男性の義務であり責任だと述べている（Shaʻrāwī n.d.: vol. 2, 988）。

その4章34節であるが、ここでシャアラーウィーはさらに踏み込んで男女の役割分業を論じる解釈をこう展開している。男性は女性が正しくふるまうよう監督する存在である。「**ある者たちより他の者たちに多くの恵みを与え**」とあるように、アッラーはアーダムとハッワーが地上に落ちた後、アーダムだけに話しかけており、男性をより好んでいる。男性は女性を守るために苦労して働き、稼ぎ、これは大変な労苦をともなう。男性はアッラーから強靱さを与えられているためにそれができるのであり、女性は優しさを与えられている、とシャアラーウィーは解釈を示している（Sha'rāwī n.d.: vol. 4, 2192-2194）。このように二つの句を通して、最初の人類を根拠としながら、男性の女性に対する優位性と男女の分業を説き、男性が外で働き、女性が家でそれを支えることがクルアーンで命じられていることだと論を展開しているのである。

4 アミーナ・ワドゥード

一方、アミーナ・ワドゥードはヴァージニア・コモンウェルス大学哲学宗教科の教授を務め、またモスクでの女性イマームとなるなど社会活動も活発に行った。１９７０年代初期にムスリムとなったが、アフリカ系であることと女性であることの二重の差別に苦しんだという。その博士論文に基づく著書『クルアーンと女性　聖なるテクストを女性の視点から読む』は１９９０年代に刊行され、大きな反響を呼び、世界的に影響を与えてきた（大川 2013: 56-58）。

ワドゥードのクルアーン解釈の基調は、まさに伝統的な男女分業を相対化しようとする試みそのものであり、それは同時にジェンダー間の優劣の否定でもある。彼女はクルアーンを解釈するにあたってのパースペクティブとして、男性や女性に定められた生まれながらの価値はなく、男女それぞれに特定の役割はないという2点を挙げている（Wadud 1999: 63）。これは伝統的なクルアーン解釈が必要以上に男性中心的な解釈を展開してきたことの批判でもある。そのため、ワドゥードのクルアーン解釈に通底する主張は、人の優劣を決めるのはジェンダーではなくタクワー（神への畏怖）という信仰心であり、社会生活上の男女の役割分担はジェンダーで決めつけられるものではない、というものとなる（Wadud 1999: 63-64）。

ワドゥードの解釈は男性が女性をどう扶養するかについてが関心の中心となっている。２章２２８節の「**段階**」については、常に男性が女性よりも上位であるという解釈がなされてきたことを批判し、この句は離婚の文脈そのものであり、そのときに男性が女性に対して優位性をもつという限定的なものだと述べている。さらに一般的な男女の関係についても、男女の権利と責任は同じだが、その扱いは社会慣習により異なると述べている（Wadud 1999: 68-69）。つまりこの句を文脈から限定的にとらえることで一般的な男女の優劣を否定し、現実問題として男女の役割分担はあり得るが、社会システムによって異なるものであり、クルアーンが何かを規定してはいないという解釈となっている。

次に4章34節「**監督する者**」についても、条件を付して次のように解釈している。アッラーが男性について物質的により「**多くの恵みを与え**」ているのは遺産に関してのみ（4章7節）であり、この点が男性が女性に生活費を支払うことに結びつけられる。しかしこれは無条件に男性が女性に対して優位であるという意味ではない。「**ある者たちより他の者たちに多くの恵みを与え**」の意味は現実の状況から考えると、「ある男性たちはある女性たちより好まれている」という意味である。かつ生物学的理由ゆえに女性の主要な責任の一つとして出産というものがあり、これには身体的強靭さ、スタミナ、知性、深い人格的関与が必要となる。これに対置するものとして男性の家庭や社会における責任が、女性が出産のために必要な身体的保護と物質的な生計を提供することになったのである。これが「**監督する者**」の意味である、とワドゥードは述べている（Wadud 1999: 70-73）。このようにワドゥードは男女それぞれに生物学的特質に基づく役割分担として、「**監督する者**」を解釈している。そのなかで、シャアラーウィーの解釈と正反対に、女性にこそ心身の強さが必要だと述べている点も興味深い。

33章33節の、家にいるようにとの命令についてワドゥードの言及はあまり多くはないが、家にいる理由を特定し、男性も対象に含めて解釈することでジェンダーの平等を主張している。それによれば、この文言はこれまで女性が家から出ないよう制限される一般的ルールとして用いられてきた。しかもこの句が「**身を飾り立て**」るために外出することを制限しているだけであるにもかかわらず、どのような目的でも外出してはならないという意味でとらえられてきた。つまり、女性はどうしても必要なとき以外は家にいなければならないということで、個別の規定が一般の規定にされたのである。だが元来の意味はそうではなく、男女ともに「**身を飾り立て**」るために外出すべきではないという意味である、とワドゥードは述べている（Wadud 1999: 98）。

おわりに

クルアーンの言葉の解釈は緊張と幅をともなう。歴史的には7世紀のアラビア半島に生きたムハンマドを通して生まれた。ゆえに特定の時間と空間の枠組みの産物であるが、ムスリムにとっては時空を超越した存在であるアッラーからのメッセージである。この矛盾する性質ゆえに、その解釈の歴史は緊張をはらんで展開されてきた。トランス状態のムハンマドの口から出たクルアーンの表現は事細かなものではなく、力強いが曖昧なことが多い。そのため本章で取り上げた句も解釈の幅が大きいことがわかる。女性は良妻賢母としてのみ家を中心に生きていくべきだとも、また、男性と協力しながら同等に社会に貢献するべきだ、とも読むことができる。

この解釈を決めるのは、解釈が生まれる社会ということになる。暴力が多く身体が重要な社会では、女性は家にいる方がよいという解釈が一定程度の意味をもつかもしれない。しかし暴力が減り、身体だけでなく頭脳も重視される社会では、女性が家のみにいる必要性はきわめて少なくなっている。ただ問題は、クルアーンの言葉が内包する緊張ゆえに、解釈が変わることに大きな抵抗が生じることである。それが近代化にともない社会構造が大きく変わりつつも、伝統的な解釈と革新的な解釈が対立しつつ併存している理由となる。

今後また社会構造が変わり、そこでのジェンダーのあり方も変わっていけば、クルアーン解釈も変わることが可能だということであろう。そのときはまた解釈者たちが、クルアーンの歴史性と超越性の間にある緊張のなかで、新しい解釈を紡ぎ出し、それまでの解釈に挑戦することになる。

＊本研究はＪＳＰＳ科研費１９Ｋ０００８９の助成を受けた。

第2章

前近代イスラーム社会における奴隷と労働

清水和裕

1　奴隷と労働

本章では、前近代イスラーム社会の奴隷による「労働」を取り上げる。アラビア半島を起点として世界に広がりつつあるイスラーム社会でも、19世紀までは、広く奴隷として使用された人々の姿を確認することができる。これはイスラーム社会形成の原点となったメソポタミア・地中海文化が、古代より一貫して、奴隷の存在を、働き手としてまた社会の構成員として当然のものとしてきたことと関係している。7世紀にイスラームが成立した時点で、奴隷は身近な社会の一員であり、イスラームは彼らの存在を前提としつつ、拡大・発展を続けてきた。

「労働」という観点から前近代イスラーム社会の奴隷制をみた場合、その大きな特徴は、農場奴隷・鉱山奴隷といった大規模な肉体労働的生産活動にかかわる奴隷の姿が、ほとんど記録に残っていないことである。

一般的な奴隷のイメージの最たるものは、鎖につながれ笞《むち》打たれて労働を強いられる黒人プランテーション奴隷の姿であろう。近代に大規模に導入されたプランテーション労働は、それ以前の奴隷労働の様相を一変させ、それはザンジバル島のオマーン政権のプランテーション農場のように、イスラーム社会にも一定の影響を及ぼした。その様相は、イスラーム社会における奴隷労働のあり方という点で、本書のテーマと重要なかかわりをもつが、筆者の能力を超えるため、ここでは扱わない。同様に、近代におけるグローバルな奴隷交易の主たる対象となり、その住民の多くが黒人奴隷として人的資源を搾取されたアフリカ大陸のイスラーム社会の様相もまた、紙幅の都合上、本章で取り扱うことはできない。近年、アフリカ研究は大きな進展を見せており、この問題に関する研究も坂井信三、嶋田義仁、小林和夫のものなど、日本語で手にすることが可能となっている。ぜひそれらを手に取っていただきたい（坂井 2003; 嶋田 1995; 小林 2021）。

一方、古代から中世・近世にいたる地中海・西アジアを中心とした社会においても、特にギリシア・ローマの古代社会では奴隷が、農場労働・鉱山労働などで大規模に使役されたことが知られている。それらはイタリアの大土地私有農園ラティフンディアなどにも継承され、また11世紀頃までは中世西ヨーロッパにおいても小規模ながら農場奴隷の姿を見ることができた。これに対して、前近代のイスラーム社会には、このような大規模な農場奴隷などは、ごくわずかな例外を除いて史料に残っておらず、その実態を知ることができない。この事実が、史料の残存状況の偏りによるのか、実際にそのような大規模労働がまれであったことによるのかの判断はきわめて難しい。おそらく、その双方の側面があったのだろう。

いずれにせよ、前近代イスラーム社会の奴隷労働は、主として家内労働、およびそこから発展した宮廷、さらには行政、軍事といった側面、一方でまた家内労働と密接にかかわる女性の「性」にかかわる側面が中心となる。以下ではそれらを概観していくこととしよう。

2　イスラーム社会の奴隷とは何か

「奴隷」という言葉は、非常に難しい。20世紀末まではマルクス経済学に基づいて、奴隷の存在が社会の発展段階を示すメルクマールであるとされたため、ある社会にみられる隷属的な存在が「奴隷」であるかないかが歴史研究者の主要な関心事であった。しかし、どのような社会においても「奴隷」の有無にかかわらず隷属的な人々は存在し、彼らと「奴隷」を過度に区別することは、社会における「隷属」や「隷属的労働」の全体像をみるときに妨げになることも多い。奴隷とは隷属的な人々の多様な姿の一部である。言葉の上で「奴隷」と呼ばれる人々以上に隷属的な実態をもつ自由人もいるし、「奴隷」と呼ばれる人々に大きな自由が与えられていることも多い。

そのことに留意したうえで、イスラーム社会の「奴隷」と呼ばれる人々は、基本的にイスラーム法によってそう定義される人々である。それはラキーク、アブド、マムルークといったアラビア語で呼ばれ、イスラーム法上は「言葉をしゃべる動産」とされる人々であった。

このような奴隷は、主人によって所有されている動産であるため売買が可能であり、基本的に人間としての権利はない「モノ」「死者」であるとみなされた。しかし、一方でイスラームの倫理からは人間性を色濃く保持するとされてもおり、所有者である主人は奴隷の生命に責任をもち、その衣食住を保障する義務をもつなど、「主人は奴隷の保護者である」という側面も強調されていた。さらに、主人は奴隷にさまざまな権利を「認可」することが可能であり、奴隷は、主人から契約締結の権利、売買の権利、財産保持の権利、結婚の権利などを認可されることによって、あくまで主人の裁量の範囲ではあるが、多くの自由を手にすることができた。これが、奴隷が社会的活動を行うこと、ひいては「主人の代理として」労働を行うことを可能とした。

奴隷の売買において最も重要なのは、奴隷の獲得である。イスラーム社会の奴隷制の非常に大きな特徴は、自由人であるムスリムを奴隷化しないこと、そしてそのことともかかわるが、債務や犯罪の代償として人を奴隷化しないことである。この結果として、イスラーム社会の奴隷は次の三つの手段で獲得された。①戦争によって非ムスリムを捕虜として奴隷化すること、②イスラーム社会の外から、輸入によって非ムスリム奴隷を購入すること、③イスラーム社会の中で奴隷女性が産んだ子どもを奴隷として使用すること、である。奴隷女性の産んだ子どもは、その父が奴隷であったり、また父が自由人であっても認知をしなかったりした場合、生まれたときから奴隷身分であった。逆にいえば、父親が自由身分であり、奴隷女性から生まれた子どもを認知した場合には、その子どもは大きなハンデもなく自由人として育てられた。また、このケースでは、父親はその奴隷女性を売却することは禁じられ、さらに父親が死去した際には、その女性は自動的に解放されて自由身分となった。

一方で、奴隷がイスラームに改宗しても、そのことによって解放されることはなく、そのような女性から生まれた子どもも、生まれたときからムスリムであっても奴隷であった。イスラーム社会では、神の前では人は皆平等であったが、社会的には必ずしも平等ではなかった。

このような奴隷制とともにあった前近代のイスラーム社会は、社会基盤としての生産活動が奴隷によって担われていたわけではないが、社会のあらゆる局面に奴隷の姿がみられ、さまざまな「労働」を奴隷に依存した社会だったといってよい。奴隷が用いられた分野は、(a) 肉体労働の他に、(b) 家内労働、(c) 手工業・商業活動、(d)文化活動・遊興・性的労働、(e)行政・管理活動、(f)軍事活動、などに及んだ。またジェンダーとかかわって、女性（や時に少年）の場合には、これらに「性」の領域が性的搾取の形態をとって密接にかかわった。さらに去勢者（宦官）の場合は、女性や子どもの世話に特化したプライベートな労働を担い、時に少年と同じく性的対象ともなった。

これらのうち(a)肉体労働については、前出のとおり大規模な農場・鉱山労働は史料には限定された事例しかみることができない。そのわずかな例として最も有名なのは、9世紀後半イラクの沼沢地帯にみられたザンジュと呼ばれる黒人奴隷の例であり、彼らは農地に蓄積された有害な塩《えん》を人力で除去するために、数万人規模で用いられていたとされる。この数値は過剰ではないかとも思われるが、いずれにせよ農業生産とかかわる奴隷の姿の片鱗をうかがわせる。一方、農園などで農作業に携わる奴隷の姿はイスラーム成立期にも散見することができ、預言者ムハンマドの弟子サルマーンが、改宗以前にメディナのナツメヤシ農場で奴隷として使役されていたことなどは、その好例である。また、のちにみる13世紀の『奴隷購入の書』には、アルメニア人やザンジュ人の奴隷が「苦役」に適しているといった叙述があり、規模の大小は不明ながら、奴隷がイスラーム社会でも肉体労働に用いられたことを知ることができる。

一方、(b)家内労働は、イスラーム社会の史料に最も普遍的にみられる労働形態であり、家事、家政、教育・養育、主人の身の回りの世話、執事役などに及ぶ。基本的に、拡大家族の一員として「家」の運営と維持にかかわり、また次世代の家族の養成にもかかわる労働である。彼らは、いわゆる炊事洗濯のような家事を行うほか、主人の従者として、常に主人に付き従って行動し、時に護衛などの任も果たした。また彼らは家計など財政面に及ぶ家政管理を担うこともあり、金庫番のような直接的な家財管理をも行ったことが知られる。そのような意味では、彼らは主人の代理であり「主人の体の延長」として機能した。このように家政の重要な役割を担う奴隷は、疑似家族の一員として受け入れられた。子どものいない夫婦が、いわば養子のようなかたちで奴隷を購入し育てるケースもあり、また有能な家政担当者である奴隷を、解放して事実上の家族として受け入れるケースもみられたのである。

(c)手工業・商業労働、(e)行政・管理活動、(f)軍事活動などは、このような「家」の一員としての家内労働が拡大・延長したものとみることができる。すなわち、前近代の小規模な手工業・商業活動はバーザールなど常設市場における家族規模の生産・販売活動に根ざしており、奴隷はこのような労働に、家族の労働力を補うものとして組み込まれた。衣料生産・販売、真鍮製品・銅製品の生産販売などがその代表例であり、奴隷は主人の補佐役としてそれらの労働を行った。手工業の分野は、農業労働などとは別に、奴隷が小規模の生産活動に携わった明確な事例である。一方で、商業活動においては、奴隷が店舗経営や隊商経営にかかわる事例もあり、これらの奴隷は主人の腹心として高度な労働に従事した。このような家内経営の事例が宮廷において展開した場合、奴隷は行政や軍事にかかわる重要な存在となった。主人であるカリフやスルターンに登用された奴隷や解放奴隷が、巨大な「家」である宮廷において「家政」たる国政にかかわり、また主人の護衛として近衛軍団や精鋭部隊を構成するのが、これらの事例である。もはや一般の「労働」の範疇には入らないようにみえても、これらはより小規模な「家」レベルの労働の延長線上にあったのである。

3　女性の「性と労働」

上記(d)文化活動・遊興・性的労働とかかわるかたちで、近年注目されているのがカイナと呼ばれるアッバース朝バグダードの歌姫である。9世紀前半の代表的な歌姫イナーンは、カリフ、ハールーン・ラシードが銀貨3万枚で購入を試みたことでも知られる。彼女は、同時代の上流詩人の筆頭であり、イエメンで奴隷の子どもとして生まれ、そこで歌姫としての教育を施されて、バグダードの主人に購入されたという。幼少の頃から歌人・詩人として、いわば文人奴隷・歌妓奴隷として育てられた彼女は、高級な文化人を相手とする「労働」に特化した奴隷であり、彼女に家財をつぎ込み身を滅ぼす男性たちを対象とした、疑似恋愛のための奴隷であった。

イナーンのような女性たちが買春の対象となったかについては、史料は多くを語らない。これはイスラームの主流説において売買春が基本的に禁止されていたことを反映しているのかもしれない。しかし、彼女たちが集められた「館」に関する情報からは、彼女たちが明らかに性的対象として扱われたことをうかがうことができる。それは、著名な飲酒詩人アブー・ヌワースの飲酒詩に現れる異教徒の酒場にいる酌役の美少年も同じである。こうした人々は、詩と歌と性という遊興の場に従事する、特化された奴隷であり、高度に洗練された文化的・性的「労働」に使役され、その才能と性を搾取された人々であったといってよい。

また、このようなイナーンをはじめとする歌姫・少年たちが、しばしばカリフなど権力者の遊興の場に登場し、彼らの所有や愛情の対象となったことは、こういった「場」が宮廷に出入りをする文化人の世界と連続する場であったことも示している。権力者・文化人の「性」は、そのような夜の労働に対する需要を生み出す側面があった。事実か否かは不明であるが、貴顕の人々が、法の目をかいくぐりつつ、彼女らと金銭のやりとりをともなう性交を行ったことを伝える逸話も存在する。

「性」と労働と奴隷購入は、しかし、そのような限定された権力者たちだけの問題ではなかった。「性的な需要」とそれに対する奴隷というかたちでの供給は、社会に普遍的な現象であり、そのあり方は、特に奴隷女性の存在と密接にかかわっていた。

イスラーム社会において売買春が禁止される一方で、女性を奴隷として購入することは、きわめて普遍的に性的な目的をともなっていた。『奴隷購入の書』では、女性を購入する際に、一時的な情欲に駆られて衝動買いすることを厳に戒めているが、これは、奴隷女性を購入する目的を端的に示している。男女ともに婚外性交が厳しく戒められたイスラーム法の規定において、「汝の右手が所有するもの」と表現される奴隷は、正規の妻以外に性交が赦《ゆる》された、合法的な対象であったのである。

さらに奴隷女性を性的目的で購入することには、二つの目的があり、一つは快楽の追求、もう一つは子どもを獲得することであった。いずれも、女性の心と身体の尊厳にかかわることであり、「労働」という範疇で語ることはあまりに凄惨な問題であることは間違いない。しかし、前近代においては、それは厳然たる事実であり、また現在の諸問題につながる側面も指摘できよう。

それぞれの「家」において、奴隷として獲得された女性は、家内労働と同時に、もしくはその一環として、性的に搾取されることを強要されたのであり、それは、いかに現代日本社会の我々にとって許容しがたい事実であれ、当時の主人たる男性の目には当然の権利であった。奴隷女性をめぐる「労働」の最も過酷でありかつ普遍的な側面が、ここにある。もちろん個々のケースにおいて、主人とこれらの女性の間に情愛が育まれた例があることは確かであろう。また前近代史研究の進展によって、これらの奴隷女性たちの主体性（エージェンシー）が明らかになれば、そこからは、上記にとどまらない、より多くの事実や実態が明らかになると思われる。しかし、奴隷所有と労働という構造が、恒常的な困難を生み出していたこと自体は、やはり事実であったと思われる。

4 『奴隷購入の書』にみる奴隷の労働と「人種」

以上のような、前近代イスラーム社会の奴隷と労働の問題を考えるとき、ひときわ興味深いのが前出の『奴隷購入の書』である。これは文学の一ジャンルであり、奴隷所有者に対して、奴隷を購入する際に留意すべき点や、自分の目的に合う奴隷をいかに見極めて購入するかを伝授するものである。西暦11世紀前半に執筆されたシリアのイブン・ブトラーンのものや、13世紀の著者不明のもの、15世紀のエジプトのアムシャーティーのものなどが知られている。イブン・ブトラーンもアムシャーティーもともに医学者であった。

これらの著作では、奴隷購入の際の心得の他、購入に際して点検すべき身体の部分や、観相術からみた身体特徴と性格の関係などが述べられており、「奴隷の身体・性格」と「能力」が連動したものとして扱われている。いかに健康かつ有益な奴隷を購入するかという関心が、科学的・医学的な知見と結びついているのであり、同書は最先端の医学に基づいて、「労働する道具」としての人間を評価したものということができる。

これらの著作のなかで特に重要なのが、ジンス（jins）と称される「人種」概念によって奴隷の適性や能力を語る部分である。一例として「テュルク人」というジンスに関するアムシャーティーの記述を引用してみよう。

テュルクは四要素のバランスがとれている点ではペルシアの人々と同じであり、体力や危難苦難の際の忍耐についてはペルシアの人々よりも優れている。その顔は陰鬱となりがちで、その目は小さくて甘い。その体型は中庸で、その美しさは極まり、その醜さは突出している。誠実さと慈愛が足りず、裏切りが多い。馬肉を食することが多いため肝臓が肥大している。彼らは、統治の知識や算術の知識、すばらしい工芸術や事務能力に恵まれていないが、戦争と戦闘において忍耐心を持つ。女たちは優雅さや丁重さが足りないが、子供の宝庫、子孫の鉱山である。子供たちは体つきや顔が美しい。彼らは、清潔で、熟練し、気高い。消化能力に優れており、それゆえ彼らの体軀には変化がなく、変わった口臭がすることもない。彼らのうちでもっとも状態の良いものは、ホラーサーン近辺出身の者か、その者たちとの混血である（清水 2009: 162）。

このように「テュルク人」と分類された人々の体型・性格・労働適性・出産能力などが、完全に類型化されたステレオタイプとして提出されていることがわかる。しかも、これが奴隷購入のガイドブックの記述であるということは、奴隷購入者は、このような先入観をもって、自らの奴隷労働に対する需要と奴隷市場における供給を見極めつつ、奴隷を購入し使用したということである。

11世紀から15世紀にいたるシリアやエジプトなどでは、このような「人種」に関する「科学」的な知見を背景に奴隷労働が展開されていた。近代において「人種」概念が近代科学と結びつきつつ、さまざまな差別や労働問題その他をもたらしたことはよく知られているが、それを彷彿とさせる構図を、ここに垣間見ることができる。これらのジンスの概念は、熱冷湿乾の「四要素」と関連させて語られているように、古代地中海世界の科学的知見と結びついたものである。また観相術もアリストテレスの学問の一つとして語られている。すなわち、地中海世界における伝統的な概念を継承し、奴隷労働と結びつけたものが『奴隷購入の書』であり、そのような知的背景が、当時の奴隷労働全般のなかに横たわっていたのであった。

さらに注目すべきは、これらのジンスという概念は、必ずしも遺伝のみに基づくものではなく、成育環境ともかかわるとされた事実である。すなわち、生まれがいかなるものであれ、テュルクの地で成育したものは「テュルク人」の特質を身につけるとされた。風土論とも共通するこの論理をみれば、ここでいうジンスはある種の「言説」であることは明らかであろう。その人物がいかなる人物であれ、売り手・買い手・使用主によって「特定のジンス」であると判断されれば、彼には自動的にそのカテゴリーが適用され、労働に対する適性もそれによって判定されることとなる。それは、「科学的知見」による、モノとしての奴隷のカテゴリー化であり、それが、実際に生きた奴隷の労働環境・生活環境に直結し得たのであった。

最後に、このジンスが、さらに黒人・白人という上位分類と連動していたことも指摘する必要があるだろう。15世紀のアムシャーティーの著作では、ジンスの上に「スーダーン」という黒人を示す上位分類がなされ、この分類に入るジンスは共通する特性をもつと叙述されている。少なくとも15世紀エジプトでは、「黒人」という大きなカテゴリーが設定され、奴隷労働と連動するものとして認識されていたのである。

第3章

イスラーム法と前近代ムスリム社会の「性別役割分業」

小野仁美

はじめに

ムスリムの女性たちは、おそらく昔からさまざまな仕事をして働き、家事をして子どもを育てていた。歴史学者マヤ・シャツミラーは、前近代ムスリム女性たちが従事した職業の名前を挙げて、それぞれについて説明している。アラビア語は名詞に性があるので、その職業に従事したのが女性であるか男性であるかがわかる。男性のみが従事したであろう職業のリストに比べて、女性の職業の数は圧倒的に少ないが、それでもかなり多様である。家事や育児は妻や召使い（女奴隷）によって担われ、家事の延長としての手工業が女性たちの収入となり得る職業の大きな部分を占めていたともいわれる。では、そうしたジェンダーによる働き方の違いは、イスラームという宗教の規範によるものなのだろうか。またそれは、性別役割分業といえるものだったのだろうか。

ムスリムの居住する地域は、主にアフリカ大陸から東南アジアまでと幅広く、自然環境や社会的状況もさまざまであった。したがって、それぞれの地域における労働のあり方は当然に多様であっただろうし、イスラームという宗教が社会生活に与えていた影響についても詳しいことはあまり明らかになっていない。しかし一方で、神が人間に与えた行動指針が、イスラーム法として詳細に議論され、記述されてきたのは、前近代ムスリム社会の大きな特徴である。イスラーム法が、労働におけるジェンダーをどのようにとらえてきたのかを検討することは、前近代ムスリム社会を知るための重要な手がかりになるだろう。

イスラーム法とは、クルアーンと預言者の慣行（スンナ）から導かれる規範である。イスラーム法学者たちは、礼拝や巡礼などの儀礼行為から、結婚や離婚や扶養などの家族法分野、また財産法、刑法、訴訟法などさまざまな分野の事柄を議論し書物に記していた。本章では、前近代ムスリム女性の職業についての研究に照らし合わせつつ、イスラーム法において労働はジェンダー化されていたのかという問題を、主にアラブ地域の法学文献をもとに考えてみたい。

1　前近代ムスリム女性の職業

前近代のムスリムの労働の実態について知るための資料はそれほど多く残されていないが、シャツミラーの『中世イスラーム世界の労働』（Shatzmiller 1994）は、市場監督（ヒスバ）の書や法学関連文献、職業マニュアル、文学作品などさまざまな資料に分散した情報を用いて、8世紀から15世紀までのシリア、イラク、エジプト、北アフリカ、スペインにおける職業名をできる限り集めている。職業リストは分野ごとに、農業、牧畜業、漁業、食品加工業、繊維加工業、皮革加工業、金属加工業、建設業、商業、運輸業、サービス業、販売、教師、官僚、軍人、法曹、宗教関連などに整理され、合わせて３０００ほどの職業名が列挙されている。

同書においてシャツミラーは、「女性の職業」と題した章で、女性の職業の内容を詳しく紹介している。まず取り上げたのが、繊維関連の手工業である。糸紡ぎ、機織り、裁縫、刺繍、絨毯織りなどが家庭内での消費分だけでなく、市場へ売りに出す商品を生産するためにも行われていた。絨毯織りや染色などについては、男性が担うことはあったが、彼らはもっぱら商業製品の生産を行い大きな組合を組織したのに対し、女性たちは個別に生産活動を行っていたという。粉ひき、油搾り、パン焼き、菓子作りなどの食品加工は、やはり家事の延長として、女性たちの収入源となっていた。農業についての詳しい資料はないようであるが、おそらくヨーロッパと同様に、男女ともに農作業に従事していたであろうと推測している。都市部での女性たちは他に、売買の仲介人、理容師、泣き女（葬儀のときに雇われて号泣する女性）、占い師、家政婦、小間使い、歌手、教師などとして働いていたと述べている。

女性の身体を見たり、直接触れたりする仕事は、女性に限られるものであった。マムルーク朝期の状況を研究した歴史研究者のヨセフ・ラポポートは、美容師、浴場の番頭、マッサージ師、助産師、死体洗浄師などを挙げ、婚礼前の花嫁の準備をする美容師や助産師は特に収入が良かったとしている（Rapoport 2005）。助産師については、14世紀の法官・思想家のイブン・ハルドゥーンがその著作『歴史序説』で取り上げており、出産介助や産後の母体の世話のほか、赤ん坊の世話や医療的なことがらにも携わり、「助産師のなかには、熟練した医師よりも博識に富む者もいた」と記述している（イブン・ハルドゥーン 2001）。また、実の母親に代わって子に授乳をする乳母の仕事は女性に特有のものである。乳母の仕事は、同じ時期に出産して乳の出る女性にしかできない。筆者はかつて、前近代ムスリム社会の乳母について調べたことがあるが、賃金労働者としての乳母に関する資料はあまり見つからなかったものの、少なくとも法学書には乳母の雇用に関する詳細な法規定がある（小野 2019）。

前近代ムスリム社会の労働においては、奴隷の存在も重要であった。イスラーム法では奴隷の所有が認められており、ムスリム社会の外から連れてこられた奴隷は、男女問わず、所有者の仕事のパートナーであったり、家事労働者であったり、所有者の性的対象であったりした（本書第2章参照）。オスマン帝国の宮廷での奴隷たちの仕事については、小笠原弘幸の『ハレム――女官と宦官たちの世界』（小笠原 2022）が具体的な内容を論じている。彼らの役割は多岐にわたり、数多くの奴隷たちが活き活きと暮らしていた様子が伝わってくる。以下に簡単に紹介したい。

オスマン帝国の君主が構えるハレム（後宮）において働いていた女官や宦官は、帝国の領域外から調達された奴隷身分の者たちであった。新入りの女官は、ムスリムとしてのふるまいや、読み書き、刺繍や手芸、音楽や舞踊を学んだ後、君主らのために食事の準備をする係、衣服の洗濯をする係、浴室の管理をする係、散髪をする係、コーヒーを供する係などを担った。君主に気に入られた女官は、愛妾や夫人にまで上りつめることもあったという。女官たちの統轄役として、さらには母后の右腕として、大きな役割を担ったのが宦官たちである。宦官は、イスラーム初期のウマイヤ朝期からその利用についての記録があり、やはり帝国外で去勢手術をされた奴隷身分の者たちであった。内廷において未成年の小姓たちを監督する役目を担った白人宦官と、ハレムにおいてスルタンやその家族たちに仕えた黒人宦官とが明確に区別されていた、と小笠原は説明している。

19世紀以降に各地で奴隷制度が廃止されるまで、宮廷に限らず裕福な家庭において、家内奴隷の存在は珍しくなかったようである。9～15世紀に成立したとされるアラビア語の短編物語集『アラビアン・ナイト』には、多くの技能を身につけた才色兼備の女奴隷の物語がいくつも収録されている。物語はおそらくフィクションであり、しばしば奇想天外な内容もともなうが、女奴隷たちが教養を備えたり、歌謡・舞踊などの芸事をたしなむことができたりしたのは、決して空想の世界だけの話ではなかった。有能な奴隷は高く売却することができたから、所有者たちは教育への投資を惜しまなかったともいわれている。

前近代ムスリム社会の女性たちの労働については、まだ十分に明らかでないことも多いが、これまで述べてきたように、女性たちがさまざまな職業に従事していたことは確かである。とはいえ、性別による分業は明らかにみられたようだ。では、そうしたジェンダー規範は、イスラーム法に基づくものなのだろうか。婚姻外の男女の交わりを厳しく戒めるイスラームの教えから、男女の空間が分かれ、女性の空間における女性の働き手の需要があったことは推測できる。また、女性の身体に直接触れる職業が、女性に限定されたこともそれによって説明できるだろう。ただし、イスラーム法が具体的にどのような議論によってそうした規範を示していたのかについては、また別の検討が必要である。

2　イスラーム法と労働

イスラーム法学は、クルアーン解釈学やハディース学とも連動しつつ、それぞれの地域や時代の社会的状況にも影響されて学説を蓄積していった。西暦10世紀には、複数の法学派がその権威を認められるようになり、その後は法学派ごとに学説が継承され、おびただしい数の法学書として残されている。法学書には、儀礼行為にはじまり、婚姻や子の養育などの家族法関連規定、売買契約などの財産法関連規定のほか、刑法や裁判法などさまざまな規定が収録された。では、それらのなかで、労働に関する規定はどのようなものだったのだろうか。

法学書では、労働にかかわるものとして、雇用契約やさまざまな労務（アマル）についての契約の詳細が論じられた。例示される職業は、革なめし、染色、水夫、建築、井戸掘り、耕作、灌水、作物の収穫、家畜の監督、運搬、糸紡ぎ、機織り、縫製、縮絨、小麦の製粉、果汁搾り、クルアーン教師、家事、育児、乳母などがある（柳橋 2012）。法学書で言及される職業において、性別に基づく差異が設けられることはほとんどない。

ただし、裁判官や統治者の資格として「男性」であることが明記され、女性が排除される学説がある。例えば、12世紀のマーリク学派の法学者イブン・ルシュドは、以下のように述べている。

> 裁判を行うことが許される者の条件は、自由人、ムスリム、成人、男性、理性をもつ者、公正な者である。〔中略〕男性を条件とすることについては見解の相違がある。多数派は、〔男性であることを〕裁定が有効であるための条件であるとしているが、〔ハナフィー学派の学祖である〕アブー・ハニーファ〔767年没〕は、財産関連であれば女性が裁判官になることが許されると述べた。また、タバリー〔法学者、923年没〕は、女性はいかなる内容であっても裁定者となることができると述べた（Ibn Rushd 2002: 826）。

イブン・ルシュドは続けて、女性が統治者になることはできないことも記述している。イスラーム法学者たちは、女性が男性より上の立場になることを牽制していたようである。しかしながら、法学者たちがそれぞれの規定について異なる見解をもつことは常にあり、たとえそれが少数意見であっても、後の時代に参照され法解釈の根拠となることがある。現代のムスリム社会においては、女性の裁判官や統治者も出てきており、そこにイスラーム法的な根拠を求める必要がある際に、アブー・ハニーファに由来する少数意見が参照されるのである。

女性の就労そのものがイスラーム法において禁じられることはない。しかしながら、ムスリム社会の労働に、ジェンダーに基づく差異がみられる背景には、やはりイスラームの規範が強く影響しているようにも思える。それは主に、婚姻制度の精緻化と、それにともなうセクシュアリティ管理という側面であろう。クルアーンは、姦通（婚姻外の男女の性交渉）を厳しく戒め（24章2節など）、マフラム（婚姻が禁じられる近親者）以外の異性との接触をできるだけ避けるように指示している（24章31節など）。イスラーム法が直接的に女性の就労を制限することはないとしても、こうした規範を考慮するならば、男女が日常的に交流する職場が好ましくないとされたであろう。また、夫婦間においては、夫が妻の就労を制限するのは可能である。婚姻関係は契約によって成立するとされ、夫には妻に対する扶養と住居の確保が義務づけられ、妻には夫に対する服従が義務づけられる。ここでいう服従とは、夫が性交渉を求めた際に必ず応じることを意味するが、そのためには夫が妻の外出を制限することもできるのである。

イスラーム法の規定では、子が生まれてから結婚するまでは父親に扶養義務があり、婚姻期間中は夫に妻の扶養と住居確保の義務がある。また、両親の扶養は、成人した子にとっての義務であるという規定もある。つまり女性は、常に誰かに扶養されることが想定されているということになる。女性の法定相続分は、クルアーンに基づき同じ親等の男性の半分とされたが、女性は自身の稼ぎで生計を立てる必要がないからであると説明されることもある。イスラーム法は財産権について男女の区別をせず、女性も自身の財産を処分することができるが、女性の財産の多くは、婚姻契約の際に夫から贈られる婚資や相続によって得られたことが、各地に残された法廷文書などから明らかにされている。婚資は契約締結時に支払われる即時払い分と、離婚や夫の死亡時に支払われる後払い分とに分けられ、後払い分が夫の債務として記録されることもあった。阿部尚史によれば、女性たちの財産は、自身によって運用されるだけでなく、家産の維持に貢献することもあった〔阿部 2020〕というが、いずれにしても、女性自らの稼ぎによって財をなすことは多くはなかっただろう。

労働とジェンダーという観点からイスラーム法を考察してみたとき、そこに男女の職業を区別する明示的な規範はごく少ない。しかしながら、婚姻を詳しく制度化し、男女間のかかわりを限定するイスラーム法の規範は、特に女性の社会的行動を抑制することにつながった。女性が外で男性とともに働くことが忌避される背景には、こうした宗教的な規範が横たわっていたのだろう。では、家庭内での労働はいかなる位置づけをされていたのだろうか。それは無償の奉仕として、妻が担うべきものとされていたのだろうか。

3　家事は妻の仕事なのか

家事や育児、介護などのケア労働が、家庭内において妻によって担われるものだとする価値観は、現代ムスリム社会においては強く持たれている。筆者が35年以上にわたって通い続けているチュニジアでは、女性の社会進出がかなり進んでいて、フルタイムで仕事をしている女性も珍しくないが、それでも家事や育児は妻が担うことが多いと聞く。本節では、そうした性別役割分業が、前近代のムスリム社会から続く伝統なのか、そしてそれはイスラーム法に由来するものなのかを考えてみたい。

『妻たちと家事――前近代のイスラームの法と倫理』〔Katz 2022〕と題された興味深い本が、最近刊行された。著者のマリオン・H・カッツは、「古典的なイスラーム法においては、妻たちは夫のために行う家事に一切の義務を負わないとされていた、と考えられているが」と前置きしたうえで、前近代のムスリム学者たちが著した多くの文献を検証している。前述のように、夫が妻に婚資を支払い、その対価として妻には夫に服従する義務があるが、家事労働は妻にとっての義務ではないというのが、少なくともイスラーム法形成初期の主流の学説であった。夫が支払う婚資の対価が、妻による性交渉の提供であるという点で法学者たちは一致していたが、法学者たちは、婚姻継続中の扶養の対価として、妻に家事労働を含む夫への奉仕を求めることには慎重であった。

例えば、アブー・ハニーファは、「夫は妻のために、家事労働をする奴隷を用意してやらなければならない」としていた。また、マーリク学派の法学者サフヌーン（854年没）は、「妻には、自分自身や家の仕事（ヒドマ）をすることが義務づけられていない」と述べている。他の法学者たちの間でも、少なくとも「イスラーム法的には」家事は妻に義務づけられないという見解が多くみられた。

また、家事労働は必ずしも無償労働ではなかったという点も指摘しておきたい。妻が家事を行う場合の報酬は規定されていないので、妻が無償で家事を行うことはあっただろう。しかし、法学者たちは、家事が妻の義務か否かという問題に加えて、奴隷がこれをなすのであれば、その奴隷の扶養料を夫が負担すべきであるか否かを論じたのである。前述の法学者イブン・ルシュドは、次のようにまとめている。

「夫には妻の召使い（ハーディム）の扶養料が義務づけられるのか。もし義務づけられるのであれば何人分か」という問題について、多数派の見解では、妻自身が家事をしないような〔身分の〕者である場合は、〔夫による召使いの扶養は〕義務である。一方で、家事は妻の義務である〔したがって、夫には召使いの扶養料支払いは義務とならない〕とする学者もいる。さらに、妻の召使いの扶養が夫の義務であるとする学者たちのなかにも見解の相違があり、ある学者たちは1人分であるとする。また、その妻が2人の召使いを習慣とするような者であれば2人分であるという見解は、マーリクとアブー・サウルのものである（Ibn Rushd 2002: 479）。

ところがその後、社会的状況の変化などにともなって、家事は当然に妻の仕事であるという観念が、イスラーム法学者たちの記述にみられるようになった。14世紀前半のダマスクスで活動したハンバル学派の法学者イブン・タイミーヤ（1328年没）が、妻の家事労働をめぐる議論の転機を作ったとカッツは言う。イブン・タイミーヤは、「慣習に基づいて、妻には夫への奉仕として家事を行う義務がある」と論じた。この立場は高弟イブン・カイイム・ジャウズィーヤ（1350年没）にも受け継がれ、妻の家事労働は古くからの慣習であり、それは婚姻契約に暗黙のうちに含まれる、つまり妻にとっての義務であると説明した。ただし、イブン・タイミーヤは、こうした見解が彼の属するハンバル学派のそれまでの見解と異なることにも自覚的であったらしい。興味深いことに、同地ではすでに13世紀頃より、家事能力の高い妻を褒め称えるような記述が、歴史書などにみられるようになっていたという。そしてその後、家事は妻の仕事であるとする法学上の見解が、学派を超えて広がったとカッツは述べている。

おわりに

イスラーム法の労働関連規定において、より重要な格差として表面化していたのは、自由人か奴隷かという身分の差や、財力の違いであり、ジェンダー格差はそれほど大きくない。シャツミラーらの研究にみられるように、前近代のムスリム女性たちはさまざまな職業に就いていたし、それらがイスラーム法によって禁じられてはいなかった。ところが、イスラーム法の全体を眺めてみるならば、やはりそこには、女性が男性と同様に働くことを許さない規範がみえてくる。婚姻外の男女間の接触への制限や、妻に対する夫の権利という側面である。ただしそれらは、決して画一的なものではなく、時代によって変化をともなっていた。

筆者は、カッツの研究を目にするまで、前近代ムスリム社会における夫婦間の序列や役割分業を示す著作には、ギリシア思想からの影響が大きかったのではないかと考えていた。西暦1世紀頃のギリシアの思想家ブライソンの著作『家政の管理（*Tadbīr al-manzil*）』が、家政の適切な運営のためには、夫による妻や子どもの管理が重要であると指南しており、同書の影響を受けたイスラーム学者たちが、倫理学書や結婚論を記した書物に同様の記述をしているからである（Swain 2013）。しかしカッツは、イブン・タイミーヤがそうした外来の思想からではなく、あくまでもクルアーンやハディースの解釈を用いて、「家事は慣習に基づいて、妻の義務である」という規定を導いたことを明らかにした。そうした解釈は、妻に家事のクオリティの高さを求めるようになっていた知識人層の新しい価値観に、イスラーム法的な裏付けを与えた。そして、14世紀頃以降、イスラーム法における役割分業を促すジェンダー規範は、慣習という曖昧な基準にも支えられ、より強く示されるようになっていったのである。前近代ムスリム社会において、イスラーム法は各地の慣習やさまざまな思想と重なり合いつつ、女性は家庭内、男性は家庭外というジェンダーに基づく労働観を構築していったといえるだろう。

コラム１

カースィム・アミーンにおける女性の労働観

岡崎弘樹

カースィム・アミーン（1863－1908）はアラブ社会で女性解放論を唱えた先駆者として知られる。女性の隔離や一夫多妻婚、顔覆い《ヒジャーブ》の強制などを本来のイスラームから逸脱した慣習だとして反対し、女性の教育と精神的かつ経済的な自立の必要性を説いた。彼のこうした主張のなかに女性の労働や社会参加についても含まれていたのは必然であった。

アミーンの女性解放論は西洋フェミニズム思想の受け売りとみる向きもあるが、彼はフランス語の著書『エジプト人――ダクルール氏への反論』（1894年）でフランス人作家の偏見に満ちたエジプト人論を徹底的に批判している。アミーンは同著で「この世で永遠に生きるつもりで仕事をしなさい」という第4代正統カリフの言葉を引き合いに出す。そして東洋学者《オリエンタリスト》にはムスリムは祈ってばかりで労働の価値を知らない「怠け者」とみられがちであるが、労働はイスラームにおいて来世のために現世を一生懸命生きるうえでの義務だというのである。

こうした労働観はアラビア語で書かれた『女性の解放』（1899年）とその続編『新しい女性』（1900年）での議論とも結びつく。興味深いことに、アミーンはフランス人作家への反論では西洋社会におけるイスラームへの誤解を徹底的に批判していたにもかかわらず、アラブ人読者に対しては現在のかたちのイスラームを見直し西洋女性の社会進出を真摯に見習うべきだと諭す。アミーンによれば、欧米諸国、特にアメリカで、女性が司法界やアカデミズム、宗教界、政界でも活躍し始めており、一部の州では投票権も認められ、ヨーロッパ社会にとっても模範となっている。一方、エジプト社会、広くはイスラーム社会では「女性が仕事に出れば家庭の責任をおろそかにする」といった考え方が染みついている。だが、欧米の女性は「仕事をすればするほどいっそう仕事が充実し、休息すればするほどますます休息も充実すると考えている」というのである。

女性が離婚や死別といった理由で夫に経済的に依存できなくなった場合に、自ら生活の糧を得るための社会の受け皿がないことは当時、新聞上で問題視されていた。アミーンによれば、エジプト人女性はとりわけ公教育と医療分野での活躍が見込まれる。公教育は生計を立てたい女性にとって最良の分野であり、女性は男性よりも子どもの心をつかみ、惹きつけ、好かれる方法を熟知している。医療分野に関しては、女性特有の病気の場合、男性医師の診療を受けるために女性患者を説得することの難しさがある。公立病院や家庭における奉仕のあり方は、慈愛や忍耐、配慮といった女性の生まれつきの性質に最も合っていると説明される。このようにアミーンは、同時代に国内で読み書き能力を身につけた約3万人の女性たちが新たな専門職を担うことを期待した。

とはいえ、アミーンは西洋女性のみを当時のエジプト女性の主体的な範型としたわけではない。一時的に軍事司令官をも担った預言者ムハンマドの妻アーイシャなどイスラーム誕生期の女性たち、さらには19世紀末にエジプト人口の大多数を占めた農民や遊牧民の女性たちも賛美の対象となった。アミーンによれば、公の場から隔離され肉体的にも脆弱となった都会の女性とは異なり、田舎や農村の妻たちはたとえ字を読むことができなくとも男性と同程度の生活の知識を有し、心身を鍛え、家事だけでなく夫とともに畑仕事にも従事しているという。

このようにアミーンは、エジプトの都市部で新たに形成された教養層の女性が、西洋社会と同時に自国の農民や遊牧民の生活に学びながらも、労働を通じた社会参加を率先するよう促した。そうなれば、身近な扶養者の負担を和らげるから男性の解放にもつながり、さらには国全体の漸進的な発展、そして後進性の克服にも寄与すると考えていたのである。

第4章

「真の労働者」とその母
――近代エジプト労働の社会史の一断面

長沢栄治

1 「真の労働者」アティーヤ翁との出会い

アティーヤ・セラフィー翁（1926‐2011）のご自宅を訪ねたのは、1995年の夏であった。ナイル・デルタ中部、ミート・ガムル市の家には電話がなく、そのため約束もせずに会いに行ったのがいけないのだが、お留守であった。細身の品のいい奥さんが詫びを言った。「ごめんなさいね。今日は金曜日なので、金曜礼拝に集まる人たちに選挙演説をするために、近くの村のモスクを回っているんですよ」。そう言われて気がついたのだが、確かに街頭のあちらこちらに、アティーヤ翁の名前が書かれたポスターが貼ってある。「真の労働者、アティーヤ・セラフィー」と赤や黒の字で書かれた張り紙だった。彼は当時、合法左派政党のタガンマウ党（統一進歩国民連合党）から人民議会選挙に立候補していた。

ナセル時代のアラブ社会主義的な選挙制度の名残りとして、小選挙区の定数2名のうち1名は農民か労働者との決まりがあった（鈴木 2011: 99）。『エジプト国民憲章』（1962年）（アジア経済研究所 1966）が主張しているように、「真の民主主義」とは「人民主権」でなければならず、その場合の「人民（シャアブ）」とは農民（ファッラーフ）と労働者（アーミル）という二つの階級が代表していたからである。しかし実際の選挙では、地主や富農が「農民」、また企業経営者が「労働者」だと名乗って立候補する例が少なからずみられた。アティーヤ翁が自身を「真の労働者」と述べて強調したのは、こうした欺瞞に対する抗議のためであった。

　このような欺瞞的な選挙制度が作られた背景には、若かった頃のアティーヤ翁が活躍した労働運動の高揚があった。ナセルは１９５２年革命後の権力掌握のため、大衆運動の盛り上がりを利用した（長沢 2024 参照）。当時、彼にとって最大の脅威は、街頭政治において動員力を誇るムスリム同胞団であった。同胞団を抑え込むため、ナセルは警察権力を巧妙に使うとともに、労働運動も大いに利用した。その結果、革命体制が出来上がると、エジプトの労働運動は国家の完全な統制下に置かれてしまう。それと同時に、この専制体制を正当化するため「労働者」概念が恣意的に利用されたのである。

写真１　アティーヤ翁（右から２人目）と友人たち

　だが、現実の社会を見ると、「労働者」という概念は、むしろ否定的なイメージで語られることもある。ラマダーンの断食月の新聞には、「公道で飲酒をしていた労働者が逮捕」といった悪意が感じられる記事が社会面に載ることもあった。その意味で、近代ヨーロッパにおける「人民」概念と同様に（アガンベン 2003: 239-241）、エジプトの「労働者」概念も（他の「社会主義」諸国と同様）、政治の主体とされながら、同時に政治の中心舞台からは排除される、という二面性をもっていたといえるのだろう。

翌年、再度ミート・ガムル市を訪ね、今度は本人に会うことができた。アティーヤ翁と書いたが、それから30年経つ今から見れば、ちょうど現在の筆者とほぼ同じ年齢である。お会いすると、背が高く筋骨たくましい「老人」だった。バスの車掌をしていたと聞いたので、何となく小柄な人かと勝手に思い描いていたイメージを裏切られた。もう一つ驚いたのは、家で前回とは違う女性が出迎えてくれたことだ。がらっぱちという感じの明るく威勢のいい彼女が言った。「前の奥さんは亡くなって、あたしが新しい奥さんなんだ」。アティーヤ翁が労働運動の若手指導者として活躍した頃、結婚の申し込みが殺到したということは、その後、自伝を読んで知った。おそらくは弁舌鮮やかな演説や背の高い容姿など魅力あふれる青年だったのだろう。

アティーヤ翁はまず「朝飯は食ったか」と訊いてきた。「まだです」と答えると、奥さんが数種類のパンやチーズなどを並べた大きなお盆を運んできた。食事を楽しみ、ひとしきり歓談していると、さらに驚くことが起きた。翁が奥の部屋から分厚いアジェンダ（日記帳）を取り出してきて、これを持って行っていいと言うのだ。そこには彼の自分史が書きためられていた。どうして初めて会った外国人に大切な自伝の原稿を渡すというのか。当惑して固辞し、後日、コピーを取らせてもらうことにした。その自伝の一部は、その後『ある反抗的労働者の歩み』第1巻として刊行された（al-Ṣayrafī 2007）。以下、本章では、この自伝を主な資料として使っていきたい。

2　強制労働とタラーヒール労働者――エジプトにおける「不自由な賃労働」

アティーヤ翁の自伝は、母の半生についての記述で始まる。3歳のときに父を失った彼は、母親の女手一つで育てられた。「母は私を養い育て、私という人間に、魂と情熱と辛抱という心の息を吹き込んでくれた」と自伝の冒頭で語っている。母の一族（アーイラ）、アブー・カーイド家は、ナイルの支流の川を挟んでミート・ガムルの対岸、ズィフタ市近郊の村に住む働き者の農民一家であった。だが、あまりにひどい政府による強制労働の徴用を逃れるため、カイロやアレクサンドリアに移住した。運に恵まれた一族は、都会で焼き窯の職（ミフナ）に就き、パン焼きの技（ヒルファ）を覚えた。そのおかげで母の父親サイイドは、オラービー革命（1879～82年）の頃、ミート・ガムル市の表通りにパン屋を開いた。アティーヤ翁が朝食に出してくれたおいしいパンも、母方の祖父のパン屋と何かの関係があったのかもしれない。

ここで、母の一族が逃散する原因となった強制労働（ソフラ）について解説しておきたい。この制度は、19世紀初頭のエジプトの支配者、ムハンマド・アリーが新しい灌漑制度の導入のために実施した苛烈な労働強制であり、多くの農民を運河の開削工事などのため遠隔地にまで動員した（研究者は「移動式強制労働」と呼んでいる［Rivlin 1961］）。従来のソフラは、ナイル川の自然氾濫を利用した古代以来の灌漑制度と結びついたものであり、村の近くの堤防や水路の補修作業に限られていた。「アウナ（助け合い）」という別称が示すように、共同体的な労働という性格ももっていた（近代エジプトの灌漑制度の変化については長沢2013を参照）。

アティーヤ翁は、『労働者と労働組合の我らの歴史の諸断章』という著書で、この新しい形態のソフラを「資本制的な労働強制」だとする一方、その語義がクルアーンに由来するとも述べている（al-Ṣayrafī 1997: 50）。「われらこそが彼らの間に現世における彼らの生活手段を割り振り、彼らのある者を別のある者の上に位階を高めた、一方が他方を人夫《ソフリー》（雇夫）とするために」（43章32節）という章句である（中田監修／中田・下村訳 2014: 524）。イスラームの教えでは、社会における富の不平等、階級格差が否定されることはない。この章句でソフリーという言葉は、富裕層の支配に従属し、強制的に働かされる「人夫（雇夫）」を示す意味で使われている。

ところで筆者がアティーヤ翁に会いたいと思ったのは、最初に書いた論文「エジプトの移動労働者」（長沢 1980）で彼の『タラーヒール労働者』（al-Ṣayrafī 1975）を資料に使ったからだ。タラーヒール労働者とは、エジプト農村社会の最底辺に位置する人々であり、「移動を強制されている労働者」とも訳せる。数々の転職経験のあるアティーヤ翁だが、自身もタラーヒール労働者として働いたと自伝で語っている。筆者がこの労働者階層の存在を知ったのは、ユースフ・イドリースの小説『ハラーム［禁忌］』（イドリース 1984）であった。この本の翻訳出版を準備されていた奴田原睦明先生が、アラビア語の個人授業の最後のテキストとして使ってくださったのがきっかけだった。この小説は、ガラブワ（余所《よそ》者）と呼ばれるタラーヒール労働者が出稼ぎに来る、大所領地の農村（イズバ）の社会を、性の問題を中心に描いた作品であり、映画化もされた（ヘンリー・バラカート監督／１９６５年）。映画では、国民的女優ファーティン・ハマーマ（本シリーズ第5巻第12章を参照）が地主の息子に犯され、出稼ぎ先で産んだ赤子を死なせてしまう薄幸の農民女性アズィーザを演じた。

さて、ここで先ほど述べた強制労働に続けて、タラーヒール労働者に言及したのは、両者の間に密接な歴史的関係があると筆者が考えてきたからである。19世紀に新しく導入された強制労働は、綿花生産拡大のためエジプトの灌漑システムを近代化し、伝統的な経済構造を変革する手段として使用された。この資本主義的な構造変革の結果として形成されたのが、綿花輸出経済システムである。タラーヒール労働者は、このシステムの中核をなす経営体、イズバ型地主直営農場の労働需要に機動的に対応できる労働力の供給源として形成された。二つの労働形態の関係は、近代エジプトの労働の社会史研究の重要な論点である。

また、この論点は、近代世界システムと不自由な賃労働をめぐる比較史的な観点から議論する必要があるテーマであり、またジェンダーをめぐる問題とも深く関係していた（長沢 1991,1992。いずれも長沢 2019 に収録）。19世紀の強制労働（ソフラ）は、アティーヤ翁が指摘するように、古代以来の農民抑圧の継続、あるいは復活ではなく、まさに資本主義的な性格をもつものだった。そして、タラーヒール労働者も、エジプトに特有の現象ではなく、近代資本主義が非ヨーロッパ地域で展開する際に広くみられた「不自由な賃労働」（Miles 1983）の一つの形態であった。彼らは、ムカーウィル（請負業者）の「封建的な」搾取に晒されたが、それだけではなく、性別分業をもとにした「家族的価値の搾取」も受けた。この搾取は、ブラジルのコーヒー農園の事例（Stolcke 1988）が示しているように、賃金格差をともなった性別分業の制度に基づくものであった。エジプトの綿花栽培の場合は、女性と年少者が除虫や棉《わた》摘みなどに、成年男性が耕起や排水路の浚渫《しゅんせつ》などの肉体労働に従事するという性別分業がみられた。加えていえば、タラーヒール労働者の前身ともいえる19世紀の強制労働もまた、家族全体を動員の対象にした点で、伝統的家族制度と密接な結びつきをもっていた（長沢 1980 および Tucker 1986 を参照）。

少し寄り道をしてしまった。以下ではアティーヤ翁の自伝の紹介に戻ろう。

3　ウスター・ハーネムの修業と自立

アティーヤ翁の自伝が語る母ハーネムの半生は、近代エジプトの女性労働史の貴重な資料である。ハーネムは、幼い頃から才気あふれる女の子だった。父が経営するパン屋の勘定台の前に座って代金を受け取るばかりか、売れ残ったパンを腐らないように乾燥させ、市内の貧しい人々や建設労働者や運搬船の船員に安く売って金を稼いだ。父の共同経営（ムシャーラカ）相手だったギリシア人のハワーガ（外国人の旦那）からギリシア語を学び、ギリシア人の顧客の相手もできるようになったという。しかし、次第に胸のふくらみが目立つ年頃になると、ハーネムの母は父に言った。「もうすぐ初潮を迎えるし、店先に出すわけにはいかない。ウスター・ワルダに弟子入りさせて、仕立屋の職（ミフナ）を身につけさせたらどうでしょうか」。ウスターとは師匠あるいは親方とも訳せる職人の敬称である。

ウスター・ワルダは、市内で有名なユダヤ教徒の女性の仕立屋であった。ハーネムは、弟子入りするとさっそく、他の見習いのムスリムやキリスト教徒の娘たちとともにウスターの家の台所仕事をさせられた。それが終わると、裁縫室に入って、ウスターの指導を受けた。ウスターは、左右の手にそれぞれ大きな鋏と白・青・紫のチャコ（布に印を付けるチョーク）を持って裁断台の前に立ち、切り取った布地を説明した。お前たちは農民の娘だから知らないだろうが、これは上流家庭のご婦人の服用の布地、これは農民の女の服だと言って、それぞれの服の名前と布地の種類を教えた。講義の時間が終わると、娘たちはミシン縫いやレース付け、針での手縫いの仕事、ボタン付けなどの担当に分かれた。

ハーネムは、見習いの他の弟子たちと一緒に、朝早くからウスターの家で料理や掃除、布団干し、服の洗濯などすべての家事をこなした。また、裁縫用の糸やボタンだけでなく、肉や野菜などの買い物もさせられた。肉屋にはコシェル（清浄規程に合致した）肉の販売のため、黒いターキヤ帽（縁なし帽、すなわち「キッパ」）をかぶったユダヤ教のラビがいたと彼女は記憶している。あるとき「血の中傷」（中世ヨーロッパでみられた、ユダヤ教徒がキリスト教徒の子どもを拉致誘拐し、その血を過越祭のパンに混ぜるという虚偽の告発）のデマが市内に広まったことがあった。しかし、ハーネムはパン生地作りから家事はすべて自分たちでやっているのでそんなことはないと言って、両親を安心させた。

さまざまな経験を積んだ後、ハーネムは裁縫業の技能（サンア）のウスターになることができた。喜んだ父のサイイド親方は、家のなかに彼女の仕事場を作り、シンガー・ミシンを買ってくれた。同時に縁談も進んでいて結婚したのだが、わずか1ヵ月で離婚してしまう。畑で穀物の籠を頭に乗せて運んでいる娘の姿を父が目にして、野良仕事をさせるために嫁がせたのではないと激怒したからだ。

さて、アティーヤ翁の父親となるウスター・アリーは、エジプト料理はもちろん、シリア風・トルコ風・西洋風いずれの料理の修業も積んだ料理の職人だった。両親が知り合った経緯は書かれていないが、ハーネムの方から結婚を申し込んだようである。仕事が終わった後に二人で一緒にコーヒーを淹れて飲み、タバコをたしなむ仲の良さであった。

ウスター・ハーネムの仕立屋は繁盛したようで、自分の名義で家を2軒購入するほど順調に仕事を続けていた。一方、夫ウスター・アリーの方は転々と勤め先を変えた。そして、あるときカイロ南郊の保養地ヘルワーンのお屋敷で新しい仕事を見つけ、一緒に行こうと彼女を誘った。ハーネムは渋ったが、カイロ中心部の有名な百貨店で働けるかもしれないと言われ、同行することにした。その百貨店とは1856年創業のオマル・エフェンディーという老舗であり（ナセル時代に国有化され、今も全国に支店を展開している）、彼女は面接に合格してその裁断場の職（ワズィーファ）を得た。

この新しい職場では、見事な白髪の女場長に腕を認められ、また洋装のカタログ本に接し、当時の西洋の最新モードに触れることもできた。同僚たちとは、宗教や男女の違いを超え、一緒にビュッフェでコーヒーを飲むなど都会の雰囲気を味わった。百貨店のオーナーはユダヤ教徒だったが、従業員にはキリスト教徒やムスリムとともに貧しいユダヤ教徒もいた。当時の1919年革命という民族運動の高揚のなかで、ハーネムは彼らと一緒に裁縫職労働組合に参加し、雇用条件改善を訴えるデモも経験した。

このカイロでの百貨店勤務が4年過ぎたところで、ハーネムはミート・ガムルに帰ろうと考えた。当時、彼女は病気がちだったようであり、子宝に恵まれるためにも医者に通って健康を回復したいと願ったからである。

4　アティーヤ少年の職業遍歴

故郷に戻ったウスター・ハーネムは、再び仕立屋を始め、顧客も増やし、そしてとうとう念願の子を授かった。息子には神からの授かりものという意味のアティーヤという名前を付けた。しかし、3年後に夫が急死し、続けて仕事の片腕だった姪も失い、病気も再発したのに加えて、隣人や親族からの暴力にも晒され、次第に暮らしぶりが苦しくなっていった。

母はアティーヤ少年の将来についていろいろ考えた。職人の道を歩ませるか、あるいは学校に進ませるか。自伝に年齢は書かれていないが、おそらく就学年齢の6歳前後であったと思われる。パン職人だった父が言った「手に技能（サンア）をもてば貧しさから守られる」という言葉の影響もあったのだろう、ウ

写真2　アティーヤ・セラフィー翁（1996年3月）

スター・ハーネムは妹に頼んで息子を銅細工師の工房に無理やり放り込んだ。提供される食事に釣られたこともあったが、父もなく一人っ子の少年は、スーフィー教団のシャイフのような温かく威厳のある雰囲気の親方や、兄弟子たちとの親密な工房内の関係にすぐに馴染んだ。しかし、2週間後、母は、金槌の大きな音で息子の耳が悪くなるのが心配になって工房を辞めさせ、今度は鉄製の門や扉などを作る洋風鍛冶屋に弟子入りさせた。

ここでの修業が数ヵ月続いたところで、少年はクッターブ（クルアーン学習塾）に通うことになった。しかし当時、母の病気のため生活は再び困窮し、謝礼が払えなくなり、別の塾に移った。この頃の少年は、素行が乱れ、悪い遊び仲間とも付き合う日々を送った。そのなかでタラーヒール労働者など社会の最底辺に位置する労働者たちの世界も知ることになった。厳しい生活から、服は古着のガラビーヤ（長衣）一着のみ、食事もひからびたパンやパン屑だけだった。家の近くにシケモク（たばこの吸い殻）市場があったので、しばらくはシケモク拾いで飢えをしのぎ、荷担ぎの仕事にも就いた。そのままの生活を続けていたら、他の仲間の少年たちと同じように犯罪者の道を歩んだかもしれない、と彼は回顧している。

しばらくすると母は健康を取り戻し、息子を初等学校（基礎的な読み書きと計算を学ぶ学校で、正規の小学校とは異なる）に入れる夢を抱いた。しかし、少年が入学手続きのために学校の校門の前に並んでみると、半分以上の子どもたちがお金を持っていないためにあきらめて帰っていく姿を目にした。お金持ちの子どもは小学校に行けるが、そうでない貧しい家の子どもが初等学校に入ろうとしてもさらに差別を受けるのだった（その後、1944年に小学校は無償化された）。しかし、母は義務支援校という学校があるのを知って息子を入学させ、数年後、新設の聖クルアーン暗唱協会という学校に転校させた。少年は、当時おそらく10代前半であったと思われるが、義務支援校の夏休みには弁護士事務所で書類書きの手伝いをし、聖クルアーン暗唱協会で学んでいたときには、墓場で金曜日のファジュル（夜明け前）の祈りに集まる女性たちにクルアーンの章句を朗誦して小銭を稼いだ。二番目の学校では、クルアーン暗唱試験の成績も良かったので、デルタ東部の中心都市ザガジクの宗教専修学校（マアハド）に進学することができた。彼がそのまま勉学を続けることができたら、イスラーム教学の中心、カイロのアズハル学院に進み、宗教関係の仕事に就けたかもしれない。

だが、学費が払えなくなった少年は、勉学の道をあきらめることになった。でも、がっかりしてばかりはいられない。少年は家計を助けるためにデルタ中央部の綿業都市、マハッラ・クブラーの紡績織布工場で働くことになった。川向こうの隣町ズィフタ―の駅で、列車で工場に向かう労働者たちに、母はお金を渡して息子の世話を頼んだ。

アティーヤ翁の自伝は、当時の工場での労働と生活を詳しく描いている。一部屋15人以上が詰め込まれたイワシの缶詰め状態のなか、男性同士の性的な暴行もみられた簡易宿舎の様子、警官のようなカーキ色の制服を身に着けたガフィール（警備員）たちが鞭を振り回して労働者を監督する、奴隷市場にも似た労働現場などである。異なった地域出身の労働者集団の間では喧嘩もしばしば起きた。アティーヤ翁は、こうした抗争は、労働者が団結してストライキを起こさないように会社側が煽った結果だ、と分析している。そもそもマハッラ・クブラーに工場が建てられたのはカイロの労働争議から縁遠い農村地帯だったからである。しかし後年、この町は全国の労働運動の中心地となり、さらに時代が下り2011年には、エジプト革命勃発の起点となる社会運動を生み出した。

当時は第二次世界大戦の最中であり、工場へのドイツ・イタリア軍の空襲が怖くなり、彼は故郷に戻ることにした。そして果樹園の害虫駆除や、イギリス軍基地での車両のタイヤカバー掛けなどのきつい作業に就いた。これは上エジプト（ナイル川上流に位置）出身のタラーヒール労働者と一緒の仕事だった。また、変わった仕事としては選挙運動の手伝いもした。選挙応援の詩を作って朗読するなど、このときの経験はその後、彼の政治活動に役立つことになる。

しかし、苦しい生活は相変わらずで、ある日、彼は母のお金を無断で持ち出して、財務省に勤めていた父方の親戚に就職の世話をしてもらおうと考え、カイロに向けて出奔した。でもうまくいかず、お金も使い果たして90㎞近い道を歩いて家に帰った。そんな彼を母は叱らずに優しく迎えてくれた。母が仕立屋で教えたかつての弟子の紹介で、彼が地元のバス会社の車掌の職を得たのはそれからすぐのことだった。この新しい職場でアティーヤ翁は、これまでの経験を生かし、運輸労働者組合の若き運動指導者として頭角を現していくことになる。

5　アティーヤ翁との別れ

アティーヤ翁についてはいくつかの忘れられない思い出がある。翁は、冒頭に書いた筆者が最初に出会ったときを含め、その後も何度かタガンマウ党から人民議会選挙に立候補したが一度として当選することはなかった。選挙の不正を訴え、どうして持ち出したのかわからないが、選挙の集計票のような資料を見せてくれたこともあった。またこの訴訟の件で裁判所に出向く翁についていったこともある。

また、あるときタガンマウ党の本部事務所を訪ね、書記長（のちに党首）のリファアト・サイード博士（エジプトの左翼運動史研究でも知られる）に会う機会を得たとき、アティーヤ翁の話をしてみた。すると、「まだあの老人は生きているんだよね」と述べ、困ったものだ、という表情を筆者に見せた。体制を支える合法左派政党の執行部とアティーヤ翁との間には、特に労働運動の問題をめぐって意見の対立があったと聞く。翁はエジプト労働組合総連合（ETUF）による一元体制を批判し、労働運動におけるプルーラリズム（多元主義）を主張していた。労働組合結成の自由が憲法に明記され、独立系の組合が設立されるようになったのは2011年革命後のことであった。

最後にアティーヤ翁と言葉を交わしたのは、彼の講演があると聞いて、廃屋のようなビルの一室で行われた集会に参加したときのことだ。講演の内容は労働運動に関するものであったと思う。薄暗い部屋の壁には、マルクス、エンゲルスと並んで、煤《すす》けた肖像画がかけてある。その人物が誰かわかり、それがトロツキスト団体の集会だと気がつくには少々時間がかかった。

アティーヤ翁を紹介してくれたのは、友人の故ハサネイン・キシュクさんである。ハサネインさんは1960年代末、アインシャムス大学工学部に在学中、急進左派の学生運動の指導者として活躍した後、農村社会学に専攻を変え、長年のフィールド調査を経て博士号を取得した。農業労働者研究で知られ、農民運動のNGOの顧問もされていた。アティーヤ翁の姿を最後にお見かけしたのは、ハサネインさんの博士論文公開審査会の会場であった。口頭試問が延々と続くなか、アティーヤ翁が退席されるのを声をかけることもなく見送ってしまったが、それが最後になった。

アティーヤ翁は晩年、長く病床に臥せった後、2011年革命の年に亡くなったと聞く。ハサネインさんも呼吸器疾患で苦しむ闘病生活を送り、2020年にこの世を去った。彼が亡くなる4年前の2016

年2月、ケンブリッジ大学院生でイタリア人のジュリオ・レジェーニさんが拷問の痕跡が残る遺体でカイロ郊外にて発見される事件が起きた。ジュリオさんは、革命記念日の1月25日、ハサネインさんの誕生日会にこれから向かうとSNSで発信した後に、消息を絶った。エジプト治安警察による拉致と虐殺が疑われたが、今も事件の真相は明らかになっていない。しかし、彼の死が露天商の独立系労働組合に関するその研究テーマと関係していたことは確かであろう。

コラム2

初期のムスリム同胞団における労働
――エジプトの労働問題への取り組み

福永浩一

ムスリム同胞団は、1928年にエジプトのスエズ運河地帯の都市イスマーイーリーヤで、ハサン・バンナー（1906-1949）により創設された。

エジプトでは「アラブの春」後、2012年に同胞団出身のムハンマド・ムルスィーが大統領に就任したが、その翌年、軍との対立により失脚し、組織は現在、非合法状態に置かれている。同胞団は従来、その政治的活動が注目され、一方で「イスラーム原理主義」の文脈でも論じられることが多かった。しかし同胞団はその設立の初期から、社会、教育などの多様な分野で活動を展開していた。また公務員、学生のほか、都市労働者を中心に団員を獲得したことから、労働者の教育や失業対策など、彼らの抱える問題解決のために積極的な活動を行っていた。

同胞団の創設者バンナーは、エジプト民衆に向けて「ダアワ（教宣）」を行い、当時、西洋文化や思想の流入が進んでいたエジプトにおいて、イスラームの危機を訴え、それに対抗してイスラーム世界とムスリムの統一を唱えた。また彼はイスラームを「宗教儀礼の実践や精神修養に限らない」と考え、その啓典であるクルアーンは「包括的な社会改革の諸原則の集成である」と後に自身の論考で説いて、組織の多分野での活動の指針とした。彼の説教を聞き、その内容を支持するイスマーイーリーヤ在住の6名の男性がバンナーの下に集結したことが同胞団設立の契機となったが、彼らの職業は大工、運転手、アイロンがけ職人、車輪工、理容師、庭師などで、労働者階級に属していたとされる。

バンナーは自身が執筆した論考において、エジプトにおける外国資本の支配を批判し、企業の国有化や貧困の解消を訴えた。彼はダアワを受容した多くの若者が労働者階級・中産階級の出身であることを認め、労働自体と、それを通じた報酬の獲得を、イスラームの原則に適合するものとして肯定的に解釈した。そのなかでは、イスラームが「労働と所得を促進し、所得は(労働が)可能な全ての者の義務と見なす」「神に定められた生活の糧は、不断の努力と結合している」と述べ、また労働については、「専門的な労働者は称賛され、(労働中の)質問は禁じられる。神への最良の奉仕の一つは労働である」、また「最良の所得は手仕事によるもので、社会に完全に依存する怠惰な者は軽蔑される」としている。それに加え、「外国企業の手中にある資本は、何百万ポンドにも達するが、国内の民衆、国内の労働者がそこから被ったのは苦痛、困難や欠乏だけである」として「企業のエジプト化」を求めた。

エジプトは1922年に形式的にイギリスからの独立を達成するが、その後もイスマーイーリーヤにはイギリス軍が駐留を続け、同市はなおイギリスの支配下に置かれていた。そのような状況下で外国資本は市の経済を占有しており、外国企業による搾取や不正からのエジプト人労働者の権利保護は、組織の関心事であった。

同胞団は1940年代に勢力を大きく拡大する。特に第二次世界大戦後のエジプトは、外国資本による支配の継続、貧困やインフレ、失業などの諸問題に直面し、社会・経済の混乱期にあった。そのなかで同胞団は政府批判を強めるが、一方で雇用対策として、独自の企業の設立、労働者への支援を行うとともに、労働運動への参加を本格化させた。

40年代の段階で、同胞団は活動の柱として商事、鉱石、紡績・織物、広告など七つの企業を設立、経営していたが、企業経営を通じて、外国資本に対する独立した民族資本の強化、失業問題の緩和を目指したという。

労働者の教育や権利の保護にかかわる活動で中心的な役割を果たしたのは、同胞団組織の運営の中心となる、総指導局の下に設けられた「労働部門」であった。

1951年に定められた同胞団の内部規定には、労働部門の主な役割として、「労働者の間にダアワを広めること」のほか、「労働者が労働組合・運動から利益を得て、自身の権利を守るよう指導する」「労働者の間の相互協力の組織化」「労働者を取り巻く問題の学習と、解決のための適切な手段の考案」「労働者と雇用者の間の仲介」「労働者の教育、道徳、社会、衛生の水準の向上」などが主な内容として記載されている。

部門には、労働問題専門の弁護士が置かれた。さらに活動の具体例として、失業者対策のための就職支援、労働者の権利について教育する労働者学校の設立、労働者の利益増進を目的とした労働関係法の研究のほか、労働組合への参加の呼びかけなどが挙げられる。

同胞団は1942年頃、ギザ県の精糖工場労働者による労働組合の実質的な掌握に成功する。そして組織の機関紙で組合活動の詳細を取り上げ、また論説、声明を通じて支援を行った。当時の組合活動では、エジプト人従業員と外国人従業員の間の賃金の格差是正や、昇進などでエジプト人従業員より外国人従業員が優遇される状況の廃止が主要な関心事の一部であった。これらの問題に関して同胞団は機関紙上で、原因がムスリムを分断する植民地主義にあることを強調し、エジプトのムスリム労働者の一体化の重要性や、非熟練労働者の保護を訴えたとされる。その一方で組織は、労働者と雇用者の間の仲介役を志向し、当時の共産主義などの活動とは一線を画していた。

同胞団の労働運動への参加は、1940年代に一つの頂点を迎える。しかし自由将校団による52年の革命の結果、権力を掌握したナセルは労働運動を国家の完全な統制下に置いた。ナセルと対立した同胞団は弾圧を受け、活動の停止を余儀なくされた。それ以降、エジプトでは国家による労働運動の統制が続くが、70年にナセルが死去した後、政権を継いだサダトの下で同胞団は活動の再開を容認される。復活後の同胞団は主に社会福祉活動を通じて、低所得層や労働者に対する支援を行った。

そして2000年代に入ると、ナイル・デルタ中央部の都市マハッラ・クブラーで繊維産業労働者等が中心となってムバーラク政権に対するストライキを展開し、再度、労働運動が注目を集める。同胞団はマハッラ・クブラーの運動には参加しなかったが、それと前後する2005年、独自の改革イニシアティブを発表し、その条項のなかには「専門職組合、労働組合の運動を機能不全にする法律の廃止」や「エジプトの組合・組合活動の活力を取り戻す法案の制定」などが盛り込まれた。ムスリム同胞団にとって労働問題への取り組みは、組織の歴史を通じて重要な課題であり続けたといえる。

第5章 イスラーム銀行の実践からみた労働理念と女性

長岡慎介

はじめに

西洋諸国の進出とともに始まったイスラーム世界の近代化では、西洋起源のさまざまな制度が現地にもたらされた。経済面においても、銀行や株式会社を核とする西洋型の資本主義のしくみが導入されていった。資本主義はイスラーム世界にこれまでにない経済成長をもたらしたものの、深刻な経済格差や貧困も生み出した。そうした資本主義の弊害を克服するために、20世紀半ばから、イスラームの理念に基づいた経済システムを改めて導入しようとする動きが顕在化してきた。現代イスラーム経済と呼ばれるこの取り組みの担い手たちは、長いイスラームの伝統のなかで育まれてきた経済の知恵をいかに現代世界に再生させるかに腐心した。その知的格闘は、1970年代に商業実践を始めたイスラーム銀行に結実する。

イスラーム銀行は、自らの信仰に適った新しい銀行として多くのムスリムの心をつかんで大成功を収めた。現代イスラーム経済は、現在、食品（ハラール）や日用品、アパレル、観光、物流、社会福祉などさまざまな分野にその裾野を広げているが、イスラーム銀行はその中核的存在として、現代イスラーム経済全体を牽引している。本章では、このイスラーム銀行に着目し、そこに垣間見られる現代イスラーム経済の労働理念を明らかにするとともに、イスラーム銀行が提起している女性の新しい労働のかたちを紹介することにしたい。

1　現代イスラーム経済の労働理念

(1) イスラーム銀行のしくみ

イスラーム銀行最大の特徴は利子がないことである。これは、クルアーンにも言及があるように、イスラーム法が利子を取ることを禁じているからである。私たちが普段利用している従来型の銀行では、資金を貸し出すときに付ける利子が主要な収益源となって経営が成り立っている。イスラーム銀行は商業ベースでの実践が基本であるため、単に無利子でお金の貸し出しを行うだけでは経営が成り立たない。そのため、イスラーム銀行の実用化を試みた人々は、利子以外のイスラーム法的に問題のない収益源を見つけ出す必要に迫られた。試行錯誤の結果、彼らが最も注目したのは、前近代のイスラーム世界の交易で使われていたムダーラバと呼ばれる手法であった。ムダーラバは、資金力の豊富な商人が、商才のある商人にお金を託し、商売によって生み出された儲けを二人で分け合うしくみである。前近代のイスラーム世界では、インド洋や地中海を行き来する遠隔地貿易でもムダーラバが盛んに利用されたといわれている（Udovitch 1970: 170; Abu-Lughod 1989: 220）。

このムダーラバが現代のイスラーム銀行では次のような刷新されたかたちで活用されている（図1参照）。

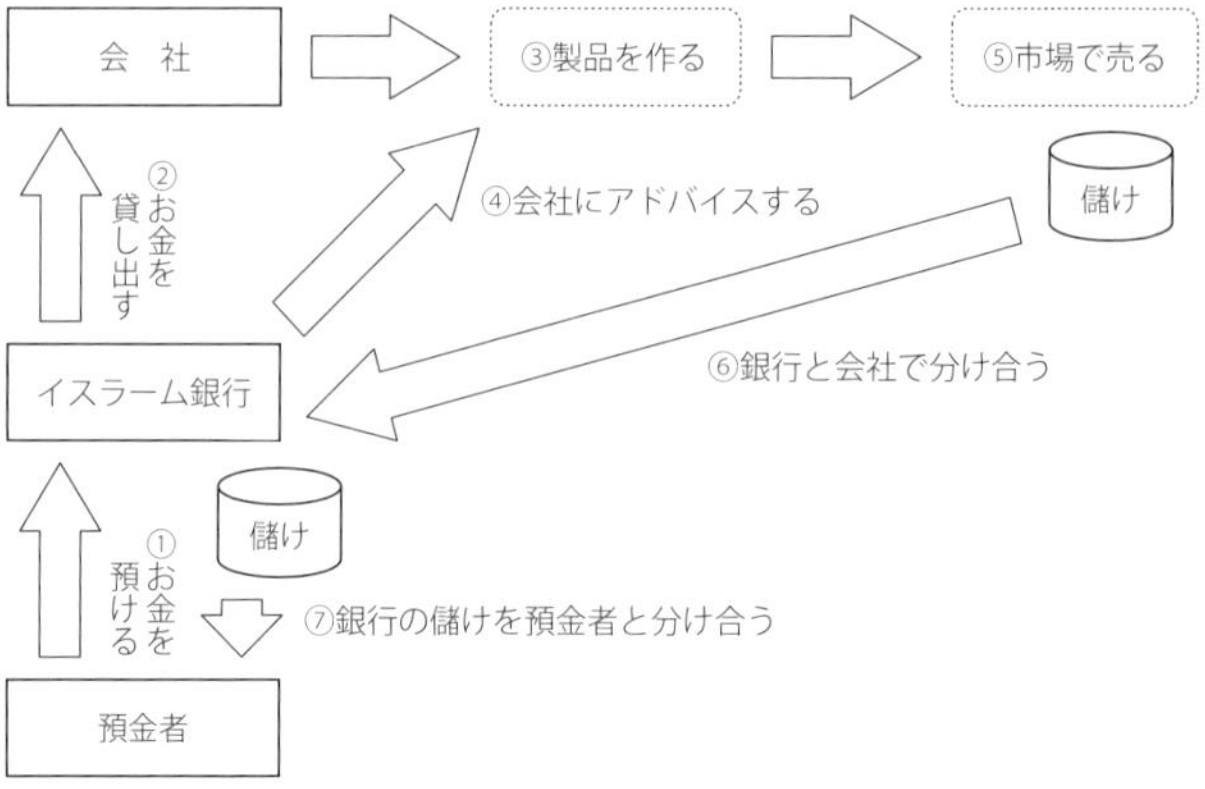

図１　イスラーム銀行のムダーラバのしくみ
［筆者作成］

まず、預金者がお金を銀行に預ける。そして、銀行はそのお金を会社に貸し出す。会社は借りたお金を使って商売を行い、返済期限が来たらお金を返すが、当然利子は付けない。代わりに、会社は商売で儲かった利益の一部を銀行に渡す。そして銀行は受け取った利益を預金者にも還元する。このように商売の利益を当事者間で分け合うという前近代のムダーラバのしくみが、利子を使わないイスラーム銀行の金融サービスに巧みに活用されていることがわかる。

イスラーム銀行のムダーラバでは、銀行の利益の取り分について、利子のように借りたお金の何%（例えば、貸し出し額100万円の5%の5万円）と固定するのではなく、借り手である会社が稼いだ利益の何%とあらかじめ決めておくのが原則である。それによって、会社の商売の成否にかかわらず同じ額を受け取る利子の場合と異なり、ムダーラバでは会社の商売が儲かるほど、銀行（そして預金者）が受け取る利益も増えるようになっている。逆に、会社の商売が失敗した場合は、銀行や預金者が受け取る利益は少なくなってしまう。そのため、銀行は商売が成功するようにあたかも共同経営者のように振る舞い、頻繁に会社にアドバイスを行うのである。

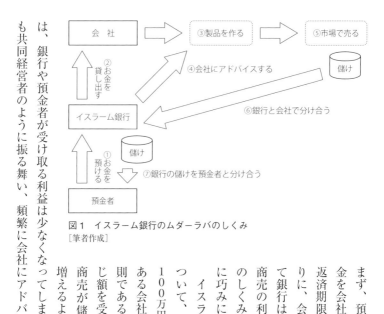

（2）ムダーラバからみえる労働理念

このようなイスラーム銀行のムダーラバのしくみからは、どのような労働理念が垣間見えるだろうか。以下では、お金の儲け方という観点からそれを考えることにしたい。

まず、利子の禁止が直接的に示していることは、不労所得の忌避である。利子を使った金貸しの原則は、借りるときに決めた利子の金額を返済日に支払うということである。そこでは、借り手の事情や借りたお金の行方は一切考慮されない。例えば、車を買う名目で借りたお金をギャンブルに使ってしまったとしても、元本と利子を揃えて返済日に支払えば貸し手に文句を言われることはない。他方、経済的に困窮していて返済が困難になった場合でも、返済日には必ず支払いをしなければならず、支払いができなかったときはペナルティ（延滞利息）が科されてしまう。また、借りたお金を使って行った商売が大成功を収めた場合でも、支払額は変わらない。こうした利子の原則によって、貸し手は、いったんお金を貸してしまえば何もしなくとも返済日が来れば確実に受け取ることのできる儲け、すなわち不労所得を手に入れることができるのである。

イスラームではこうした働かずして手に入れる儲けを厳しく戒めており、利子に代わるムダーラバでも、貸し手が労せずに儲けを得ることのできないしくみが組み込まれている。それが、先に説明した貸し手の儲けが借り手の商売の成否に連動するしくみである。このしくみでは、銀行がより多くの儲けを手に入れるために、借り手の商売に積極的に関与するインセンティブが働くようになっている。こうした貸し手の借り手の商売への関与という「労働」が、ムダーラバにおける貸し手の儲けを正当化する根拠になっているのである。

貸し手の労働インセンティブは、ムダーラバにおける債務不履行の取り扱いにおいてもみることができる。ムダーラバでは、借り手である会社が商売に失敗し、返済が困難になってしまった場合、その返済が免除されることになっている。その場合、銀行のみならずお金のもともとの出し手である預金者にもお金が戻って来なくなる。どんな事情があろうと貸したお金は必ず返済すべきと考える私たちの常識と真っ向から対立するこのしくみには、貸し手である銀行（そして預金者）にも商売が失敗した責任を求めるという意味が込められている。つまり、銀行には、貸したお金がきちんと返済されるように常に借り手の商売を監督し、必要に応じて経営を改善するためのアドバイスを行うという「労働」が求められているのである（預金者にも同様に、銀行の貸し出し行動をチェックする「労働」が求められている）。

このようにムダーラバには、たとえ金貸しであっても労して稼ぐことを義務づけるしくみが組み込まれており、借り手の商売の成功による儲けの増加は労働に励んだことへの報償として、債務不履行は労働をさぼったことへのペナルティとして位置づけられているのである。

こうしたムダーラバからは、もう一つの労働理念を見出すことができる。それは、アントレプレナーシップ（企業家的行動能力）の推奨である。アントレプレナーシップとは、新しい商売を創り出すことにリスクをとって果敢に挑戦する姿勢のことで、経済発展を推し進める技術革新の源泉だと考えられている。ムダーラバのしくみには、そうしたアントレプレナーシップに借り手と貸し手ともに駆り立てる装置が備わっている。例えば、返済が困難になったときに支払いが免除されるしくみは、借り手の側からすれば、失敗を恐れずに新しい商売に挑戦する強いインセンティブを与えるものとなる。他方、貸し手の儲けが借り手の商売の成否に連動するしくみは、貸し手の側からすれば、貸し倒れのリスクは高くなるものの、借り手が新しい商売で莫大な利益をあげたときには自らも大きな利益を受け取ることができるため、そうした商売を借り手に促すインセンティブとなるのである。

以上でみてきた不労所得の忌避とアントレプレナーシップの推奨という労働理念は、現代イスラーム経済の核心にある考え方である。なぜなら、現代イスラーム経済は、具体的に実体のあるビジネスによる経済発展を推奨しており、そうした経済発展を持続させていく駆動力としてアントレプレナーシップに基づく技術革新を重視しているからである。それは、実体のない金融取引の繰り返しによって見せかけの成長を続けている昨今の金融資本主義への痛烈な批判にもなっている。実際、2007年の世界金融危機以降、イスラーム銀行に欧米の経済界からも大きな注目が集まっており、資本主義の弊害を克服する有力な参照軸として幅広い期待が寄せられている。

2 イスラーム金融の実践と女性

(1) イスラーム経済学における労働と女性

イスラーム銀行に代表される現代イスラーム経済の実践を支える知的営為は、イスラーム経済学(Islamic economics)と呼ばれる学問領域で主に行われている。そこでは、男女を分けたかたちでの労働に関する新しい理論的展開はこれまでほとんどみられなかった。その理由の一つは、本書第3章第2節で述べられた前近代の労働とジェンダーに関する議論をイスラーム経済学がそのまま引き継いでおり、必ずしも新しい議論が提起されてこなかったからである(Islahi 2020)。さらに、イスラーム経済学は、前近代のイスラーム学に加えて、ヨーロッパで発展してきた近代経済学の影響を強く受けており、その方法論的前提の一つである代表的個人の仮定(すべての人間が同じ選好をもっているとして、一人が経済全体を代表しているとする仮定)を議論の前提とすることが多く、そこに男女を分けた理念的議論を展開する方法論的余地と関心がほとんどなかったという点も、理由の一つとして挙げることができる。

しかし、現代イスラーム経済の裾野が拡大していくにつれて、本書の後半でも紹介されているイスラーム世界におけるジェンダーをめぐるさまざまな課題に現代イスラーム経済の実践も直面するようになってきており、そうした課題を克服するための取り組みが始まっている。以下では、イスラーム銀行が提起している新しい女性の労働のかたちについて、女性イスラーム銀行と女性イスラーム法学者の事例を紹介することにしたい。

(2) 女性イスラーム銀行

女性イスラーム銀行とは、顧客を女性に限定して提供されるイスラーム金融サービスのことである。業態としては、独立した女性専用の銀行があるというわけではなく、イスラーム銀行が女性専用を謳った統一のブランドを設定し、専用の支店や窓口でサービスを提供している。そうした専用支店や窓口では、顧客の応対を行う行員から警備員や清掃員までもが女性に限定され、女性だけの空間が作り出されている。

こうした女性イスラーム銀行の先駆けは、アラブ首長国連邦(UAE)である。特に世界初の商業イスラーム銀行として知られるドバイ・イスラーム銀行(1975年設立)は、女性イスラーム銀行にもいち早く乗り出しており、2000年から「ジャウハラ(英語表記はJohara)」と呼ばれるブランド名でサービスを提供している。2023年12月現在、ドバイのジュメイラにジャウハラ専用の支店があるほか、UAE国内の11の支店に専用窓口が設けられている(写真1参照)。

ジャウハラは特に女性企業家をターゲットとしてサービスを展開しており、借り入れや預金といった通常の金融サービスに加えて、起業のためのコンサルティング・サービスや特別融資プログラムも提供して

写真１　ドバイ・イスラーム銀行のジャウハラ専用窓口

いる。これらの女性向けサービスの展開によってジャウハラは多くのＵＡＥ女性を惹きつけることに成功した。しかし、それに加えて同じ女性を相手に気兼ねなく金融相談ができることを理由にジャウハラを利用するようになった顧客も少なくないという。さらに、ジャウハラで働く側の視点からすると、こうした女性だけの労働環境の創出は、男女混在の職場で働くことを夫や家族に反対されてきた女性に対して、貴重な社会進出の機会を提供することに貢献しており（Ahme 2012）、女性イスラーム銀行が多方面で新しい女性と労働のかたちを提起していることがわかる。

ＵＡＥでは、２００９年にアブダビ・イスラーム銀行（１９９８年設立）も、「ダーナ（英語表記はDana）」のブランド名で女性イスラーム銀行に参入してきた。ダーナでも、ジャウハラ同様、女性企業家を主な顧客対象としたサービスが提供されているが、それに加えて女性特有のニーズに対応したサービスも生み出された。例えば、離婚した女性が自らの財産を子どもに移転するために子ども名義の口座を開く場合、通常の手続きでは父親のサインが必要だったが、サインを不要とする口座サービスが特別に設けられている（Anca 2012: 99）。

２０１０年代になると、女性向け金融サービスがＵＡＥ以外の湾岸諸国やイスラーム世界各地のイスラーム銀行でも積極的に展開されていった。提供されるサービスも多様化しており、当初の女性企業家支援だけでなく女性のエンパワーメントや出産・育児支援などにも拡大している。こうした後続のイスラーム銀行では、女性イスラーム銀行のための統一されたブランドが設定されることはほとんどなくなり、金融商品のラインナップの一つとして位置づけられるようになっている。これは、女性向けの金融サービスが、わざわざブランド名を冠して目を引かなければならない存在から、イスラーム銀行の通常サービスの一つとして当然提供されるべき存在として広く浸透してきた証と考えることができる。

こうした現状からすると、以上で紹介したジャウハラやダーナは特異なサービス形態に映るかもしれない。しかし、女性向け金融サービスが一般的ではなかった時代にいち早くそうしたサービスの重要性を認識し、しかもそれを女性イスラーム銀行という強烈なインパクトを与えるかたちで参画したことは大きく評価されるべきである。また、女性だけで金融サービスが提供される空間の創出は、私たちの認識とは異なる男女共同参画のかたちを今でも提起し続けているといえるだろう。

(3) 女性イスラーム法学者

商業ベースでの実践を基本としているイスラーム銀行では、利子の禁止に代表されるイスラームの教義の遵守とビジネスとしての成功を両立させることが至上命題となっている。こうしたイスラーム法と収益性の絶妙なバランスを維持するために、イスラーム銀行の業務には多様な担い手が参画している。銀行のイスラーム性を担保する番人はイスラーム法学者である。彼らはイスラーム銀行に設置された委員会(シャリーア諮問委員会と呼ぶ)のメンバーとしてその番人の役割を日々果たしている。他方、金融サービスの収益性を判断するのはバンカーと呼ばれる実務家たちであり、従来型銀行との厳しい競争に勝ち抜くべく、新しい金融商品の開発に日々勤しんでいる。

バンカーについては、従来型銀行での豊富な経験をもった人々がムスリム／非ムスリムに関係なくイス

表1　マレーシアのイスラーム銀行のシャリーア諮問委員会における女性委員の数

イスラーム銀行の業態*	総数**	シャリーア諮問委員会に女性委員のいる銀行数		
		1名	2名	3名
商業銀行	23	5	6	0
投資銀行	2	2	0	0
開発銀行	6	3	2	0
保険会社***	13	6	2	2
合計	44	16	10	2

注：* イスラーム銀行と従来型銀行を兼業している銀行も含む。
** マレーシア中央銀行にシャリーア諮問委員会のメンバーを届け出ている銀行に限る。
*** 再保険会社も含む。
［出所：各金融機関およびマレーシア中央銀行のウェブサイトをもとに筆者作成］

ラーム銀行の実践に参画しており、そこでは女性が活躍する場面も多くみられる。その象徴的存在は、2000年から16年間にわたってマレーシア中央銀行の総裁を務めたゼティー・アフタール・アズィーズである。ゼティーは在任中、国内のイスラーム銀行の振興を図るとともに、マレーシアがイスラーム銀行のグローバル・ハブとしての地位を確立するのに尽力した。ゼティーの強力なリーダーシップは、イスラーム銀行業界における女性の進出にも大きな影響を与えている。

他方、イスラーム法学者については、男性が担うべき職業という前近代のイスラーム法学の伝統をそのまま引き継ぐかたちで、イスラーム銀行のシャリーア諮問委員会も男性の「聖域」とされてきた。実際に中東や南アジアにあるほとんどのイスラーム銀行のシャリーア諮問委員会のメンバーは男性で占められている。しかし、イスラーム銀行のグローバル・ハブの一つであるマレーシアでは、そうした伝統を打ち破って女性イスラーム法学者が多数活躍する姿がみられるようになっている。

表1は、マレーシアの各イスラーム銀行（以下、イスラーム保険会社も含む）に設けられているシャリーア諮問委員会における女性委員の実態をまとめたものである。この表からは、マレーシアのイスラーム銀行の約3分の2で女性がシャリーア諮問委員会のメンバーに就いていることがわかる。一行あたりのシャリーア諮問委員会の委員数は3～5名が標

準で多くて7名であるが、これらのイスラーム銀行のシャリーア諮問委員の総数を計算すると205名となり、女性委員は延べ42名であることから、銀行業務のイスラーム性を担保する番人＝法学者の約2割は女性によって担われていることになる。

マレーシアにはイスラーム銀行の業務を規制監督する政府機関（中央銀行、証券委員会、ラブアン金融監督庁）にもそれぞれシャリーア諮問委員会が設置されており、国内のイスラーム銀行の業務を左右する重要な決定がなされている。これらのシャリーア諮問委員会にも女性がすでにメンバーに就いており（中央銀行、証券委員会はそれぞれ2名、ラブアン金融監督庁は1名）、マレーシアにおける女性イスラーム法学者の台頭を象徴している。なかでも、エンク・ラービア・アダウィーヤ・エンク・アリーは、上記三つの政府機関のシャリーア諮問委員会のメンバーを長年兼任する女性法学者として知られる。彼女は、マレーシア・イスラーム国際大学のイスラーム銀行金融研究所の教授も務めており、アカデミアと実務を架橋する立場から、マレーシアのイスラーム銀行の発展を牽引している。

マレーシアのイスラーム銀行でみられる女性イスラーム法学者の台頭は、イスラーム世界全体でみればまだ特異な現象である。しかし、イスラーム法学の全体的動向に目を向ければ、本シリーズ第2巻で紹介されているインドネシアの女性ウラマー会議（野中 2020）や、エジプトのワクフ省が4名の女性にファトワー（法学裁定）発出権限を与えた事例（エジプト日刊紙『シュルーク』ウェブ版、2022年5月21日）など、イスラーム法学における女性の進出は少しずつ始まっており、近い将来、中東や南アジアのイスラーム銀行のシャリーア諮問委員会でも女性法学者がメンバーとなることが日常化するようになるかもしれない。

おわりに

女性イスラーム銀行と女性イスラーム法学者という、本章の後半でみてきたイスラーム銀行による女性の新しい労働のかたちは、アントレプレナーシップの推奨という現代イスラーム経済の労働理念を体現したものといえる。女性イスラーム銀行については、主な顧客対象が女性企業家であり、資金やビジネスノウハウの面から、女性のアントレプレナーシップを力強く支援している。また、女性イスラーム法学者は、イスラーム銀行を「作る」立場にあり、新しい法解釈によってイスラーム銀行に革新をもたらす力と可能性をもっている。

他方、不労所得の忌避というもう一つの労働理念を女性の文脈で考えるならば、それは必ずしもイスラーム銀行の実践に十分に反映されているとはいえない。それは、低所得・貧困層の女性の金融アクセスの問題と深くかかわっている。彼女らのほとんどは、信用力が低いことから商業イスラーム銀行のサービスから排除されており、親族やノンバンクから高利で資金を借りることを余儀なくされている。このことは、自らが置かれた境遇によって、不労所得というイスラームが忌避するお金の儲け方に意図せずに荷担してしまっていることを意味している。低所得・貧困層の女性の金融アクセスの問題の解決にマイクロクレジットが有効であることは、バングラデシュのグラミン銀行の成功が物語っているが、利子を取らないイスラーム型マイクロクレジットはインドネシアやバングラデシュなど一部の国で実践が本格化しているものの（Fianto 2017; Miah 2018）、多くのイスラーム諸国では萌芽的な取り組みにとどまっており、無利子金融へのアクセスが広く開かれている状況にあるとはいえない。

現代イスラーム経済では、近年、女性の社会進出や潜在能力（ケイパビリティ）の向上が重要課題の一つとなっているが（Simply Sharia Human Capital 2016）、ここで取り上げた女性の金融アクセスの問題はそうした課題の解決のために避けては通れないものである。同時に、不労所得の忌避という独自の労働理念と深くかかわる問題でもあり、これをどう解決していくかにイスラーム経済の存在意義と真価が問われているといっても過言ではないだろう。

第6章 イランの保健医療・福祉分野におけるボランティア活動と労働

細谷幸子

はじめに

筆者は看護師・保健師資格を持つ大学教員で、20年ほど前から、イラン・イスラーム共和国の医療・福祉分野の調査研究を行うかたわら、イラン人の医師や患者・障害者団体とともに、現地の障害者や難病患者の支援活動を継続してきた。イランでは、慈善活動やボランティア活動が盛んで、多くの人が定期的に寄付をしたり、地域の活動にかかわったりしている。本章では、そうした社会貢献活動のうち、主に保健医療・福祉分野において行われているボランティア活動に注目し、無償で労働を提供する個々人の動機や、活動の社会的文脈について紹介したい。

イランで行われているボランティア活動は、小規模なコミュニティ活動から、大規模な国家的事業まで、その目的・規模・活動スタイルは多様である。筆者が専門とする保健医療・福祉分野に限定しても、公園や道路など地域の公共スペースの清掃や、病院の建物の修理、児童養護施設でのレクリエーションなどにボランティアが集まることもあれば、地域の子どもたちや障害者を旅行に連れていく、地元の学校や病院に食事を持っていく、地震などの自然災害の救援活動に参加するなどの活動もある。これらは、賃労働とは別の枠組みとして、主に余暇時間に展開される、金銭による報酬を得ることを目的としない労働（＝労力や時間の提供）としてとらえることができる。イランでは、こうした無償の社会貢献活動が、セーフティーネットとしての機能をもち、社会的な結びつきを形づくっている。

以下では、趣旨が異なる三つの活動を紹介する。なお、本章は２０１４年から筆者が現地調査のために通っていたイスファハーンで得た情報が元になっている。当時筆者は、労働やボランティア活動に着目した調査を行っていたわけではなく、イスファハーン医科大学の看護助産学部で、がん患者や遺伝性疾患患者の支援に関する調査研究プロジェクトを実施していた。その立場では、無償労働をめぐるポリティクスを理解するために必要な資料等を入手することは非常に難しかった。そこで本章では、労働政策における無償労働の位置づけや各種慈善団体の政治分析については扱わず、無償の社会貢献活動の実際と、それを実践する人々の動機を記述するにとどめたい。

1　慈善活動の一つとしての労働奉仕

イランでは、ごく日常的にさまざまな慈善活動が行われている。信仰心に基づいた助け合いはクルアーンの多くの章句で肯定的に触れられており、喜捨はムスリムにとって重要な信仰行為の一つである。イスラームにおける喜捨は、富を再分配し、人々の連帯を強める役割を担ってきたと指摘されている。12イマーム派シーア派イスラームを国教とする革命後のイランでは、宗教的意図による慈善活動が奨励され、義務的喜捨「ザカート」、自発的喜捨「サダカ（ペルシャ語ではサダゲ）」、公益に使用するため私財の所有権の移転を永久に禁止する寄進制度「ワクフ」、願掛け成就のお礼「ナズル」といった概念に基づいて、人々は慈善目的の寄付を行ってきた。

イスラームの来世観や贖罪の思想によると、他者を助けることは神の祝福を受けるに値する行為である。慈善目的のボランティア活動は、金品を喜捨する代わりに、困っている人のために余暇時間や技術、知識、エネルギーを贈与する活動である。そして、その労働の対価は、賃金ではなく神からの報酬として受け取ることができる。神からの報酬を得れば、魂が浄化され、過去の罪が清められる。現世では災難が回避され、財産が増え、来世では天国が約束される。これは労働による神への奉仕と位置づけられる。

こうした発想はイラン社会に深く根付いており、ボランティアをする者が経験した個人的なエピソードと結びつくかたちで実践されている。両親の介護を経験する年代の女性は介護施設訪問を、若者は自身の経験を投影しやすい子どもの支援にかかわるボランティアを選ぶなど、好まれる分野は性別や世代によって異なる。主婦や学生、定年退職後の年配者など、比較的自由に使える時間が確保しやすい人たちだけでなく、働き盛りで多忙な生活を送る男女も、さまざまな活動に参加している。

労働奉仕は、シーア派の喪の儀礼であるアーシューラーなど、地域の宗教的な行事や祝祭においてもみられる。行事は男女別に開かれることが多いので、男女それぞれが使用する会場の設営や清掃、参加者に配る食事の調理や片付けなどに従事する。若者たちは、皆で協力して働くこうした機会に、大人数向けの調理をする際の材料の調達方法や、食材の下ごしらえの方法なども学ぶ。その経験は、地震等の被災地支援など、他の機会に活かされることもある。

慈善目的のボランティア活動は、行為者と神との関係性のなかで理解され得る。12イマーム派シーア派

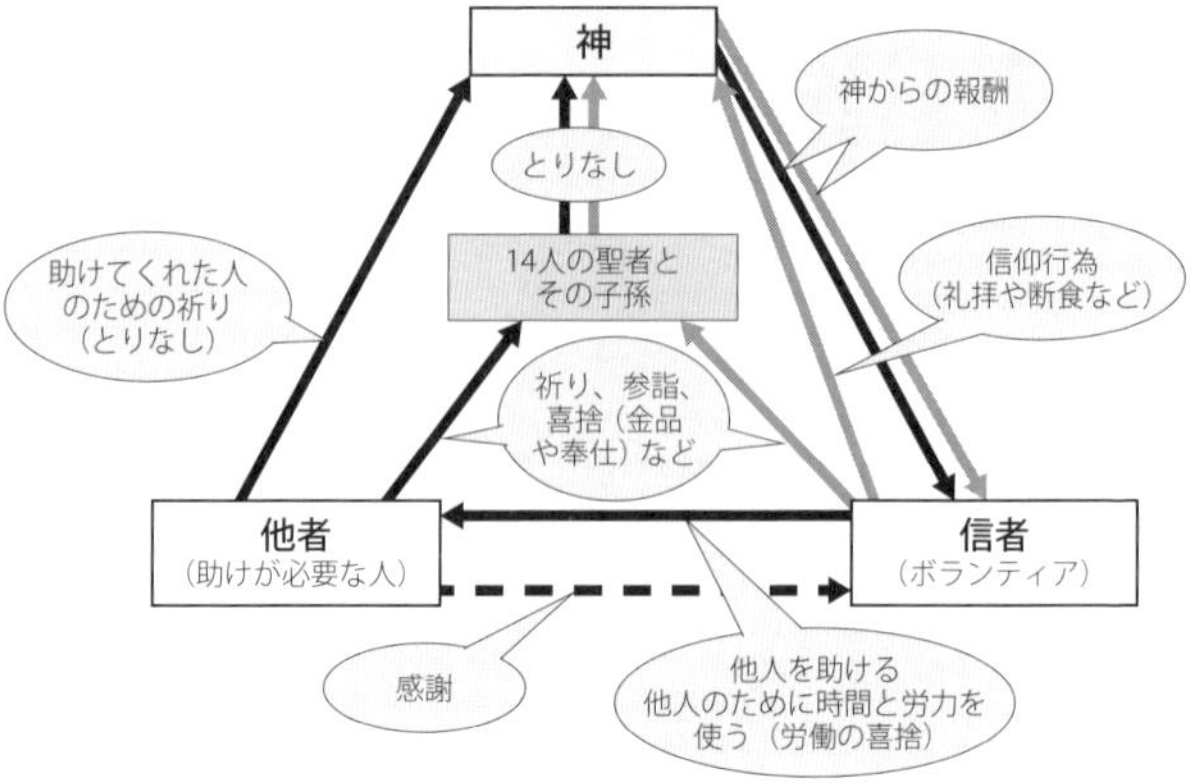

図１　恩寵の循環
グレーの線は神とイマームと信者の間の循環を示している。黒の実線はそれに助けが必要な他者のとりなしが加わった循環となっている。介入者が増えることで願いが神に届きやすくなり、報酬も増える。助けた他者からの直接的な感謝は必ずしも期待されない（黒の点線）。
［出所：上岡 1991；藤本 2018を参考に筆者作成］

イスラームでは、預言者ムハンマドの娘ファーティマの婿アリーを初代イマームとし、その12代の子孫をイマームとして重視する。この12人のイマームに預言者ムハンマドと娘ファーティマを加えた14人を無謬《むびゅう》の聖なる存在として崇敬し、彼らとその子孫にとりなしを求めることもできる。そこには、神の恩寵が循環する構図が想定されている（図1）。

　支援を必要としている人たちは、神と信者を結ぶ仲介者として位置づけられ得る。イマームとその子孫のとりなしを求めて、イマームの聖廟に寄進し、お礼参りをする代わりに、困っている人を助けることもできる。その場合、神と聖者と行為者との間に支援を受けた者のとりなしが入ることになり、ボランティアをする者の願いは神に届きやすくなる。神からの報酬も増える。また、無償の労働奉仕は、金品の寄付と違って簡単にできることではないので、より一層、徳が高いとされる。

　貧しい人々や被災者、病や障害をもつ人々など、助けを必要としている人たちを支援し、喜んでもらうことができれば、来世でも現世でも、神からの報酬を受け取ることができる。そのため、ボランティア活動は、受験や就職、結婚や子授けなどの現世利益を求める願掛けをし、心願成就のお礼奉公として実践されることもある。願いが成就しなかった場合は、奉仕をしなくてもよい。だが、例えば、確実に希望の大学に進学できるように、先にお礼奉公として入院している子どもたちに絵本を読むボランティアをすることもできるし、大きな心願ではなく日常の幸せと健康を願って、近隣に住む障害者の夫婦を定期的に訪ねるといった小さな人助けを継続することもできる。

こうした活動は、自分が神の報酬を得るためにではなく、亡くなった愛する人の来世のために行われることもある。児童養護施設や病院、障害児の施設、介護施設、病院などを訪問するボランティアたちのなかには、亡くなった自分の家族の姿を入院中の子どもたちや施設で暮らすお年寄りに重ねて、逝去した愛する人の魂の安寧のために慈善活動をしている人がいる。自分の善行が神に評価されれば、亡くなった他者の魂が清められ、彼（女）らが天国に送られるだろうと願う気持ちが動機の一つになっている。

福祉や医療に関連したところで行われるボランティアたちの活動は、国家による社会保障制度が十分に機能していない分野で、生活に密着したセーフティーネットとして大きな役割を担っている。だが一方で、別の観点から見ると、こうした慈善活動は、無私を貫く奉仕というよりは、むしろ労働奉仕をする側の信者が神の恩寵を受けるための行為だと言ってもいいかもしれない。もちろん、援助を

写真１　イスファハーンにあるがん専門病院での一場面　バイオリン奏者とダフと呼ばれるフレームドラムの奏者が軽快な音楽を演奏し、着ぐるみをかぶったボランティアが踊りながら各病室をまわっていた。束の間ではあったが、喜劇調の歌とダンスが笑いを誘い、病棟の重苦しい雰囲気を明るく変えた（2017 年）

求める側も自分の状況や必要を主張できる。また、神からの報酬を得るには、助けを必要としている人たちの尊厳を守り、常に最善の支援を模索し続けなければならない。しかし、基本的には、援助する側の都合や希望、判断で支援対象や支援内容が決定されるところがある。

2 革命機関主導の社会貢献活動

慈善的社会貢献活動は、大小の非政府組織の事業や、個人的・単発的な活動として行われることもあるが、国家的規模のプログラムとして展開されることもある。イランでは、政府機関や革命機関が主導する事業においても、ボランティア活動が推奨されている。１９７９年の革命後のイランは、イスラーム共和制をとっている。これは「イスラーム法学者の統治」を国家理念として、イスラーム法学者である最高指導者がシーア派イスラーム教徒の共同体としての国家を指導する体制である。次に紹介するのは、革命機関におけるボランティア活動の一つで、崇高なるイスラーム社会を防衛するための労働奉仕とイスラームの規範の広報という側面が強調される。

例えば、バシージと呼ばれるイスラーム革命防衛隊の民兵組織によるボランティア活動がある。革命防衛隊は、アメリカ・トランプ政権からテロ組織に指定され、経済制裁の対象となっているが、その傘下にあるバシージのメンバーは一般市民の若者たちで、普段は地域の貧困者支援や救援活動、繁華街の見回りなどを行っている。バシージの見解によると、ボランティア活動は、自らの信仰を表現し、地域社会に貢献し、結束を促す機会となる。困っている人を助けるために協力することで、地域に住む人々が良好な関係を築き、連帯を強めることにもつながるのだという。

バシージでのボランティア活動に参加するということは、革命防衛隊の社会貢献事業に参画し、革命のイデオロギーとその成果を護り、イスラームを救うために、初代最高指導者であった故ホメイニー師と現最高指導者ハーメネイー師の命に従うことを意味する。2022年、ヒジャーブ着用の取り締まりで警察に暴行を受けた女性が死亡したことがきっかけとなり、イラン各地で抗議デモが発生した際、警察やバシージが鎮圧にあたったことは記憶に新しい。宗教嫌いが進む都市部の若者たちの間では、体制側の抑圧に加担するバシージのイメージが非常に悪くなっている。しかし、コロナ禍前の2016年に筆者が現地調査をしていたイスファハーンでは、医科大学のバシージ機構が主催する巡回医療キャンプ（Dānā 1395 [2016]）に参加したという若者の話も耳にしていた。

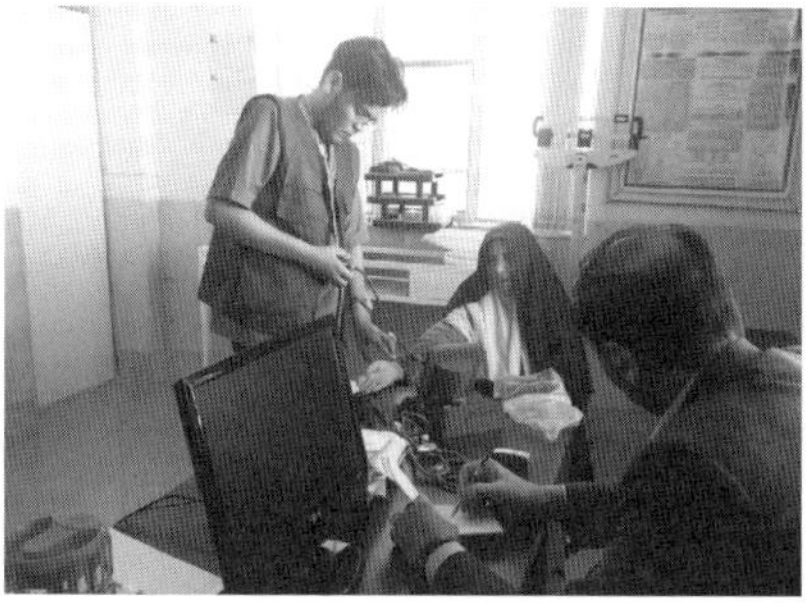

写真2　巡回医療キャンプの診療風景
遠隔地の保健センターで、手前に座ったベテラン医師の指導を受けながら、ボランティアが住民の健康チェックを行っている（2017年、巡回医療キャンプ参加者撮影）

巡回医療キャンプは、医学生や医師以外の医療専門職を目指す学生が、ベテラン医師と共に都市部から遠く離れた医療アクセスの悪い貧しい農村地域を訪ね、住民の健康チェックをし、薬の処方や医療処置をする活動として、ほぼ毎月実施されていた。2泊3日の行程には、農村部住民の診察だけでなく、近くの山や河川、滝や渓谷などに立ち寄り、バーベキューを楽しむスケジュールも含まれていた。医学生たちの圧倒的多数は、都市部の経済的に恵まれた家庭の出身者である。キャンプでは、僻地《へきち》に医療を届けることだけでなく、若い医学生らが農村部の暮らしや生活環境を知り、社会貢献活動の楽しさを体験することも目的の一つとなっていた。

これは医療「ジハード」と位置づけられていた。「ジハード」は「聖戦」と訳され、暴力的なテロ行為と結びつけられることが多いが、本来は神の道を進むための努力・奮闘を意味しており、こうした社会貢献活動も含まれる。イラン革命後、当時生活水準や衛生水準が低かった農村部の開発を進めたのも「ジハード」だった。しかし、革命から45年が経過した現在、「ジハード」や革命のイデオロギー実現のためにボランティアに参加する人はごくわずかで、奨学金を得たり、人的ネットワークを構築したりといった、より実利的な目的でバシージのボランティアに参加する人が多いという指摘もある（Golkar 2015:174）。

確かに、高等教育を受けた若者の失業率が高いことが問題になっているイランにおいて、大学生などがこうした公的事業の活動にボランティアとして参加することは、専門分野に関連した社会経験を積み、人脈を広げるキャリア開発の一面ももっている。ボランティア活動なので給与は支払われないが、交通費や滞在費、食費は参加者負担にはならず、娯楽的要素もある。一方で、こうした国・州のプログラムは、本来なら対価を支払うべき労働を慈善的ボランティアと位置づけ、安い労働力として使う手段に過ぎないと非難する声も上がっている。慈善的労働を行っていても、生活のための収入は得られない。若者たちが求めるのは、むしろ、経済的な不平等感の解消や、意欲と能力に応じた就労ができる雇用政策の展開だとする批判である。

3　当事者による権利擁護活動としてのボランティア活動

慈善目的で行われる労働奉仕と、イスラーム革命機関が主導するボランティア活動の基盤となっているのは、貧困者や僻地に住む人々、社会的弱者の保護のために信者が富・知識・技術・時間・労力を分配するという宗教的善の考え方である。支援の対象となる人々と、支援する側の慈善家やボランティアの間には、神の恩寵が循環する関係性が想定されている。とはいえ、両者の間には社会経済的な格差があり、支援する側と支援される側という立場がはっきりしていて、双方は必ずしも生活上の問題を共有しているわけではない。

三つ目に紹介するのは、支援する側と支援される側が同じ当事者で、自らの権利擁護のために行うボランティア活動である。イランでは、病や障害をもつ人たち自身が、同じ病気や障害をもつ人々が置かれた状況を改善するためのさまざまな活動に従事している。これも経済的報酬を求めないボランティア活動だが、宗教的善行をなすことや、革命の理念を守ることを意図しているわけではない。自分たちが直面している困難は同じ病気や障害をもつ者でなければ十分に理解できないと考え、その問題の解決や差別・偏見に立ち向かうために行われているアドボカシー活動である。以下では、その一例として、イスファハーンのろう者家族協会での無報酬の労働について触れる。

イスファハーンろう者家族協会は、2011年に設立されたろう・難聴者の団体で、テヘランにあるイランろう者家族協会の地方支部となっている。「ろう者家族協会」はろう者の家族が構成員の団体という意味ではなく、ろう・難聴者が家族のように集まる場所という意味で命名された。会員として登録している約800家族のろう・難聴者のために、子どもたちの学習支援、講習会やスポーツ大会、年中行事に合わせたイベントなどを主催している。また、必要時に手話通訳を紹介し、ろう・難聴者の権利に関連した話題でメディアに見解を示すなどの活動も行っている。

協会の運営を担う8人の常任理事は、7人のろう・難聴者と、1人のコーダ（CODA）で、当事者による当事者のための活動であることがわかる。コーダとは、Children of Deaf Adults の略語で、ろう・難聴

写真3　手話教室の一場面

［出所：Anjoman-e khānevāde-ye nāshenavāyān-e ostān-e esfahān. 1401 [2022]: 14］

者の親をもつ聴者を指す。コーダはその地域で話されている手話と音声言語のバイリンガルとして育つことが多い。

ろう・難聴者は、聞こえない・聞こえにくいことから、音声言語の使用が一般的な社会において、コミュニケーション上のハンディを抱えている。しかし、イランでは、手話言語と音声言語の違いに関して知識をもつ専門家がほとんどおらず、ろう・難聴者がどのような配慮や支援を必要としているのかについての理解も進んでいない。例えば車椅子を使っている人は、一目で障害があると理解でき、わかりやすいので、慈善的寄付が集まりやすく、社会福祉の予算や補助金も取得しやすい。イスファハーンろう者家族協会の常任理事たちによると、これとは対照的に、ろう・難聴者は外見からは障害があるように見えないので、ろう・難聴者に経済的支援をする慈善家は非常に少ないという現状がある。そのため、自分たちがボランティアとして働いて、活動を続けていかなければならないのだという。

イスファハーンろう者家族協会の最も重要な活動の一つに、一般の聴者を対象とした手話教室がある。ベテランの手話通訳者として活躍しているコーダと、イラン手話を母語とするろう者が講師となり、手話について知ってもらうことを目指す入門レベルから、手話通訳を目指す上級レベルまで、いくつかのコースを展開している。

ろう・難聴者がコミュニケーション手段として用いている手話は、手や顔の動きなどの視覚的情報を用いる言語だが、単なるジェスチャーでも、音声言語（例えば日本語やペルシャ語）を手の動きで置き換えたものでもなく、一つの独立した言語である。聴覚と音声を用いる音声言語とは語彙も文法も異なる。近年、アメリカを中心として各国で手話の言語学的研究が進んだことにより、ろう・難聴者に口話を教授しようとするこれまでの教育法は、聴者の価値観の強制だと批判的に理解されるようになった。しかし、日本のろう・難聴者が置かれていた状況と同様、イランでも、ろう・難聴者が手話の使用を制限され、音声言語でのコミュニケーションを前提とした口話（口や喉の形や動きを読み、訓練による発語を行う）を学ぶことを強制されてきたという歴史がある。

そのようななか、昨今では手話を国レベルの公用語として法的に認めようという動きが世界各国で広がっている。国連の「障害者の権利に関する条約」（２００６年）は、手話言語を音声言語と対等な言語と位置づけ、その使用が尊重され、推進されるべきだとしている。イスファハーンろう者家族協会も、ろう・難聴者が市民権を享受できるように、イラン手話を公用語として認め、公共のサービスや法廷、病院に手話通訳を配置するよう求めている。前述の手話教室も、手話は一つの独立した言語であるという認識や理解を広め、ろう・難聴者が手話を通じて能力に見合った教育を受け、職業をもつことができ、自由にコミュニケーションを楽しめる社会の実現を目指す一歩として始められたものだ。

イランのろう・難聴者は、教育や就職においてとくに不利な立場に立たされており、家族が養えるだけの十分な収入が得られる仕事に就けている人は少ないという現状がある。そのため、ボランティアで働ける環境にある限られた数のろう・難聴者が、フル稼働でイスファハーンろう者家族協会の仕事に従事しなければならないのだという。運営を担う常任理事の一人は、ある民間企業で働いているので、朝5時に起きて6時に会社に出勤し、14時まで仕事をして、17時から21時まで協会で手話教室の講師や事務作業をし、

23時に寝るような生活をしているとのことであった。大変なようだが、むしろ楽しく働いている。この理事は、ろう学校など、障害者の特別支援教育がイランで「特殊教育」と呼ばれていることを逆手にとった表現で、「僕は特殊な個性をもって生まれてきたのだから、大きな理想のために生きる」と決意を語ってくれた。

協会には、ろう者同士のカップルから生まれた聞こえる子どもたちや、ろう・難聴の子をもつ聞こえる親たちも来ていて、手話とペルシャ語のバイリンガルな雰囲気がある。ろう・難聴者の9割は聞こえる親から生まれているが、親が手話を話せないことも多いので、家族のなかで自由に話せない者や、家族と良い関係性を構築できていない者も少なくない。しかし、協会に来れば、自由に手話で話ができ、経験を共有でき、お互いが理解し合える。中心メンバーたちは、忙しいながらも、会員がイスファハーンろう者家族協会を第二の家族として感じられるように、居心地の良い空間を作る努力をしているとのことだった。現在、協会が使っている建物も、皆でペンキを塗り、セラミックタイルを貼り、キャビネットを作った。ろう・難聴者は職業訓練校などでデザインや内装、電気配線、家具製作等を学ぶことが多いので、その特技を活かすことで、まさに手作りの家ができたということだった。

おわりに

以上、本章では、イラン社会で医療や福祉を必要とする人たちにとって不可欠な支援やサービスを提供するために行われている、三つの異なるボランティア活動を紹介した。慈善的労働奉仕と革命機関主導の宗教的社会貢献活動は、その根底に、社会貢献活動が余暇的要素をもちつつも、一つの労働であり、神への奉仕だとする価値観がある点で共通していた。しかし、その信仰心の発露の方向性は異なっていた。個々人で行われる慈善的労働奉仕は、各々の願望が個人的なエピソードと結びついていたが、革命機関主導の社会貢献活動は、革命の理念に賛同し、イスラーム社会を守るための活動として位置づけられていた。一方で、障害当事者による当事者のためのボランティア活動は、宗教的実践とは一線を画し、権利擁護活動としての意味合いが強いものだった。その基盤には、理想とする社会像や、自らが拠り所とするコミュニティへの帰属意識が存在していると考えられた。

ここ数年、イランでは、女性のヒジャーブ着用、水不足、アメリカ主導の経済制裁で深刻化した失業や生活困窮などをめぐって抗議行動が繰り返し起こっている。それに対するイスラーム政権の圧政から、イスラームという宗教自体を嫌厭する人が増えている。また、経済の悪化から長く慈善活動にかかわってきた人たちにも経済的・時間的余裕がなくなり、その活動にかげりがみえていると聞いている。激動するイラン社会とともに、ボランティア活動の方向性がどのように変わっていくのか、その変化を追っていく必要があるだろう。

コラム3

循環する利他と利己
――ギュレン運動における信仰と奉仕

幸加木 文

トルコのイスラーム知識人M・フェトゥッラー・ギュレン（1938年生、戸籍上は1941年生）を指導者とするギュレン運動は、トルコ西部のイズミルにて1960年代後半頃よりギュレンの周囲に集まった信奉者たちによって始まった。トルコ国内外で大学をはじめとする各種教育機関や、災害援助や貧困支援、異教徒との対話やトルコ文化普及・交流のための団体を設立し、報道機関や各種企業を経営するなど幅広い活動を行ってきた。「ギュレン運動」は他称であり、自称では「ヒズメット（トルコ語で奉仕の意）」と呼ぶ。トルコでは厳格な世俗主義の下で宗教的団体が抑圧されてきたため、ギュレン運動も自らを「イスラーム運動」と主張することはないが、活動を支える行動原理は疑いなく個々の信仰心と深く結びつき、「ヒズメット」は宗教的な奉仕の意味合いを帯びている。

ギュレン運動では信仰と行動の道標として、イスラーム思想家サイード・ヌルスィー（1877–1960）や、ヌルスィーの生きた時代よりさらに現代的文脈に即してイスラームを解釈したギュレンの一連の著作を用いている。それらの教えによれば、運動では現代における克服すべき「敵」として、①無知、②貧困、③内的闘争・分裂の三つを挙げている。

①の無知の克服には、自信、価値、能力を有する人間を育成するために教育が必要という考えをもとに、教育活動に従事することが推奨された。ギュレンはモスクよりも学校建設を奨励し、信奉者たちは100を超える国々で1000超の各種学校を設立した一方、モスクは南ア

フリカとイギリスにそれぞれ一つ所有しているにすぎない。②の貧困の克服には、困窮者への寄付等による人道支援とともに、自らが知識や技能を習得して家族を守り他者の救済を可能にする経済力を獲得することが奨励された。そのため銀行や病院、支援団体を設立する一方、大学進学予備校をはじめ各種企業の経営に乗り出した。③の内的闘争・分裂とは分離主義から内戦までさまざまな分裂を意味し、それらの克服には、信仰をもつ者は同胞として接するべきであるとして、敷衍して異教徒との宗教間対話が推進された。

ギュレン運動では信仰を行動で表現する行動主義が重視されてきた。国外への進出はソ連崩壊後の1990年代に中央アジア諸国から始まり世界各国へ広がったが、トルコの在外公館すらない国々で活動を模索するにあたり多くの困難に直面したという。職員やボランティアたちに働く動機を問えば、すべてはアッラーのため、かつ自身の来世のためという信仰に根ざした答えが返ってくるが、同時にギュレン運動のさまざまな団体で献身的かつ利他的に働いた経験は、アッラーの祝福であるとともに、運動以外の企業や人道援助団体、教育機関等で職を得るなど、夢を実現し社会的キャリアを開拓していく機会にもなったという。

ギュレン運動は自己実現への糸口を提示して若い世代を惹きつけた一方、宗教の乱用あるいは政治利用という批判が向けられてきた。およそ半世紀に及ぶ活動のなかで運動は、高い学力を有しかつ敬虔で従順な青年層の育成に注力し、彼らが国家機関に職を得て行政の人事等にも隠然たる力を及ぼすようになっていった。2013年にはエルドアン大統領との対立が表面化し、2016年7月に起きたクーデター未遂事件では、トルコ政府にその首謀者と断定され、以降ギュレン運動は、トルコ国内外で徹底的に粛清されている。その恐怖や運動自体への疑念から多くの人が運動から離れ、寄付金や各種事業による収益が途絶え活動は縮小している。現在は、運動に法的問題がないとされ、また人権擁護の観点からトルコ政府からの圧力に抗することのできる欧米諸国などの一部の国々でのみ活動が継続されている。

そうした国々では過去への反省と内部批判を経て、若い世代による新たな活動の萌芽がみられる。彼らにとっては、活動に参加することで自らの孤立感が希薄となり連帯感を抱くことができるなど、運動が異国に生きるうえでの精神的な支えの一つになっているという。毀誉褒貶《きよほうへん》の激しいギュレン運動であるが、少なくとも信奉者たちにとっては、信仰心の発露として他者に奉仕し、献身的に働くことが自らの利益や社会的地位の向上に裨益《ひえき》し、さらに個々の精神的安寧につながるという、利他と利己の循環する関係性を受容する器の役割を果たしているといえるだろう。

第Ⅱ部

ムスリム社会の労働の現実とジェンダー

第7章

イランの開発計画と女性の経済的エンパワーメント

――女性起業家支援策の意義

村上明子

はじめに

「イランの女性」といったとき、どのようなイメージを抱くだろうか。また彼女たちの活動を「労働」という面からとらえるならば、どんな特徴があるのだろうか。

1979年の革命でイスラーム共和国となったイランは、ムスリム社会として公正で調和のとれた社会づくりを模索し続けている。これまでイラン女性が主に期待されてきたのは母親役割や妻役割であり、労働統計として把握可能な「女性労働」はまだまだ伸びしろが大きいとされてきた。

一方で近年の趨勢に目を向けると、イランを取り巻く国内外の環境は厳しさを増し、市民生活は苦しくなる一方である。そこでその対応策として、これまで女性の参加が十分ではなかった賃金労働という領域で女性活躍を求める声が高まっている。しかし景気悪化に歯止めがかからないイランでは、雇用創出は長年の悩みの種となっていた。ないものは創り出すしかない。イランでは近年、女性の起業活動支援への取り組みが活発化しているが、その背景にはこうした同国特有の事情がある。

本章では、第1節でイランの経済社会状況と女性労働に関する基本情報を確認した後、近年進められている女性の経済的エンパワーメント支援策について第2節で整理する。これらを踏まえて第3節では女性の起業活動をめぐる新たな動きを紹介したい。

1 イランの経済社会状況と女性労働

イランは過去40数年の間に革命－戦争－戦後復興－経済制裁を経験している。国内外で不安定かつ困難な状況が続いているといえよう。特に核開発問題に端を発した経済制裁は年々厳しさを増しており、市民生活に深刻な影響をもたらしている。加えて、コロナ禍やロシアのウクライナ侵攻という新たな要素もあって国民経済は危機的な状況となっている。このようにイランの経済社会状況の特徴としてまず挙げられるのは、厳しい国際環境とマクロ経済の不安定性といえるだろう。

労働市場については、景気動向だけでなく人口動態もその需給構造に大きく作用している。イランでは、対イラク戦争時の産児奨励の結果「ベビーブーム世代」が形成された。イラン統計局によれば2021年の同国総人口は8700万人を超えており、この「ベビーブーム世代」が生産年齢人口の中心となっている。また2000年代以降は、高等教育の進学者数も順調に伸びており、労働力の質も高いといえる。ユネスコ資料を基に算出すると、2011年には高等教育進学率が男女ともに50％を超えている。しかも男女差もほとんどないか、年によっては女性の進学率が男性のそれを凌駕することもある。つまり労働供給は豊富で質も高い。なおかつ、生産年齢人口のなかでも若年層に限っていえば、人的資源の質的ジェンダーギャップはほとんどないといえる。一方で、景気停滞と経済社会状況の不安定化で、労働需要は伸び悩んでいる。イランでは、雇用創出は国家の義務として憲法に明記されており、中小企業支援策や重点業種への集中的な融資などが長年にわたって行われてきたが、成長産業の育成に基づく安定雇用の創出には苦慮している。以上がイラン労働市場の全体的な特徴と課題だ。

次に「女性労働」にフォーカスしてみよう。イラン統計局によれば、ここ10数年の女性の労働参加率は12～15％程度で推移している。「統計で把握可能な賃金労働」という観点からすると、イラン女性の労働参加率は停滞的な水準といえるだろう。なぜか。イランでは、ムスリム社会として「家族」を基礎とした社会統合論理が憲法で掲げられており、尊重すべき性別役割規範も明示されている。そこでは、男女それぞれが神から与えられた資質に基づいて支え合っていくことが求められている。また法制度だけでなく個々人の行動様式を見ても、さまざまな領域で性別役割規範は作用している。したがって、主な稼ぎ手と位置づけられているのは男性であり、女性は家庭内での母親役割や妻役割、そしてコミュニティにおける慈善活動など、献身的な性質の活動が尊重されてきた。

他方で、労働統計に反映されにくい女性労働も少なくない。例えば零細規模の自営業者も女性が多く携わる分野とされるが、生活環境が厳しく不安定就労のケースも少なくない。イランの女性労働研究者であるバフラミタシュは零細規模の女性自営業者を対象にインタビュー調査を行ったが、自身の事業成果をあからさまにしたがらない様子や、資金調達を含めて事業活動全般において身近な社会ネットワークを活用する様子が顕著であったという（Bahramitash 2013）。

なお同国憲法では女性の権利について「イスラームの基準に準拠して、あらゆる点での女性の権利を確保しなければならない」（第28条）としている。これと関連して、イラン革命以降のイスラーム化政策が、既存の規範とあいまって女性の社会進出に寄与したという側面もある。例えば、教育機関等での男女の空間分離は、教師や医師・看護師などの専門職での男女それぞれの労働需要形成へとつながる。実際にイラン統計局によれば、女性の専門・技術職従事はここ40年の間、40％台半ばから50％台後半で推移している。加えて近年は、女性の職業分布の多様化が進んでいる。

イラン女性は高学歴化が進み、さまざまな領域で活躍する女性が目立つ。彼女たちが担う「仕事」や「役割」は広範囲にわたっているが、その反面、労働参加率という指標では停滞的な評価になっている。その理由は、以下のように要約される。厳しい経済社会状況と性別役割規範が互いに作用し合っていること、そして実態把握が難しい「仕事」「役割」の存在である。総じて、女性の働く権利そのものを阻害するような規定はなく労働市場の構造変化もみられるが、女性の賃金労働を積極的に促すような方策が作用していなかったといえるだろう。だがここにきて、その状況が変化しつつある。

2　開発計画と女性活躍への期待

繰り返しとなるが、イランの経済社会情勢は厳しさを増す一方である。ここに女性の高学歴化も手伝って「稼げる女性」が求められ始めている。労働観も変化しており、筆者のこれまでの調査でも「賃金労働をした方が良い」と考える女性は少なくないことがわかっている。つまり、イランでこれまで尊重されてきた性別役割規範と矛盾せず、なおかつ、ただでさえ厳しい雇用情勢のなかで男性労働者と椅子取りゲームが起きないような方策が求められているのだ。本節では、第6次経済社会文化開発5ヵ年計画（実施期間：2016年3月～2021年3月、以下「第6次5ヵ年計画」と表記）で掲げられた、女性の経済的エンパ

写真1 「抵抗経済」を掲げる看板（2016年8月、アルダビール州アルダビール市で）

ワーメント推進策の特徴を見ていこう。

以前から5ヵ年計画では女性の経済的エンパワーメント向上への取り組みが進められていたが、主な内容は女性世帯主への支援であった。イランで女性が世帯主を務めるということは、本来世帯主であるべき男性との離死別や重篤な疾病など、何らかの困難が想起される事態である。つまり女性世帯主の多くは弱者であり、ムスリム社会として救済の対象となる。他方で「女性労働力の活用」というコンセプトを政策に明確に反映させることは難しかった。前述のバフラミタシュによれば、アフマディネジャード政権期の2011年に開発政策のターゲットとして「女性労働力の活用」を採用しようとしたものの、政権内からも反発が強く断念せざるを得なかったという。

しかし、第6次5ヵ年計画を根底から支えるスローガンとして「抵抗経済」を掲げることで、それまでのコンセプトと矛盾しないかたちでの包括的な女性活躍推進が可能となった。「抵抗経済」とは、ハーメネイー最高指導者が提唱するマクロ経済政策のコンセプトである（写真1参照）。核開発問題をめぐって国連安全保障理事会はイランへの制裁措置を採択した（2006年7月）。これに対してハーメネイー最高指導者は2007年頃から「抵抗経済」にたびたび言及し、敵対勢力の影響を排除し得る自立経済の模索を訴えた。第6次5ヵ年計画策定の議論が大詰めを迎えていた2015年1月になると、その重要性は特に強調された。当時は核開発交渉も最終局面を迎えており、イランに対する国際世論も緩和の兆しを見せていた。しかし、ハーメネイー最高指導者は「イランは制裁の影響を受けないようになるべきであり、敵の力を制限する唯一の方法」として「抵抗経済」の必要性を説き続けた。女性労働活性化はこの文脈に沿うかたちで掲げられた。第6次5ヵ年計画法第101条では「開発プロセスへの女性労働力の参加と、そこから得られる利益を組織化し、強化する」としたが、同時に「女性の地位と家族制度を強化し、すべての分野の女性の法的権利と、社会・経済における建設的な役割に特別に注意を払う」ことにも言及されている。これまでの方向性と矛盾しないよう「既存の性別役割規範や家族関係を守りつつ女性の労働市場での活躍を促す」という政策の意図がみてとれるだろう。また第6次5ヵ年計画では、雇用創出や経済活性化の具体的手段として起業の促進や組織化を通じた効率性を重視しており、同計画法のなかで繰り返し言及されている。

なお、マクロ全体の政策と女性関連領域との整合性や実際の運用については、女性・家庭環境担当副大統領府（以下、女性省と表記）を中心に政策立案や意見聴取、広報活動が行われている。同省では、女性関連領域や女性が活躍するNGOとの連携にも力を入れており「女性が女性を支援する」環境づくりを進めている。女性起業家支援もその一つである。

3 女性起業家の実情と支援策の模索

ここでは、イランの女性起業家の実態とその支援策について、「イラン・日本女性のエンパワーメント支援事業」の成果を中心に整理していく（Vice Presidency for Women and Family Affairs, the Islamic Republic of Iran, and The Sasakawa Peace Foundation 2019）。この事業は、笹川平和財団とイラン女性省の共同事業であり、筆者は外部専門家として調査事業の総括を担当した。イランも日本も、女性活躍に力を注ぎ始めたという共通項があり、それぞれの社会コンテクストに配慮しながら議論を重ねてきた。2017年度にフェーズ1として両国における女性起業家の実態調査と支援策を検討して、その成果をもとに2018年度から2021年度のフェーズ2では「ICT利用を通じた女性の経済的エンパワーメント推進」について情報交換を行った。グローバル規模でのコロナ禍という未曽有の事態の影響でやりとりが中断した時期もあったが、そうした環境変化も踏まえて議論を深められたことは、大きな成果といえる。なお、プロジェクトの性質から、イランでの調査の実施は現地NGO組織「女性と若者のための社会起業家財団」が担当した。

（1）イランの女性起業家像

表1はフェーズ1で実施したアンケート調査の概要である。調査内容からは、女性起業家を取り巻くイラン社会の現状が浮かび上がってくる。回答者の概要から、中年層の既婚女性が過半数を占めていることがわかる。業種に関してはサービス業が最も多いが、そのなかでも社会的弱者のエンパワーメント推進を目指した社会的企業分野に携わる者の多さ（サービス業回答者の24％が該当）が目を引いた。回答者の半数が修士・博士課程を修了しており、全体的な学歴の高さも特徴的である。特に商業、IT、サービス業で高学歴の傾向が顕著だった。従業員規模については小規模のものが多いが、営業年数からすると比較的長期にわたって活動を続けるケースが目立つ。起業動機に関しては「ビジネススキル、知識を向上させたかった」（93％）、「リスクや緊迫感を感じながら新しいビジネスに挑戦したかった」（79％）、「仕事と生活を調和させたかった」（47％）の順となった。調査対象者の多くが、キャリアアップや挑戦的な姿勢を好むことがわかる。

また、事業にICTが活用されている様子が印象的であった。ICTの先端技術を活かした起業活動から広告・営業など事業の媒介ツールとして活用する事例まで、その内容は多岐にわたった。硬直的な政治

表１　アンケート調査の概要

調査時期	2018 年 1 月		婚姻状況	未婚	23.9%
回答者数	118 名			既婚	63.3%
平均年齢	43.3 歳			離別・死別	12.8%
業種	製造業	35.6%	最終学歴	中学校	3.4%
	商業	8.5%		高校・短大・専門学校	13.7%
	農業	3.4%		大学	31.6%
	サービス業	39.8%		修士	38.4%
	ICT	12.7%		博士	12.8%
従業員数	5 人未満	26.3%	営業年数	1 年未満	4.2%
	5 人以上 10 人未満	27.1%		1 年以上 5 年未満	28.0%
	10 人以上 50 人未満	33.1%		5 年以上 10 年未満	15.3%
	50 人以上 100 人未満	3.4%		10 年以上 20 年未満	30.5%
	100 人以上	3.4%		20 年以上	14.4%
	無回答	6.8%		無回答	7.6%

体制の下、インターネット環境の制限が何かと問題視されるイランではあるが、ＩＣＴは起業活動に欠かせない要素となっていることがわかる。

起業活動と社会関係についても、興味深い結果が得られた。例えば、身近な先輩起業家であるロールモデルについて「ロールモデルをもつ」との回答は36％だった。また家族関係も起業活動を支える要素となっており、特に情緒面での支えが積極的に評価されていた。しかも、起業活動全般に対して高い自己効力感をもっていること、そして、起業に関する社会的な受け入れ状況についても肯定的にとらえていることが明らかになった。

一方、起業支援に関しては「イランにおける公的支援制度は不十分だ」との認識が多かった。とはいえ、本調査では過去５年間に公的機関から何らかの融資を受けた者は57％に上っていた。

以上から、本調査対象者から見たイラン女性の起業活動については「社会や利害関係者に事業活動が評価され受け入れられている」という「起業活動の正当性（レジティマシー）」が高いといえるだろう。イランで女性の起業が受け入れられている背景として、家族や周辺コミュニティとの緊密な関係が挙げられる。公的支援についても、不満をもちつつアクセス可能なものに関してはある程度活用できている様子だ。女性の労働参加率が決して高くないイランであるが、起業する女性は自己効力感をベースに環境要因とうまく折り合いをつけていること、主に私的領域で培った社会関係を強みとして活かしていることが明らかになった。

（2）ICTを活用した最新局面

以上の成果を発展させて、フェーズ2では「ICT利用を通じた女性の経済的エンパワーメント推進」について議論を進めた。ICTは幅広く活用されており、事業の中核そのもののケースもあれば、事業活動の媒介ツールとして利用するケースもある。本プロジェクトではさまざまな事例をフォローできるよう調査対象として表2で示した四つのカテゴリーを設定し、21名の女性起業家にインタビューを行った。質問内容は、経歴、起業経緯、経営史、業況評価、課題認識、今後の展望などだ。本節では、動機と課題、そして成功要因を要約し、イラン女性の起業活動の最新局面を考察したい。

起業動機に関して印象的だったのは、社会・文化・生活全般への問題意識が強く作用している事例が多かったことだ。賃金労働の機会の欠如や、スキルがあっても活かしきれていない状況など、女性特有の困難の克服を動機に掲げた事例も複数あった。

課題については、三つの領域に整理できよう。一つ目は「それぞれのビジネス特有の課題」であり、各事業にまつわる行政プロセス、税金、保険に関する情報、人事・労務管理、資金調達、マーケティング、販売面の課題などだ。特にICT関連事業の場合、市場環境や技術の変化が速いため事業計画の策定は独自の困難をともなう。本調査から、女性起業家がこの点に苦心する様子が確認された。また信頼獲得に多

表２　調査対象者の設定

カテゴリー	件数
ICT 分野の女性起業家	12
ICT を活用する女性起業家	2
ICT を通じて女性の雇用創出を行う女性起業家	4
自営業の女性	3

注：「自営業の女性」とは自身と家族のみで起業した者を指す。イランでは「起業家」とは新たな事業を起こして社会に影響を与えるような存在として認識されており、通常「自営業」と「起業家」は区別して用いられる。

大なコストがかかるという声も寄せられた。中には「女性であること」「若いこと」が課題となったケースもあった。特に前者に関して、ＩＣＴは男性の領域であるとの認識が影響しているという。ジェンダーニュートラルな技術体系であるはずのＩＣＴではあるが、業界イメージにはジェンダーバイアスが生じているようだ。

次に挙げられたのは「環境的な課題」だ。上記とも連動しているが、法整備や公的部門のマネージメントの不備を挙げる声が多かった。他方で、政府だけでなく市民にもｅ－コマースやＩＣＴビジネスの環境整備に必要な知識や経験が不足しているとのことで、ビジネスに必要な信頼関係の形成に支障を来すこともあるという。この点において、女性起業家は男性と比べて相対的に不利との意見も複数寄せられた。加えてＩＣＴ分野の人材が不足していることへの懸念の声も寄せられている。特にテヘラン以外の地域ではその弊害が顕著であり、投資家の理解不足、技能訓練機会の欠如なども確認された。

3点目は「現在のイランならではの課題」として語られたものだ。例えば、ＩＣＴを活用して生産者コミュニティの再編とブランディング強化による付加価値形成を目指した事例では、絨毯や手工芸品など伝統的なサプライチェーンを構築してきた業界との軋轢やそこからの妨害を経験したという。他方で、インターネットのスピードや質に難があり国内外の関係者とのコミュニケーションに支障を来していることや、制裁の影響による機器類の調達の難しさなどが指摘されている。

一方で成功要因については、ＩＣＴやマネージメント関連のスキルと合わせて「勇気」や「モチベーション」等、心理的な要素も多く挙げられた。また環境面では「家族との協力」「ソーシャルキャピタルと信用の獲得」「チームビルディングとネットワーキング」という声も寄せられている。フェーズ1の結果とも重なるが、自己効力感や周囲との協力関係がICT利用を通じた起業活動でも強く作用することがわかる。

また2020年以降のコロナ禍を受けて、フェーズ2の対象者に事業活動への影響について改めてインタビュー調査を行った。コロナ禍後の全般的な変化として、イランでもテレワークや非接触型のビジネスモデルの導入が進んだという。このような変化を受けて、女性起業家からはビジネスモデルの移行コストへの懸念の声が多数寄せられた。実はイランではコロナ禍への対応策として、テレワークやアウトソーシングに関するガイドラインの改定と周知、助成金の支給、オンラインでのワークショップの開催など、さまざまな支援策が実施されてきた。しかし調査対象者でこれらを活用した者は少なく、支援策への不満の声が寄せられた。

ICTはジェンダーニュートラルに活用可能で、時間・空間など物理的な制約も克服し得る。だからこそ女性の経済的エンパワーメント推進の切り札となり得るし、本調査の対象者もこの点を強く意識していた。しかし、ジェンダーバイアスや地域的な要素によってICTが生み出し得る恩恵を十分に活用しきれないという、逆説的な課題も確認された。特にテヘラン以外の地域でこれらの課題がより深刻化しているという。加えて、制裁下のイラン特有の課題も多岐にわたっていることがわかった。

(3) 新たな試み

このように現在のイランでは、実態調査や支援のための官民連携の推進も含めて、多様なレベルで女性起業家振興策が議論されている。話はコロナ禍以前に戻るが、2019年3月に女性起業家や関連グループが「制裁世代の女性」キャンペーンを開始した。同キャンペーンは、女性の起業活動推進や認知向上、連携強化を目指したものだ。女性省も、自らも女性であるエブテカール副大統領（当時）を中心に省庁横断的な支援体制構築と、メディアでの積極的なアナウンスでこの動きをサポートした。「制裁世代の女性」というフレーズには、女性のリーダーシップによって雇用（特に女性の）を創出し市民生活を安定させるという側面と、イスラーム共和国としてこれまで掲げてきた社会統合論理との整合性を確保するという意図が込められている。つまり「経済制裁が厳しさを増す今日において、イラン社会のために女性の奮起が求められる」という「抵抗経済」のコンセプトを踏まえつつ、かつ市民の耳にも馴染みやすい響きとなっているのだ。巧みなレトリックといえるだろう。

同キャンペーンの主な内容は、ワークショップなどの事業関連情報や、女性起業家自身による活動紹介など、オンラインベースでの情報共有である。キャンペーンロゴが作成され、ＳＮＳを介してさまざまな起業関連情報が発信された。コロナ禍以降は、オンラインセミナーの開催など環境変化への対応策が省庁横断的に進められ、その関連情報が積極的に発信された。特に地方在住女性や女性世帯主など、不利な環境にある女性起業家へのサポートに力を入れているのが印象的だった。２０２１年のラーイシー政権発足後、閣僚の交代もあって省庁レベルでの「制裁世代の女性」キャンペーン支援は目立たなくなっているが、女性起業家や関係者によるＳＮＳへの投稿は２０２３年４月時点でも続いている。

おわりに

本章では、イラン女性の起業活動について、開発戦略も交えながら近年の動向を整理した。経済情勢の悪化による生活不安の増大のなか、女性の人的資源活用に取り組むことで、稼得機会の向上（ミクロ）と市場開拓・産業育成・雇用安定化（マクロ）を目指していることがわかる。また「抵抗経済」は、女性の人的資源活用に悩み続けてきたイランにおいて女性活躍の根拠となり得るコンセプトだが、ある種の動員を促す側面もある。いずれにせよ、女性起業家支援策が今後どのように展開されるかは未知数だ。

女性起業家の活動や意識に目を転じると、自己効力感や使命感、社会課題への高い意識が確認された。また社会ネットワークの活用や他の女性起業家への関心の高さも特徴といえよう。起業障壁についても、各自のチャンネルを駆使して状況の改善を図っている。女性起業家支援の高まりを見るや、それを巧みに活かそうとする様子も印象的である。

イランでは、２０２２年９月に、ヒジャーブ着用をめぐって女性の不審死事件が起こった。これを契機に「女性、生命、自由」運動が各地で展開された。権威主義的な統治機構や公的空間でのヒジャーブの強制など、イラン社会は抑圧的なイメージが強く、特に女性はその象徴的な存在と見る向きが強い。しかし、イランの女性は一方的に体制に組み込まれ、抑圧され翻弄されるだけの物言わぬ存在ではない。より良い人生とより良い社会を目指して、これまで多くのものを勝ち取ってきた。以上が、本章冒頭の問いへの筆者なりの答えである。

謝辞　本章は笹川平和財団と女性・家庭環境担当副大統領府の共同事業「日本とイランにおける女性起業家の比較研究」、亜細亜大学アジア研究所平成29・30年度研究プロジェクト「アジアにおける労働市場の現局面」、およびＪＳＰＳ科研費（２０１９年度若手研究）１９Ｋ２０５３９「イラン地方都市開発と女性のエンパワメント」の一部が含まれている。各関係者のご尽力に厚く御礼申し上げる。

第8章

ヨルダンにおける失業問題とジェンダー

臼杵　悠

はじめに

失業は1990年代以降、ヨルダン国内で緊急性の高い経済問題となってきた。失業率をみれば、特に高いのが女性と若者である。失業という状態は、男性と女性それぞれにとってどのような意味をもつのだろうか。本章では主に世帯調査に依拠して失業状況を示すことで、ヨルダンの失業問題を考える。この世帯調査は2008年に首都アンマン、2010年に残りのヨルダン全地域を対象に、一橋大学大学院経済学研究科とヨルダン統計局との共同調査として実施された（調査の目的や方法等はAdministration Office 2010を参照）。実施時期はやや古いものの、失業者について詳細な情報を得られる貴重な資料であるため参照する。以降は、特に記載がなければ世帯調査を基にした情報である。

中東・北アフリカ諸国の多くが女性と若者の失業率が高いという問題を抱えるなか、ヨルダンは言わば典型的な失業の特徴をもつ国家である。ヨルダンがもつ失業の特徴はそれだけではない。独自の特徴を挙げるならば、周辺地域の政治・経済情勢に影響を受け失業率が急上昇したこと、さらに高学歴女性の失業率が特に高いことである。

1　失業の特徴

（1）政治・経済情勢を映す失業率の変化

ヨルダンで失業が社会問題化したのは、1990年代以降である。1980年代まで10％にも満たなかった国内失業率は、1990年代以降に20％近くまで上昇した。ヨルダン統計局の推計によれば、2022年現在、ヨルダン人の失業率は22・9％と高いままである。失業率がこの時期に急上昇した理由として二つ挙げられる。第一に、1980年代後半に石油価格が下落したことで国内経済が悪化し、失業が増えたことである。ヨルダン政府は1989年、IMF（国際通貨基金）に財政支援を要請した。IMFはヨルダンに対し、同時期に他の多くの国が受け入れたプログラムである構造調整を課した。構造調整により公共部門支出を抑制するため、ヨルダン人が就職を強く希望する公務員の新規採用が制限されたことで、失業率が上昇した。

失業率が急上昇した第二の理由は、1990年と1991年の湾岸危機・戦争をきっかけに、湾岸諸国から大量のヨルダン人労働者が帰還したことである。ヨルダンには建国直後から移民あるいは難民が流入し続けていた。とりわけ1948年に第一次中東戦争、1967年に第三次中東戦争が起こり、パレスチナから莫大な数の人々がヨルダンへと避難した。パレスチナのヨルダン川西岸地区が一時期ヨルダンの領土だったこともあり、避難してきた人々のなかにはヨルダン国籍保持者も多くいた。このように大規模な人口を受け入れてきたにもかかわらず、1980年代までヨルダンでは失業が問題になることはほとんどなかった。なぜなら、1973年の石油価格高騰により湾岸諸国で労働需要が増加し、パレスチナ出身者を含むヨルダン住民は、より高い所得を求めて湾岸諸国へ出稼ぎに向かったからである。国内ではむしろ労働力不足のため、女性の労働参入が推進されるほどであった。ところが1990年以降、湾岸危機・戦争による政治情勢の悪化によって湾岸諸国、特にクウェートから追放措置を受けたパレスチナ系の労働者がヨルダンへ戻らざるを得なくなり、国内人口は急増した。帰還者の大多数が産油国では医者やエンジニアなど高い技術をもつ労働者として働いていたが、ヨルダンには彼らの希望に見合う職が十分になく、経済悪化とも重なり失業率は急上昇した。

現在も多くの労働者を国外に送り出しているヨルダンは、教育水準の比較的高い国家である。欧米諸国や湾岸諸国は何度も難民を受け入れてきたヨルダンへの国際援助を続けており、その投下先は成果の見えやすい教育分野に集中した。パレスチナ難民もまた、UNRWA（国連パレスチナ難民救済事業機関）で基礎教育を受けることができ、住民の教育に対する関心も高かった。ヨルダンは国土の8割が沙漠で農業や産業の発展が制約されていたため、政府は教育への投資を重要視していた。2015年国勢調査によれば、15歳以上のヨルダン人の識字率は男性94・3％、女性88・8％であり、義務教育を終えた割合も81・9％と76・4％である。

教育水準が高まり続け、高等教育を受けた若年層、特に若年女性は増加し続けている。市場・民間部門の役割を重視する構造調整プログラムの影響で、これまで国立大学しかなかったヨルダンには1990年代を境に私立大学が急増し、女性は大学へ進学しやすくなった。大学を卒業した女性を含む高学歴の若年層は、自身のもつスキルや期待に見合う仕事を求める。ところが、労働市場には若年層の希望に見合う求人が十分になく、雇用者が実際に提供する仕事と条件が一致しない、いわゆるミスマッチ失業が起こっている。さらに、ヨルダンの失業はジェンダーと密接に関係している。ＩＬＯの推計では、２０１９年の女性失業率は23・４%と、男性の15・４%より高い。失業率の高い若年層においてはさらなるジェンダーギャップがあり、15歳から24歳の失業率は男性が34・３%、女性にいたっては50・７%に達する。世帯調査においても失業者は15歳以上30歳未満の若年層が中心であり、全失業者のうち男性の74・５%、女性の79・５%を占める。

（２）失業する高学歴女性

教育水準による失業率の差が小さい男性に対し、女性は高学歴であるほど失業率も高く、女性失業者のほとんどが大卒以上である。世帯調査によれば、男性失業者のうち大卒以上が占める割合は19・６%と小さいが、女性は71・９%と大きい。大卒未満と大卒以上の失業率を比較しても、男性はそれぞれ12・２%と11・４%、女性は20・８%と33・１%であり、大卒女性の失業率が高いことがわかる。この理由として、教育水準の低い女性は労働参入すること自体がまれであるため失業者も少なく、女性失業者の教育水準は総じて高くなっていることが挙げられる。

女性失業者に教育水準の高い者が多い理由は、高学歴女性の労働参入が多いからだけではない。失業者の定義から、教育水準の低い女性が抜け落ちているためでもある。ヨルダン統計局や世帯調査における失業者の定義とは「現在働いておらず、１ヵ月以内に仕事を探した人」である。働く意思があったとしても、職場への訪問や申請書の送付など具体的な求職活動を行っていなければ失業者には含まれない。すなわち、高学歴の女性は積極的に求職活動を行うため失業者として数えられるが、教育水準の低い女性は求職活動に消極的であるため、失業者に分類されていない可能性がある。

ヨルダン人男女の雇用を調査した研究が指摘するのは、女性は男性との接触を文化的に避ける傾向があるため求職時も雇用者と直接やりとりするのを好まないこと、女性失業者の学歴の違いが求職時の行動に影響を与えることである（Miles 2002: 421-424）。例えば、高学歴女性は高等教育を受けたことで自信をもって求職活動を行う。しかし、大卒未満の女性の多くは、求人募集に対応する方法あるいは自身のスキルを雇用者に伝える方法を考えるなどの主体的な準備や訓練を求職活動中に行っておらず、裁縫や理髪などの訓練コースに登録をして求人が出るのを待つのみであった。世帯調査で定義される失業者の具体的な求職方法とは図１に示した六つであり、この中からあてはまるものすべてを選ぶ。大卒未満の女性失業者をみると、75・3％が求職方法として職場・企業への訪問を挙げているが、このような具体的な行動を起こすことが可能であったがゆえに、失業者として数えられているともいえる。つまり、働こうという気持ちがあったとしても、ただ待っているだけでは失業者としてみなされないのである。[註1]

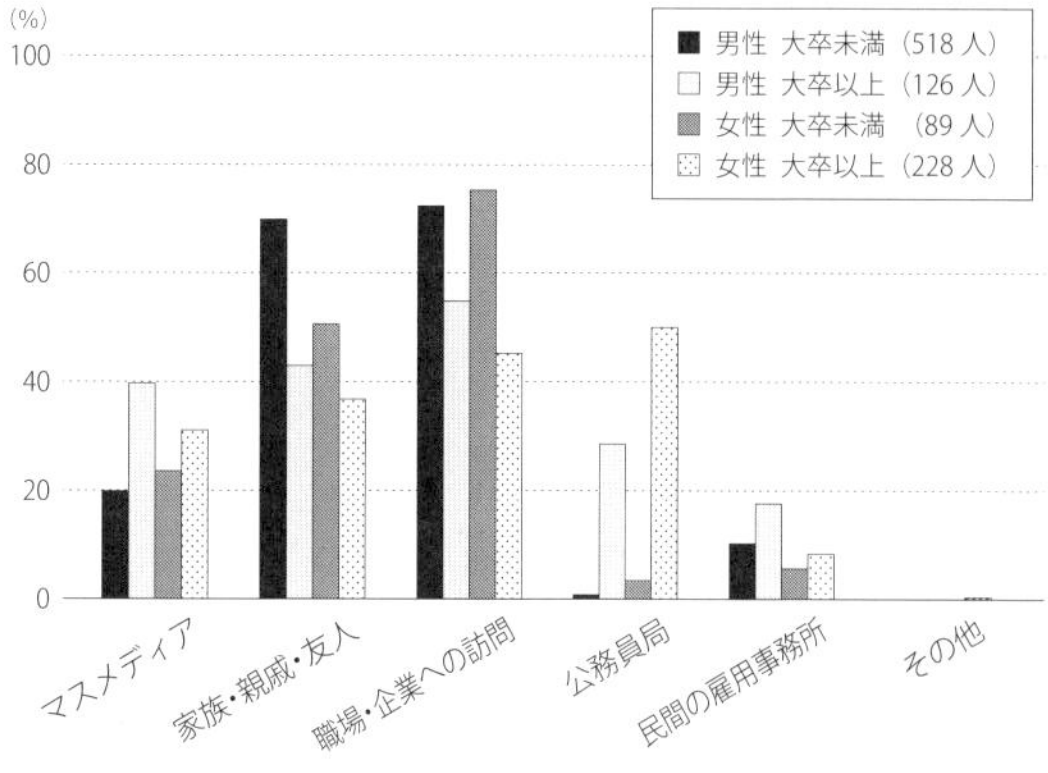

図１　15歳以上ヨルダン人失業者（男女・教育水準別）求職方法（複数回答）
［出所：2008年アンマン世帯調査、2010年地方世帯調査］

註１　他所で雇用機会がないため、希望とは異なる職場や希望よりも低い賃金でやむを得ず働く就業者もいる。低い生産性で働き就業者の能力が効率的に活用されていない失業に近い状態であり、

2　若者が失業するのはなぜか

働きたいと思っていても実際に求職活動をしていなければ、失業者の定義には含まれない。ヨルダンでは近年、働く意思はあるものの求職活動を積極的に行っていない、いわゆる「就業意欲を喪失した」失業者の存在が指摘され、この多くが若者とされている。２０１０年ヨルダン労働市場パネル調査によれば、このような就業意欲喪失者は約１万５０００人に上るという（Mryyan 2014: 56-57）。就業意欲喪失者を含む失業率は11・4％、含まないと10・9％であり、それほど大きな違いはない。しかし、この調査では若者に占める割合は明らかにされていないので、ＩＬＯが示す15歳から24歳の若者に占めるニート（ＮＥＥＴ）の割合をみてみよう。ニートとは「職に就いておらず、学校などの教育機関に所属せず、就労に向けた活動をしていない無業者」を指す。ＩＬＯによると、ニートである者の割合は２０２２年時点で日本が３・１％であるのに対し、ヨルダンは36・5％ときわめて高い。働く意思のない者も含むとはいえ、若年層において無視できない割合を占めており、統計に表れる以上に失業中の若者がいることが示唆される。

それでは、なぜ男女ともに若年層の失業率は高いのだろうか。若年層の希望に見合う職が労働市場には不十分とはいえ、働きながら別の仕事を探すことも可能である。それにもかかわらず、失業中の若年層が多い理由の一つとして考えられるのが初職、すなわち学校卒業後や退学後に初めて就く職である。一度就いた職が今後の職にも影響するヨルダンでは、どのような初職を得るかは若者にとってきわめて重要な問題となる。ヨルダンでは一度社会保障のない非正規雇用の職に就くと、正規雇用の職に転職することはほとんどないことが指摘されている（Amer 2014）。実際に、民間部門で非正規雇用の職に一度従事したヨルダン人はその後、自営業者になることが多い。例えばエジプトなどでは、非正規雇用の職は数年後に安定した職を得るための一時しのぎの場として機能することもある。しかし、ヨルダンではそのような場としては位置づけられないので、非正規雇用の職に就くよりも正規雇用の職を求めて失業を選ぶ者が多く、結果として失業率が高くなるといえる。

学校卒業直後に働いた経験のない失業者は、男女ともに失業期間が長くなる傾向にある。1年以上失業している、いわゆる長期失業の傾向を示すのは勤務経験がない人々であり、特に女性は仕事を探す期間が長い。例えば、勤務経験のない失業者のうち長期失業の男性は69・6％、女性は74・6％である一方、勤務経験のある失業者ではそれぞれ46・5％と59・3％である。また、失業者全体のうち長期失業者は、男性で56・7％を占めるのに対し、女性は70・7％である。ヨルダンでは日本のような「新卒採用」で学校を卒業してすぐに働き始めるのは一般的ではないものの、卒業後の失業期間が2年あるいは3年以上の失業者も多く、男性は30・9％、女性は40・7％を占める。このようにヨルダン人の失業期間が長くなるのも、公共部門に代表される正規雇用の職を目指すためであろう。

働いたことのない失業者は初職を探す過程で、勤務未経験が障壁になるという矛盾した状況に陥り、さらに失業期間が長くなることもある。とりわけ高学歴の男性にとって、技術や経験のなさが障壁となっている。求職中に直面する問題を失業者に尋ねると、男女ともに「技術と経験」、次いで「希望に合致しな

偽装失業や潜在的失業とも呼ばれる。農業や家族経営の商店で家族労働として隠れていることもあるが、ヨルダンでは農業が盛んではなく、農業部門における偽装失業の影響は限定的である。以上のような状態は、統計的には表れずに就業者として数えられるので測るのは難しく、本章では示すにとどめる。

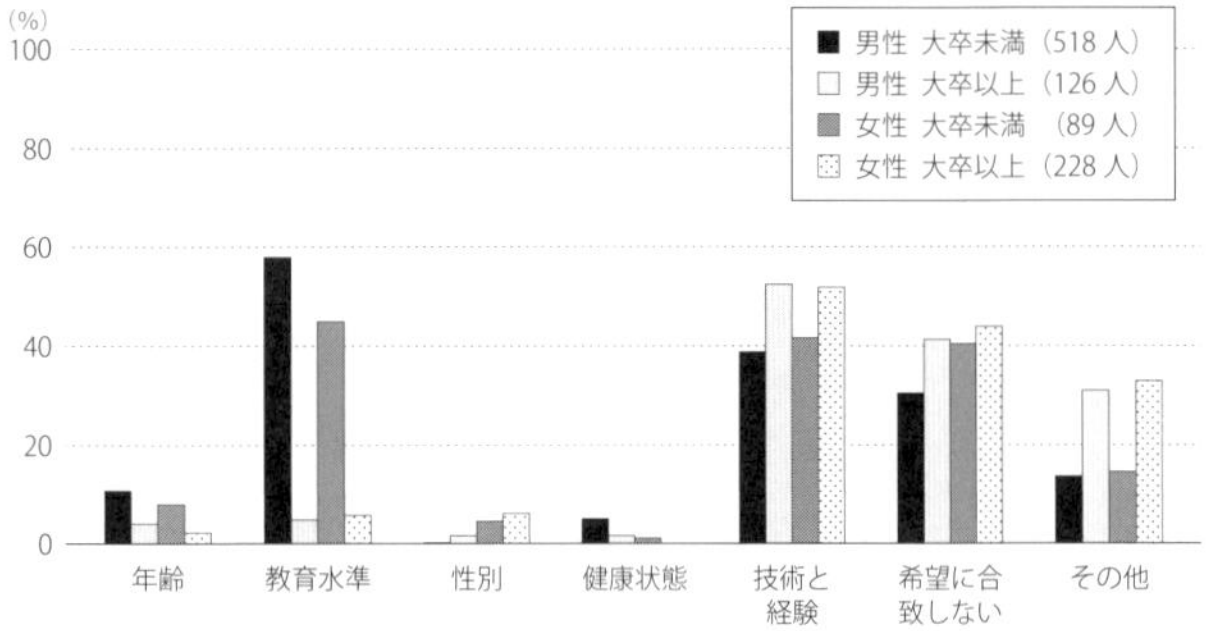

図2　15歳以上ヨルダン人失業者（男女・教育水準別）の求職中に直面する問題（複数回答）

［出所：2008年アンマン世帯調査、2010年地方世帯調査］

い」という回答が多い（図2参照）。大卒以上の男性失業者は、技術と経験が問題であると回答した割合が最も高く、大卒未満の男性失業者と比べて勤務経験がない割合も高かった。また、「希望に合致しない」という回答の多さは、自分の希望や期待に見合う職を得られない現状を示している。

教育水準は、大卒未満の失業者にとって最も大きな問題である。大卒未満の失業者のうち、男女いずれも半数近くが求職中に直面する問題として教育水準を挙げている。教育水準の低い女性は、教育水準が高くなければ職を得ることができないと考え、求職活動を行うこと自体をあきらめているのかもしれない。また、ヨルダン社会には男性は働かなければ「恥」とされる文化があるので、希望の職に就けない高学歴男性が教育水準の低い男性の仕事を奪っているとの指摘もある（Miles 2002: 422）。

若者は失業率が高いだけでなく、その多くがまだ結婚をしていないため、総じて未婚者の失業率は既婚者に比べて男女ともに高くなる。とはいえ、未婚者の失業率の高さを年齢だけで説明するのは難しい。なぜなら、15歳以上30歳未満の若者に限っても、未婚者は既婚者よりも失業率が比較的高い傾向にあるからである。そこで、若者の将来に対する不安から結婚と失業の関係について考えてみたい。

首都アンマンとその近郊で15歳から30歳のヨルダン人を対象に実施された聞き取り調査によれば、男性は結婚をしたくないというよりむしろ金銭的に家族を支えられるのかという不安を抱え、結婚に躊躇している（Brown et al. 2014）。既婚男性の失業率は低いが、それは一定の収入があると男性は結婚できるためであろう。男性にとっては働いているという社会的地位をもつこと自体が重要である。ヨルダンでは結婚の際、男性側が関連費用全般を払うため、男性は金銭的な余裕がなければ結婚することができない。結婚できたとしても家族を養わなければならず、安定した収入が得られる仕事に就く必要がある。他方で、女性は子どもの世話や家事などを行わなければならないため、家族との関係を考えると結婚後も働き続けることは難しいと感じている。女性は結婚後、働くことをやめるだけでなく、仕事を探すこともやめるため、既婚者の失業率は未婚者に比べ低くなる。実際、ヨルダン人女性の8割以上は30歳までに結婚し、労働参入する女性は30歳以降に減り続ける。

3　なぜ公共部門への就職を希望するのか

安定した収入を求める男性や結婚後も仕事を続けたい女性は、将来の就職先として家族の理解を得やすい公共部門への就職を希望する。ヨルダン人が公共部門への就職を目指すのは、社会保障が整っているからである。公共部門でキャリアを始める労働者は、仕事の開始時に社会保険の適用を受ける可能性が最も高い（北澤 2020: 360-371）。民間部門の労働者が社会保険に加入する割合は近年上昇しているものの、公共部門ほど高くはない。しかも民間部門のほとんどを占める従業員5人未満の零細企業では、社会保障が整っていないことが多い。ヨルダンでは2010年の大規模な社会保障改革によって産休手当や失業保険制度が導入され、社会保険制度が充実するようになった（Alhawarin and Selwaness 2018: 6-8）。今後は民間部門でも社会保障が拡充していくと思われるが、調査時点ではヨルダン人にとって公共部門の方が得られる社会保障の期待が大きい。

労働者にとって公共部門は、労働契約や賃金の点でも魅力的である。民間部門では一定数が労働契約を結ばずに働いているが、公共部門では労働者が契約なしで働くことはまれであり、その点で安定的な労働環境にある。転職の多い民間部門従事者に比べ、公共部門従事者は一度就職すると転職することはほとんどない。さらにいえば、公共部門の平均賃金は民間部門に比べて男女ともに高い。これは労働契約があれば賃金が高くなること、ならびに公共部門では賃金格差が小さいためである。民間部門では管理職や専門職など職業地位が高い職に就くか、もしくは教育水準が高ければ公共部門より高い賃金を得ることができる。しかし、それ以上に低い賃金で働く労働者が多いため、民間部門の平均賃金は低くなる。さらに求職方法を見る限り、女性は男性以上に公共部門への就職を希望する。公務員局は基本的に公共部門への就職希望者が利用する公的機関であり、利用者の9割以上が大卒以上である。先の図1を見ると、男女ともに大卒以上で公務員局利用者の割合が高いが、女性の方がより高く半数が利用している。

公務員として働く女性の半数以上は教育分野で働き、残りは公務および国防や保健・社会福祉業で働いている。同じ公務員でも男性は公

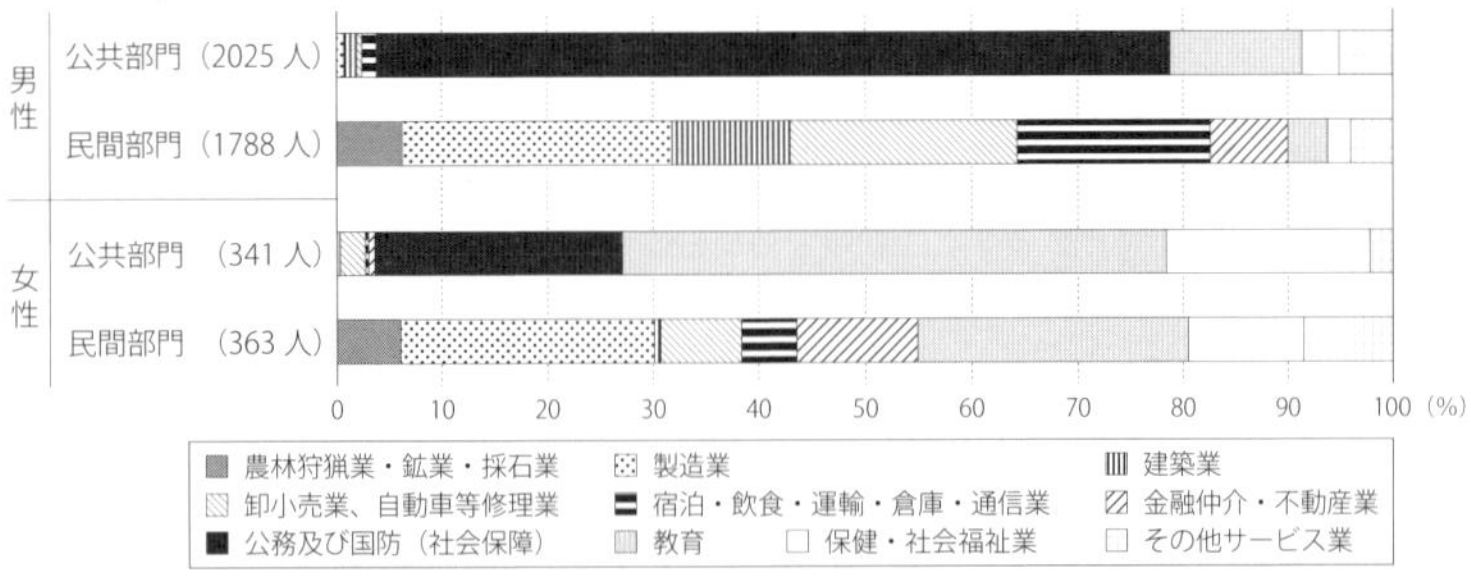

図3　15歳以上ヨルダン人賃金労働者の男女・労働部門別経済活動分類
［出所：2008年アンマン世帯調査、2010年地方世帯調査］

務および国防が74・9%を占めており、女性と大きく異なる（図3参照）。民間部門の女性も教育で働く割合が25・6%と最も高いので、教育関係は女性にとって働きやすい職なのだろう。あるいは、ヨルダンでは大学での専攻がその後の職探しにも直結するため、女性が専攻することの多い人文学系分野などを修了した人はその後、教師になるしか道がないのかもしれない。民間部門では他に製造業で働く女性も多く、そのほとんどが未婚者である一方、同じく民間部門の教育で働く女性は既婚者の割合が高い。このことから、女性にとって結婚後も働き続けやすい職場は限られ、よりいっそう女性の仕事の選択肢が狭まり、失業期間が長くなっているのかもしれない。民間部門で働く男性の産業分野は、製造業や卸小売業、自動車等修理業、宿泊・飲食・運輸・倉庫・通信業など、女性に比べて多岐にわたっている。

自身が希望するだけでなく、親や祖父母など家族もまた子どもや孫たちが公共部門で働くことを期待する。子どもや孫に就いてほしい職業について、ほとんどの世帯主が公務員になってほしいと考えていた。選択肢として示されていたのは、「公共部門」「民間部門」「家族事業」「新規事業」「その他」の五つの選択肢であったが、全ヨルダン人世帯主のうち、子どもや孫が男性の場合は85・0%、女性の場合でも89・2%が「公共部門」と回答した。子どもは自身にふさわしい適切な仕事を見つけるのは難しいと感じながらも、同時に家族の期待に応えねばならないというプレッシャーを抱えることになる。

おわりに

ヨルダンで1990年代以降に社会問題化した失業は、若年層で深刻化している。本章では世帯調査からみた失業者について、男女でどのような違いがあるのかを考えた。大卒以上が大多数を占める高学歴の女性失業者に対し、男性失業者は教育水準による差がそれほど大きくない。このため、同じ失業といっても男女で異なる意味をもちそうである。男性は家族の扶養を担う存在として社会的に働くことを期待されることから、学校卒業後は希望に見合う職を得ようと積極的な求職活動を行う。男性にとって失業は、公共部門に代表される将来につながる職を得るための重要な選択であると同時に、働くという社会的な期待に応えられていない状態でもある。それに対し、女性は大学を卒業した場合、その能力を活かすため就職を希望する。しかし、就職先は公共部門や教育機関が主であり、男性に比べ限られる。大学生や大学卒業後の20代のヨルダン人女性たちから「家族からは仕事はゆっくり探すもの、良い仕事がなければ働く必要はないと言われている」という話を聞くことは珍しくない。このような女性たちに詳しく聞くと、まさに働こうという意思はあるものの、それほど焦らずに時間をかけて条件の良い職や親が納得するような職を探す、あるいは知り合いの紹介を待つこともあるという。大学に通えるような女性の家族は裕福であることも関係しているのだろう。女性にとって失業は、消極的な意味をもつものとは限らないのかもしれない。

失業は多くの要因が絡み合う構造的問題である。本章は失業の状況を示すにとどまったが、失業に対する若者の認識など複合的な観点から今後も検討が必要である。

コラム4

STEM専攻ムスリム大卒女子の高い割合と就労の現状

鷹木恵子

2019年6月、経済的な疲弊が続くチュニジアに、一つの明るいニュースが飛び込んできた。理系分野の大卒女子、すなわちSTEM(科学、技術、工学、数学)専攻の大卒者に占める女性の割合が、チュニジアは世界114の国と地域のなかで2位になったという報道である。これは世界銀行の2015~2017年のデータに基づく調査報告書で明らかにされたことで、1位のセイント・マーチン島(オランダ領)の75%に続き、チュニジアは58%、世界でもSTEM分野で女子が男子を上回る数少ない七つの国・地域の一つとなった。

イスラーム・ジェンダー学的関心からこの調査データをみてみると、表1にあるとおり、実はムスリム多数派の国・地域でチュニジアだけが突出しているわけではない。3位はアルジェリア(55%)であり、5位にはオマーン(53%)が入っている。6位はブルネイ(52%)で、スーダン(47%)が10位、モロッコ(45%)12位、バハレーン(44%)16位、アラブ首長国連邦(43%)20位と、上位20位までに中東・北アフリカ諸国や東南アジアのムスリム多数派の10の国・地域が入り、その半数を占めることとなった。さらにカタルとサウジアラビアも42%でこれらに24位、27位で続き、エジプトは37%で49位となったが、しかしいずれもが61位のアメリカ(35%)、71位のフランス(32%)、95位のドイツ(27%)、さらにはジェンダーギャップが一般的に小さいとされる北欧諸国のスウェーデン(34%、56位)やノルウェー(28%、88位)をも大きく上回る結果となったのである。

ちなみに「リケジョ」という語彙で理系専攻

表1　理系分野（科学、技術、工学、数学）大卒生に占める女子の割合上位20位

順位	国と地域の名称	割合(%)
1	セイント・マーチン島（オランダ領）	75
2	チュニジア	58
3	アルジェリア	55
4	ベナン	55
5	オマーン	53
6	ブルネイ・ダールサラーム国	52
7	シリア	50
8	アルバニア	49
9	パナマ	49
10	スーダン	47
11	アルゼンチン	45
12	モロッコ	45
13	北マケドニア	45
14	ヨルダン川西岸地区とガザ	45
15	ウルグアイ	45
16	バハレーン	44
17	ポーランド	44
18	インド	44
19	ジョージア	44
20	アラブ首長国連邦	43

［出所：World Bank Group, *The Little Data Book on Gender 2019* を基に筆者作成］

の女子が特別視されている日本に関しては、同報告書に当該項目のデータがなく順位不詳であるが、同じ２０１９年にＯＥＣＤ加盟国36ヵ国を対象とした理系専攻の大学入学者に占める女性の割合調査では、ＯＥＣＤ加盟国平均が52％というなかで、日本は27％で最下位という結果になっている。

上記の数字からは面目躍如たるムスリム女子学生と評価したくなるが、しかしそうした専攻分野での修学がその後の実際の就労にも結びついているのかと問い直してみると、その現状は必ずしも明るいものではないようである。その現状を把握し比較し得る統計データ自体がいまだ十分に整備されていないため、その関連性の考察は容易ではない。しかしＳＴＥＭ専攻の女子大卒者の割合が世界第2位となったチュニジアにおいても、聞き取り調査などからは今なお女性の理系分野での就職は厳しく、就労者数も少ないことが明らかになっている。業界での役職者ともなれば、その数はさらにまれであるという。

建築設計士として長く建設会社に勤務し、さらにその会社の取締役にまでなったサミア・スウィーシーさんは、２人の子どもを産み育てな

がら男性中心の業界で苦労してきた自らの経験を踏まえ、女性の就労環境の改善や有能な若い女性たちの将来に向けて、２０１５年にチュニジア女性技術者協会（Association Tunisienne des Femmes Ingénieures: ATFI）というＮＧＯを立ち上げた。現在、科学・技術畑で働き学ぶ70名ほどの会員が所属し、うち20名が現役女子学生という。組織は、知識や経験の共有と連帯、多様な専門家らとの交流や情報交換、就学過程での専門技術職教育の推進、科学技術者のステレオタイプ・イメージの変革、ワーク・ライフ・バランスの改善などを目標に活動している。２０２２年には６月23日の「世界女性技術者の日」に合わせ、ＮＧＯの年次大会で「有機農業に挑む女性技術者」と題した講演会を開催したり、その後も「ジェンダーと包括的リーダーシップ」と題したセミナーも実施している。

サミアさんは筆者とのインタビューのなかで、女性科学技術者の就労状況改善には組織やまた社会自体の変革がともなわなければならないと述べており、そのためには特に決定権をもつ地位における女性の増加がきわめて重要だとする。そのため、例えば彼女自身は、所属学会や団体組織の役員選挙の折には、個人的によく知らない人物でも、とにかく名簿で女性の名前を探し投票していることなども明かしてくれた。

ムスリム社会でもそして日本でも、理系技術畑での女性就労者の増加やより良いワーク・ライフ・バランスの実現は、こうした地道な努力と連帯の先にしかみえてこないものなのだろう。

写真１　2018年のATFI総会「女性科学者のグローバルなネットワーク構築」集合写真
［出所：ATFIのウェブサイト https://atfi.org.tn/qui-sommes-nous/ より］

第9章

「トルコの工場女性労働とジェンダー規範」再訪

村上　薫

はじめに

1960年代半ば以降の世界経済において、先進工業国から途上国へ安価な労働力を求めて労働集約的な生産工程の移転が進む過程で、女性の労働力が重要な役割を果たしたことはよく知られている。女性の雇用拡大は伝統的な技術を用いる部門（アパレルなど）から、技術革新により生産工程が単純な組み立て作業に細分化された近代的産業部門（エレクトロニクスなど）に及び、また大規模工場から零細工場や家内賃労働まで多様であったが、いずれも労働集約的である点で共通していた。途上国社会で女性労働が急速に拡大する過程では、当該地域のジェンダー規範が労使関係に取り込まれることにより、安価で柔軟、従順な労働力の供給が可能になると先行研究によって指摘されてきた（古典的な研究としてElson and Pearson 1981）。

中東の新興国トルコでは1980年代以降、経済自由化と輸出振興政策を背景としてアパレル産業などの輸出産業が急成長し、女性が労働力として動員された。実は統計的なデータでは、女性の製造業部門の雇用に大きな変化はみられない。しかしこれは、新たに労働力化された女性の少なからぬ部分が、公式の統計に表れにくい零細工場の雇用や家内賃労働に吸収されたことによる。

トルコでは長いあいだ、女性の労働参加は農家と一部の知識層にほぼ限られてきた。背景の一つに、夫が妻子を扶養し妻は家庭を守るという性別役割分業や、名誉の観念に基づく男女隔離の規範がある。ここでいう名誉とは、女性のセクシュアリティを管理することで維持される名誉（性的名誉）を指し、トルコ語でナームスと呼ばれる。ナームスの観念のもと、女性は見知らぬ男性と接触する公共の場より、家庭にいる方がふさわしいと考えられてきた。１９８０年代に始まる輸出産業の成長を特徴づけるのは、そうした保守的な考え方を重視する低所得階層の女性を労働力として新たに巻き込みながら進行したという点である。

途上国女性労働研究の興隆に触発されて、トルコでも１９９０年代に女性労働が研究者の関心を集めたが、その中心は資本主義による搾取にあり、労働力化がなぜ、どのように起きたのかについては、十分論じられていなかった。そうした状況で筆者は１９９６年から翌年にかけて、トルコ第三の都市イズミルで輸出向けアパレル製造の委託生産（下請け）を行う零細縫製工場（トルコ語でアトリエ）の女子労働について調査を行った。アトリエでは10代と20代の未婚女性を中心に、10名ほどの縫子と見習いが雇用されていた。調査ではアトリエの経営者、縫子と家族に聞き取りを行い、家族が娘のセクシュアリティを管理し娘と家族のナームスを守るという地域社会の家族関係が、経営者と労働者の間で再生されていること、そのような疑似家族的な労使関係は若く未婚の女性の労働参加を可能にするだけでなく、アパレル製造に都合のよい安価で柔軟な労働力の調達を可能にしていることを明らかにした（村上 1999, 2005; Murakami 2005）。

調査を終え、論文をまとめた後も縫子たちとの付き合いは続いたが、いつしか互いに消息がわからなくなってしまった。誰もが携帯電話やSNSを利用する以前の話である。いくつかの幸運が重なりTとSの姉妹と再会したのは2018年だった。出会ったときに20代だった二人は、出産や離婚、介護を経験しながら、40代を迎えた今も縫製の仕事を続けていた。4年後の2022年に再びトルコを訪れ、その後のアトリエの様子について話を聞く機会を得た。本章では、人生の荒波にもまれながら腕の立つ縫子として働き続けてきた姉妹の言葉に耳を傾けることにより、アトリエ労働に起きた変化の一端を紹介するとともに、個々の人生のなかに労働の経験を位置づけてみたい。以下では1996〜97年の調査を振り返るところから始めることとしよう。

1　女性の労働力化とナームス――1996〜97年

調査を行ったA地区は、1960年代に隣接する工場団地で働く労働者の町として成長し、70年代にイズミル市に編入された。地価が安いことから、80年代半ばからアトリエが進出し、調査を行った90年代半ばには市内で最もアトリエが集中する地区の一つとして知られていた。

当時、A地区の30代以上の女性は、農産物加工の季節工（後述）をのぞいて就労経験が乏しいのに対して、20代以下の女性は小学校を出るとアトリエに見習いとして入り、縫子となって結婚するまで働くことが一般的な選択肢になっていた。男性にとり、妻の稼ぎに頼ることは一家の大黒柱としてのプライドが許さなかったが、娘が結婚までの「暇つぶし」に小遣いを稼ぎ、「嫁入り道具」（食器や家具など）を揃える足しにするといえば、面目が保たれた。実際には、多くの家庭で娘が得たお金を生活費に回していた。アトリエの賃金は法定最低賃金かそれを少し上回る程度で、世帯主の男性が他の仕事で得る稼ぎよりも低いが、経済自由化によりインフレが進み（1996年5月に80・8％）、男性一人の収入で家族の生活を支えることが難しい状況では重要な収入だった。

家族の唯一の気がかりは、娘と家族の名誉が傷つき、良い結婚ができなくなることだった。きちんとした家の娘は一人で歩き回らないものだとされていたし、実際に問題を起こすかどうかとは別に、「どの工場でどこの娘が労働者と駆け落ちした」といった噂はすぐに広まったからである。では、アトリエへの就労はどのようにして可能になったのか。

実はA地区ではアトリエ労働に先立ち、農産物加工工場の季節就労が一部の女性の間で行われていた。イチジクやタバコの収獲期になるとベテラン労働者が近所の女性に声をかけて回り、労働者を集めた。女性たちは通勤や作業場ではまとまって行動し、特に結婚前の女性は男性と言葉や視線を交わさないようベテラン労働者から監督された。工場は不特定多数の男性との接触を免れない「性的にだらしない」場所と考えられていたが、加工工場だけは女性たちの相互監視が行われることにより、女性が働きに出ても差し支えない職場として地域の人々に受け入れられたのだった。

A地区にアトリエが進出した当初も、同様の働き方がみられた。女性たちは姉妹や叔母と同じ職場で働き、若い女性が一人で働きに出る場合は、たとえ家から歩いて数分の距離であっても、終業時間に家族や婚約者が迎えに来た。若い女性労働者のセクシュアリティを家族ぐるみで守るそうしたしくみは、やがてアトリエ内部で再生されていった。次に見るような、疑似家族的とも形容できる労使関係の成立である。

X社では、経営者とその妻が、労働者が昼休みに外出する場合は行き先を告げさせ、労働者が早退や休暇を願い出ると必ず家族に電話をして確認していた。また残業したときは、たとえ徒歩数分の距離であっても自宅まで車で送り届けていた。「私たちは親の役目も負わされているのです。早退すると言っても盛り場に遊びに行くかもしれない。そこであの娘たちに何かあっても私たちは責任を負い切れません。後で何か言われないよう、私たちの手元を離れたと家族に電話を入れておくわけです。娘に何かあれば家族はもううちに寄越さなくなりますから」

一般的な意味での労務管理を超えて労働者に干渉する理由を、経営者たちは「娘たちは預かりもの」だからと説明し、そのような労使関係の特質は、ある経営者が述べた「ここには家族的環境《アーイレ》がある」という表現に端的に示された。アーイレとは、トルコ語で「家族」や「妻と子」を意味し、転じて「ナームスが守られる、女性にふさわしい」という意味をもつ。アトリエの家族的環境とは、外部から遮断され内部が家族的な親密さで満たされた空間であり、ナームスが保護される空間を意味した。

ナームスが保護される空間としての特質は外観にも示された。アトリエはたいてい住居用建物の1階部分にあったが、外からの視線を遮るため、ガラス窓は白く塗られるか新聞紙が貼られ、ミシンは入口に背を向けて並べられていた。

「家族的環境」がつくられることによって、家族は娘をアトリエに働きに出しやすくなり、経営者は労働力を調達しやすくなった。疑似家族的な労使関係は、経営者にとって生産面でも都合がよかった。国際分業の末端に位置し、需要変動の調節弁の役割を担うアトリエでは、作業の強度や内容、労働時間の不規則な変化に柔軟に対応できる労働力編成が求められる。そこでは、紙幅の関係で詳しく述べられないが、資本主義的な労働規律よりむしろ疑似家族的な関係性に基づく労務管理が効果を発揮した。さらに、疑似家族的な関係は、賃金の低さや社会保険の未登録を正当化する論理を提供した。アトリエ経営者に「預かりもの」として託され、「結婚までの暇つぶし」に働く「娘たち」といった物言いが、経営者ばかりでなく労働者の家族によって繰り返されることにより、不利な賃金条件が仕方のないものにされた。労働者もまた、経営者が親代わりを自任し干渉することを鬱陶しく思うと同時に、彼らが親身な態度で接する限りはそれをやむを得ないと考える傾向にあった。

ここまでからわかるように、アトリエで働く若い女性たちは、疑似家族的労使関係を通じて労働力とセクシュアリティを二重に搾取されていた。注目したいのは、彼女たちがアトリエの外に新たな自律の領域を切り開いていたという事実である。アトリエで働く女性は稼いだお金の大半を両親に渡していたが、そのことで彼女たちの両親に対する交渉力が強まることはなかった。しかし家計に貢献し、将来自分が営む家庭のために家財を自力で揃えること、少額でも自由に使えるお金をもつことは気分の良いものだったし、自信につながった。外出の機会ができたことで、家族の監視を逃れて恋人と会ったり、女友だちと遊んだり、家族の前では吸えないタバコを吸ったりする自由も手にした。さらに調査時には気づかなかったが、このあと述べるように、アトリエのなかにおいても縫製の仕事を愛し、技術を磨き、キャリアの階段を上る女性たちが確実に育っていた。

2　姉妹が語るアトリエの現在――2022年

調査地を後にしてからおよそ25年の歳月が流れた。ここからはTとSの姉妹への聞き取りに基づいて、その後のアトリエの様子を紹介しよう。Tは現在、複数のアトリエで日雇いの縫子として働き、Sは大手アパレル企業で輸出向け製品の商品見本制作を担当している。１９９６〜９７年の調査とは異なり、限られた情報に基づく点をお断りしておく。

イズミルの輸出向けアパレル製造は堅調で、今もA地区を中心に市内には多くのアトリエがある。アトリエが置かれた生産委託関係の末端という位置づけも変わっていない。だが、アトリエの内部は様変わりした。第一に見習いがいなくなった。同様の変化はアトリエに限らず、地域のさまざまな職場で起きている。背景には義務教育の年限延長がある。かつて5年間だった義務教育は１９９７年に8年に、２０１２年に高校までの12年に延びた。高校が義務教育化した頃から若者は大学に進学しデスクワークに就く人生を望み、現場の仕事に就かなくなった。

見習いが入らなければ縫子は育たない。若者が寄りつかなくなったアトリエで、労働力の主力を担うのはTの世代の中年女性たちである。彼女たちのなかには、Tがそうだったように、結婚や出産を機に仕事を辞め、子どもが手を離れてから再び仕事に就いた女性が少なくない。

最大の変化は、男性の縫子が一般化したことだろう。Tはその理由を、縫製は女の仕事という考えがなくなったからだと説明する。かつて経営者も家族もあれほど神経をとがらせたナームスについては、もう誰も気にしなくなったという。その意味するところは、ナームスが無価値になったということではない。ナームスの考え方の中心にある貞操の重視は変わらないまま、アトリエで働くことが貞操を脅かすとは考えられなくなったということである。

男性の縫子の存在感が増す一方、縫子として働いてきた女性が資金を貯めてアトリエ経営者になる例が増えたことも、特筆すべき変化である。

このほかシリア難民が働き手に加わった。２０１１年春にシリアが内戦状態に陥ると多くの市民が国外に逃れ、隣国トルコには300万人以上が逃れて難民となった。トルコ政府は就労許可や市民権を与えてきたが、苦しい生活を余儀なくされる人もおり、アトリエを含むさまざまな職場で安価な労働力として雇用されている。

雇用のあり方も変化した。経営環境が厳しくなるなかで、経営者は受注量に合わせて仕事がある間だけ日払いで縫子を雇い、働き手も少しでも条件の良いアトリエを探し職場を渡り歩くようになった。アトリエでは継続的な雇用関係を結ばず、日払いにする代わりに、社会保険料分を賃金に上乗せして支払うことが一般化した。

こうした慣行が広まる背景に、TやSの世代が年金受給者になったことがある。1996~97年当時、アトリエでは腕の良い縫子をのぞいて社会保険に加入させないことが普通だったが、政府の摘発に加え、働き手が社会保険を権利と考えるようになり、加入が進んだ。Sによれば転換点は2015年前後である。社会保険の新制度（2002年以降、受給年齢が男性は43歳から60歳、女性は38歳から58歳に段階的に引き上げられた）の対象者が一斉に年金を受給し、身近で年金のメリットを目にすることが増えたことで意識が変化した。S自身は若い頃に加入したが、制度を知らず頓着しなかったため、不利な条件で登録されていたことを後で知った。

1996~97年の調査時には、疑似家族的な労使関係が確立すると同時に、変化の兆しも現れていた。経営者や家族へのインタビューでは、家族が娘を働きに出すことへの緊張感が語られるとともに、アトリエで働く女性が増えるにつれて娘の職場への家族の関心が薄れたとか、経営者が以前ほど労働者の行動に干渉しなくなったといったことが語られた。またアトリエ間の競争を背景に、労働者の引き抜きや解雇、賃金の遅配が問題化する一方、労働者は公然と賃金を交渉するようになり、アトリエ間の転職が増えた。

二人への聞き取りからは、この25年にそうした一連の変化が深化したことがうかがえる。アトリエでは今も工場のようなノルマや規則は適用されず、労使の距離が近い傾向がある。しかし疑似家族的な労使関係は役割をほぼ終えたといえよう。

3　個人史のなかのアトリエ労働

ここからはTとSの姉妹の半生をたどり、彼女たちにとってのアトリエ労働の意味を考えてみたい。Tは1986年、妹のSは1987年に、それぞれ12歳と11歳で、叔母が働くアトリエで見習いになった。

Sはいくつかのアトリエを経て、X社で縫子頭として働き、現在は高い技術力を買われ、オランダのアパレル企業の委託生産を行う企業で商品見本の制作を担当している。見本を発注するオランダ企業の担当者との打ち合わせも行う。平均的な縫子の賃金である法定最低賃金の2倍という破格の待遇だが、Sによればそれは「マイケル（オランダ企業の担当者）と打ち合わせをするのは、ホワイトカラーだから」であった。縫子としてキャリアを極めたことについてSは、秘訣は一つのところに留まらないことだと話す。同じアトリエで働き続ける限り、担当工程以外のミシンの使い方を覚えるチャンスはないし、そうすれば賃金も上がらない。アトリエを移ることで、全工程のミシンを使えるようになる。そうすれば賃金を交渉できるし、縫子頭にもなれる。S自身はX社で20年近く働いたが、それは縫子頭として賃金面で厚遇されたからだった。X社の閉鎖後は、現在の勤め先に落ち着くまで、2年間で4、5ヵ所のアトリエで働いた。

Sは20歳のときに当時の交際相手と結婚した。Sは縫製の仕事が好きで、結婚しても子どもができても働き続けるつもりだった。旋盤工の夫はSに仕事を辞めさせようとしたが、Sが仕事を辞める条件として、夫に稼ぎを全額家に入れるよう求めたため、働くことをしぶしぶ認めた。結局、夫は家にお金を一銭も入れず、Sが一家の生活を支えた。二人の息子の世話は同じ町内に住む母の助けを借りた。2010年に夫が家を出ていき、3年後に正式に離婚した。夫に養育費の支払いを拒まれたが、子どもたちを学習塾に通わせ、長男を大学に進学させた。自身も通信教育で高校課程を終え、今は大学の教養課程で学んでいる。普段は淡々としているSだが、「(通信教育で勉強したので) 子どもたちの宿題を見てやれる」と話すときは誇らしげだ。

Tは幼馴染の夫と20歳で結婚した。結婚後も縫子として働いたが、双子を出産後、アトリエを辞めた。しばらくはアトリエの繁忙期だけ助っ人として働き、やがてフルタイムの労働者として仕事に復帰した。双子の長男に重い障害があるため、自宅近くのアトリエで働き、昼休みに食事や排せつの世話をしに自宅に戻るという生活を続けている。次男は大学を出て就職し、結婚を控えている。6年前からは、年金受給が開始したので、割の良い日雇いに切り替えた。

姉妹が働き始めた1980年代後半は、A地区にアトリエが進出し始めた時期であり、女は家庭にいるべきだという考え方がまだ強かった。1990年代以降アトリエで働く女性が増えても、縫子には「きゃあきゃあ喋る」「男といちゃつく」といった否定的なイメージがついてまわった。姉妹も若い頃は周囲からそうした目で見られることがあった。二人の実家の上階には同じ歳の娘のいる一家が住んでいたが、娘の母親は「働く女はナームスを守れない」と言って姉妹に冷たい態度をとったという。だが今では女性が働くことは当たり前になり、誰も縫子をそんな目で見なくなった (若い女性がいなくなったからかもしれないが)。むしろ、女性も働き年金受給の資格を得ることが新しい理想となった。先の一家の娘は高校に進学し、大学を出て教師になったが、まだ年金受給資格がない。「娘は、夏休みだけでも私たちのアトリエで働いて保険料を納めればよかった、そうすれば早く受給できたのにと言っている。今になって働いておけばよかったと羨ましがっている」と言うTは、自分たちの人生が正解だったと言っているようでもある。

二人の個人史が示唆するもう一つの点として、縫製の仕事は、技術を磨く対象であり、また主体的に選び取るものになったということがある。姉妹が働き始めた頃は、近所のアトリエで縫子になる以外に働く選択肢はなかった。だが今はさまざまな選択肢が用意されている。Tは、「女もバスやタクシーの運転手、ガソリンスタンドで働いている。平等だ。縫製の仕事を辞めることがあれば、タクシーの運転手になる」と笑う。縫製は、自宅近くに働く場所があるので長男の世話と両立しやすいという利点がある。しかし彼女にとって縫製は主体的に選び取った仕事でもある。そしてその選択は、「縫製の仕事はなくならないから、技術さえあればいつでも働ける」という彼女の言葉からわかるように、技術を磨くことに支えられている。若いころ複数のミシンを覚えるためにいくつものアトリエを渡り歩いたSもまた、縫子のキャリアの頂点ともいえる場所にたどり着いた。

おわりに

輸出向けアパレル製造は、その搾取的な性格が指摘されてきた。2013年にバングラデシュの首都ダッカ近郊で起きたラナ・プラザ崩落事故では、アパレル製造の過酷な労働環境が注目され、国際ファッション・ブランドの無責任さが問われた。トルコのアパレル製造も例外ではなく、一方的な解雇、パワハラやセクハラ、男女の賃金格差、社会保険の未登録、埃っぽく不健康な労働環境など、劣悪な労働条件が指摘されている（Acar et al. 2020; Öztürk 2023）。本章で紹介したアトリエの家族主義的労使関係はその一例であり、家族主義が薄れてからも、姉妹は夜逃げ同然に閉鎖したX社に数ヵ月分の未払い賃金を踏み倒されたり、新型コロナウイルス感染が拡大しても出勤を強要されたりといった経験をしてきた。

搾取の世界は確かにある。だがそれと同時に、労働者個人にとっての労働の経験という視点に立つならば、女性の役割や振る舞いを定める規範と折り合いをつけながら就労し、技術を磨き、転職を繰り返してステップアップを試み、家庭の事情で継続的に働けなくても年金受給資格を目指す、したたかさや計画性をもって働く世界が浮かび上がる。姉妹は子どもたちを大学に進学させ、デスクワークに就く人生を用意してやったが、それは世のなかが変わったからだと淡々と語り、自分たちの職業人生には揺るがぬ自負をもつ。彼女たちはさまざまな資質や条件に恵まれていたのかもしれない。彼女たちは見習いから育てられた世代であり、後の世代はまた様相が変わるかもしれない。しかし二人の語りは、アパレル産業の暗い影に覆われきらない、労働の別の世界があることを教えてくれる。

第10章

家内と戸外をつなぐ手仕事

――アルジェリア女性の家内労働という働き方

山本沙希

はじめに

北アフリカのマグリブ地域に位置するアルジェリアでは、現金収入のともなう活動か否かにかかわらず、家内でさまざまな労働に従事するムスリム女性の様子が知られてきた。フランス統治下の1900年代にアルジェの市街地で調査研究を行ったラルエは、自宅内でたばこ販売用の紙袋や、ムスリムが祈りの際に用いる数珠状用具（ミスバハ）の生産に従事する同地のムスリム女性について記録を残している（Laloë 1910）。ラルエによると、こうした家内での零細な経済活動に従事する女性は、わずかな額でも仕事を通して得た収入で世帯を支えていたという。中東のムスリム社会では、イスラーム法解釈などを根拠として妻や子を扶養する義務と稼得役割は男性に課されるという理解が示される傾向にあるが、フランス統治時代のアルジェでは、日々の生活を維持するために家内で何らかの経済活動に従事し、世帯を支える女性の姿はすでに認められていた。

今日のアルジェリアにおいても、夫や父親が優先的に稼得役割と扶養責任を負うものという考えは広く共有される傾向にはあるが、その男性世帯主の収入が不安定な場合や、そうでなくてもより良い生活を目指して、妻や娘も何らかの稼得手段を得て家計に貢献しようとする姿勢が認められる。なかでも家内を生産拠点として行われる零細な経済活動は、家事育児との両立が求められる既婚女性や就労経験に乏しい女性にとっては、限られた手持ちの手段で着手しやすいという現実的な理由により、主要な起業手段であり続けてきた。しかしこうした家内の零細な経済活動には、事業登録や収入の申告、社会保険への加入をせずに行われる、いわゆる「インフォーマル」な経済活動が含まれることや、その女性従事者の経済的貢献については軽視されてきたことが指摘される（Kelkoul 1995）。

本章では、このように活動のインフォーマル性や不可視性が強調して語られてきた、アルジェリアの有償家内労働とその女性従事者に焦点を当てる。同地では、無償の家事労働に専念する女性（専業主婦）は「家のなかに留まる女性」と表現されるのに対して、有償の家内労働者は「家のなかで働く人」と呼ばれる。家内で行われる活動は裁縫や刺繍、製菓調理など、現地で「手仕事」と総称される活動が大半を占め、こうした手仕事技術を多く身につける個人を指す言葉としてアルジェリアには「すべての指に技法を持つ」という慣用句がある。これは、特に手仕事に長けた女性への敬意を含意して用いられる言葉ではあるものの、経済活動としての手仕事はその収入が微々たるもの、あるいは女性の「伝統」的なジェンダー役割の延長にすぎないといった理由により消極的な見方も示されてきた。言い換えれば、女性を社会的に評価するうえで「手仕事をどの程度習得しているか」が重視される反面、有償労働としては家事や育児の片手間に行う家計補助的でインフォーマルな活動にすぎないとして過少評価されるという、二面的な見方と結びついているのである。

有償家内労働者に対するこうした見方は、いずれも女性の活動空間を「家」と強固に結びつける、男女空間分離のイメージを前提としているといえるだろう。そしてこのような見方は、女性のあらゆる労働を収入の有無や就労形態に基づいて二分化し、生産労働と再生産労働、フォーマル経済とインフォーマル経済といった二項対立的な労働観を下支えしている。

家内で行われる有償の労働は、この図式的な見方のために性別役割分業の規範に隠れてしまっていた。だが家内を主な生産拠点としながらも、手仕事を商品化するには材料の買い付けや販売機会を求めて戸外に出る機会がおのずと生じるものであり、女性従事者は必ずしも常に家のなかに留まるわけではない。本章で扱うのは、こうして家内と戸外を架橋し、他者との社会関係を緩やかに築きながら手仕事の商品化を果たしている、ムスリム女性事業主の稼得行動である。

1　家内労働の制度的な包摂

アルジェリアにおいて家内労働を指す「家のなかの仕事」という表現は、その主な活動場所を「家」に限定する以外は明確な意味をもたない。そのため個人事業主が家内で営む零細事業のほか、その個人事業主や小売り商人、仲買人から依頼を受けて自宅で取りかかる賃仕事（内職）も「家のなかの仕事」と呼ぶことができる。個人事業主として活動しながら賃仕事も引き受けたり、期待どおりの利益に結びつかなければ別の分野に乗り換えたりなど、その働き方は時に流動的で即応的な性格をもつ。首都アルジェでは、パンやクスクス（セモリナ粉に水と塩を加えて粒状にしたパスタ）、婦人服や装飾品など、女性が家内で生産した多様な品々が市場や小売店、あるいは個人間で日常的に売買される。市場や商店でこれらの商品を売るのは主に男性であり、女性生産者が自ら商品を販売する機会は限られる。

１９６０年代までの経済成長優先型の開発政策により、分配の不平等や貧富の格差が国際的な問題として認知されると、ＩＬＯはケニアで実施した雇用実態調査に基づき、路上の物売りや靴磨きといった仕事が不安定就労層の貴重な稼得手段になっているとして、それらを「フォーマルセクター」に対比する「インフォーマルセクター」と総称した（ILO 1972）。これを機に「インフォーマルセクター」という用語が広く浸透すると、アルジェリアでも社会保険への加入や収入の申告をせず、就労状態にあるとは公的に把握されないまま行われる経済活動に関心が集まり、国内メディアや研究者によってその不可視性やインフォーマル性が指摘されるようになった。それにより、家内労働は女性の典型的なインフォーマル経済活動とみなされ、１９８９年には公的労働統計（労働力調査）で初めて「家内労働」という項目が「家内で行われる、現金収入を生み出す活動」という大まかな定義とともに調査対象に加えられた。その活動例としては「畑仕事や家畜の飼育、手工芸活動（機織りや陶芸など）、裁縫、刺繍、理容美容業、サービス関係（ベビーシッターや家内での講座開講）などを含む活動」が挙げられる（ONS 1991a, 1991b, 1991c）。

「家内労働」という項目が加えられる以前は、その前身として「部分的に就業状態にある女性」という項目が１９７７年に設けられたが、これは「家内労働」が調査内容に加えられると同時に削除された。家内労働が「専業主婦（求職中でない未婚女性も含む）」や「部分的に就業状態にある女性」とは別の労働力とみなされるようになった１９８９年以降、調査年によって項目にばらつきはあるものの、家内労働従事者の性別や居住場所（都市／村落）、活動分野、就労形態など、複数の項目が調査に加えられた。従事者数は１９８９年の14万人から１９９０年には18万人、２０１３年には38万人と大幅に増加しており、男女別では女性が常に大半を占める。就労形態別では全体の８～９割を個人事業主が占め、２０１１年および２０

13年にはこれら個人事業主の大半が社会保険に加入していないことが明らかになった（ONS 2012a, 2012b, 2014）。これらの統計結果に基づいて、アルジェリアの家内労働者は「社会保険にしばしば非加入の状態で働く、女性個人事業主」が中心であると考えられている。

1989年と1990年には、家内労働を選択した理由に関する複数回答選択式の調査が実施された。1990年の調査結果によると、該当者計18万人強（女性17万7547人、男性3914人）の4割以上は「収入が良い」（64%）、「外で働くことへの家族の反対」（43%）、「子どものため」（46%）、「利便性がある」（53%）との項目を選択している（表1）。また婚姻状況別では既婚者が最も多く全体の7割近くに上り、学歴別では未就学者および低学歴者が大半を占める（1990年）。これは、結婚を機に仕事を辞めて家事育児に専念する女性や、中等教育以下の学歴保持者に身近な就業機会として家内労働に従事する女性が多いことを意味している。

表1　家内労働を選択した理由（1990年）

	回答		
	はい	いいえ	合計
収入が良い	64%	36%	100%
外で働くことへの家族の反対	43%	57%	100%
子どものため	46%	54%	100%
仕事がない	9%	91%	100%
利便性がある	54%	46%	100%
障がいがある	2%	98%	100%

注：サンプル数は18万1461人。ただし「外で働くことへの家族の反対」の項目は18万1462人。
［出所：*Enquête main d'œuvre*（ONS 1991b）を基に筆者作成］

労働力調査を通じて公的統計に家内労働が取り込まれる過程と同時に、1995年の北京世界女性会議に先駆けた準備会合では、家内労働が女性のインフォーマル経済の典型であるとしてアルジェリア国内の研究者の間で議論された。なかには女性の零細な経済活動が世帯唯一の収入源となっているにもかかわらず、こうした女性の経済的な貢献を軽視してきた社会的な見方にも、一部の研究者は問題提起を行っている（Kelkoul 1995; Bensafa 1995）。また、稼得活動に従事しながら「専業主婦」として申告する女性の存在も指摘され、「家内労働者」との境界を明確に引くことは難しい（Kelkoul 1995: 270）。このように、家内で行われる経済活動を公的統計では完全に補足しきれない実態があると同時に、有償家内労働に従事する個人の多くが事業主として活動する傾向も浮き彫りになった。よって次節では、この事業主として働く個人に焦点を当て、彼女たちが戸外でどのように顧客を開拓し、商品化の機会に結びつけているかを考えたい。

2 家内と戸外を架橋する

ここでは筆者がアルジェ滞在中に知り合ったノラとカリマという、製菓調理を専業とする二人を例に取り上げる。両者は、いずれも自宅で焼いたパンや菓子の製造販売を通じて収入を得ていたものの、職人としての公的資格や事業認可は取得していなかった。そのため正規の手続きを経て店や工房を開業したり、公営の展示販売会に参加したりせずに手仕事を商品化している個人事業主である。

（1）固定の取引先を複数化し、品種を最小化する

アルジェ郊外のエル・ビアール地区で生まれ育ち、結婚後も夫および2人の子と同地区に暮らすノラは、仕事のために日中は家を不在にする夫に代わり、家事育児を含む家のさまざまな仕事を引き受けていた。パン作りは母親から学んだというが、家電製品や電気関係の修繕など、家回りの仕事の器用さは父親譲りであると得意げに語っている。

高校を卒業したのち、公立の職業訓練センターで美容師資格を取得したノラだが、その後は美容師ではなく民間企業でアシスタントの職を得て働いた。結婚し、出産後もしばらくは仕事を続けていたものの、

息子が小児糖尿病を発症したのを機に退職し、家事育児と両立できる仕事として自宅で焼いたパンや菓子の販売を思いついたという。「パン作りは誰でもできるけど、女性はその時間もなく、店に買い求めにくるでしょう？だから、パンを焼いて販売することを考えたの」と話すノラは、企業での勤務経験を含め自らを「商売の世界の人間」であると形容し、店と直接買い取りの交渉をすることには何のためらいもなかったと述べる。

ノラの主な取引先は小さなカフェやサロン・ド・テ（カフェは男性のみの社交場だが、サロン・ド・テは女性や家族連れも気軽に立ち寄ることのできる喫茶店）、個人商店、パン屋など計6軒の小売店であり、いずれもエル・ビアール地区内に位置していた。ノラは、これら近隣の店に見本となるパンや菓子類を宣伝して回り、買取価格と仕事用の電話番号を先方に伝え、関心を示した店とは口約束で取引関係を結んだ。小売店とは別に個人客への受注販売も行うが、そうした注文は不定期に入る。そのため、定期的な収入を得るには固定の取引先を複数確保しておくことが重要であるという。昼前には取引先に商品を届けなければならず、特にパンは発酵時間を要するため平日は毎朝4時に起床し、生地作りに取りかかる。子どもたちを学校に送り出した後は、11時半までに商品を取引先の店に配達する。12時には子どもたちが昼食のために一時帰宅するので、午前中は腰を下ろし休憩する暇もないというが、ノラは自身の活動的な性格上、働かずにはいられないのだと快活に笑った。

一人でこうした零細事業を営むことは「会社で働くよりも疲れる」と言うが、ノラは仕事による負担を

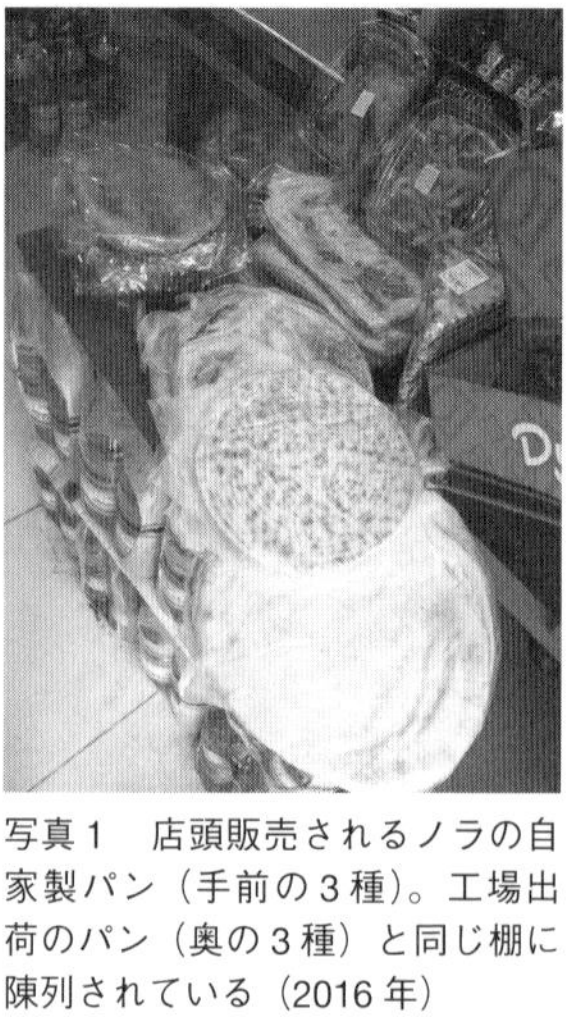

写真1　店頭販売されるノラの自家製パン（手前の3種）。工場出荷のパン（奥の3種）と同じ棚に陳列されている（2016年）

減らすため、さまざまな工夫を働かせていた。その一つは取引先の選定である。ノラは、日常的に顔を合わせやすく、所在も把握している徒歩圏内の店を交渉相手に絞ることで、配達にかかる負担を軽減しながら確実な収入に結びつけていた。顧客が作り手のもとに発注済みの商品を受け取りに来るようにすれば、作り手側の配達の手間は省けるものの、未払いのまま顧客が商品を引き取りに来ない問題も発生しやすい。そうした利益の損失を避けるために、ノラは徒歩で配達可能な範囲に取引先を定めていた。配達には手押し車を使用していたが、体調不良で配達が困難なときは子どもたちが代わりに配達を引き受けることもあるという。

もう一つの工夫は、取り扱う商品の種類を最小限に抑えることである。材料調達から生産、配達にかかる一連の作業を一人でこなさなければならないノラは、パンを3種、菓子を2種に絞って販売することでさまざまな材料を取り揃えたり、異なる調理工程を同時に行ったりせずに済むよう配慮していた（写真1）。また平日はパン作りに専念する一方で、砂糖を多く含み日持ちする菓子類は週末に受注分をまとめて調理し、箱詰めまで済ませたうえで平日に配達するというルーティーンを維持していた。自宅近所の顔見知りを固定の取引先として複数確保し、取り扱う商品を最小限に抑えるという働き方は、自らの負担を抑えつつ仕事を続けていくためのノラなりの工夫である。

（2）その場限りの取引関係に頼る

子どもの治療のために前職を退職し起業したノラに対して、カリマは父親の逝去を機に母親や兄妹との生活を支えるため、菓子の受注販売を開始した菓子職人である。ノラの暮らす居住地区よりも低所得層が多く暮らす旧市街カスバに自宅を有していたカリマは、近隣住民を顧客ターゲットから外し、また固定の取引先を持つことを避けていた。そのため小売店を固定の取引先としていたノラとは対照的に、カリマの主な取引相手は一般の個人客が大半を占める。

筆者がカリマと初めて出会ったのは、共通の知人女性が自宅の敷地内で開催する、女性限定の展示販売会であった。このような展示販売会で10種類程度の菓子を手売りしていたカリマだが、客が一度に購入する数はたかが知れており、経費を差し引くとむしろ赤字になることもある。しかし、展示会への参加はカリマにとってはあくまで宣伝活動の一環にすぎず、その場に立ち寄った客を通じて後日舞い込む大量受注が彼女の一番の目的であった。結婚式の来客に振る舞う菓子は、時には千単位に及び、例えば合計4種の菓子を各500個ずつ用意する場合、主催者は計2000個の菓子を菓子職人に注文する。なかには一部の作業を他の女性生産者に委託することで効率化を図る職人もいるが、カリマはその程度の受注は「大したことがない」と言い、一人ですべての受注量をこなした。

こうした展示販売会では、同じ会場にばかり足を運んでも客の顔ぶれはあまり変わらない。そのためカリマは、中流階級以上の客層が出入りする地区を好み、それらの地区を転々とすることによって、宣伝のための活動範囲を広げていた。彼女が居住する旧市街の住民を顧客としていては収益が上がらないうえ、面倒なことに巻き込まれるかもしれないと考えていたためである。そのような懸念についてカリマは、次のように語っている。

私は〔自宅のある〕カスバの住民からは注文を受けないようにしているの。近隣住民とあまり親しくなってしまうと、問題が生じるでしょう？　例えば注文しても支払いをしてくれないとか。経済的な問題ではなくて、親しいから払わなくてよいだろうと思われてしまう。そのほかにも頼まれ事をされたり、時間に関係なく家を訪ねてきたりするかもしれない。近所の人とは壁を築いておいた方がいいから、万が一注文があったとしても私は断るつもりよ。

なお、カリマと同じくカスバ在住で仕立業を営む別のある女性も、客が早朝に訪ねてくることに悩まされた経験があるという。このように、近しさゆえに生じるトラブルを避けるため、カリマはあえて自宅から離れた地区住民を顧客ターゲットに定めていた。同じ客と繰り返し取引しないのも、相手とのその場限りの関係性に頼り、厄介なもめ事に巻き込まれないよう配慮していたためである。

こうして顧客との距離をはかりながら仕事をするための手段としてカリマが利用していたのが、SNSであった。あるとき、カリマが大型ショッピングセンターの一角で行われる展示販売会に参加するというので、筆者はその場に同行した。家族連れで賑わう週末の商業施設は営業には格好の場所であり、特に個人宅で開催される女性向けの展示会では入場を禁じられる男性客も、カリマの菓子を買い求めに立ち寄った。そのなかには、SNSを通じて事前に購入希望の連絡をよこしていた男性客も含まれる。

なお、固定の取引相手との信頼関係に依拠して商取引を慣行していた前述のノラも、プライベートと仕事用に電話番号を使い分けており、スマートフォンやSNSは、閲覧者が購入希望の意思表示をしたり、作り手と買い手が取引したりするための便利なコミュニケーションツールとして広く受け入れられている。だがそれは、自宅にいながら仕事の宣伝や顧客との円滑なやりとりを可能にするという次元にとどまらず、「家のなかの仕事」を稼得手段とする女性事業主が仕事とプライベートとの境界を自在に調節し、取引相手との直接的な接触を最低限に抑えながら事業を営むための道具としても機能しているのである。

3　仕事を支える知恵と職人意識

ここまで、家内を主な生産拠点に零細事業を営むノラおよびカリマの二人を例に、両者が家のなかから戸外へといかに活動領域を広げながら手仕事の商品化を果たしているかを概観した。ノラは、固定の取引先を複数確保し、取り扱う商品の種類を最小限に抑えることにより、自身の負担を軽減しながら確実な収入を得られるようにしていた。特にノラが取引先を選定するうえで重視していたのは、自宅近所の顔見知りと継続的に取引を交わすことである。見ず知らずの相手とやりとりするよりも、所在を把握している既知の小売店であれば、相手の不誠実や裏切り行為を回避しやすい。このような見立てに基づいたノラの稼得行動には、取引相手との信頼を前提とした相互的なやりとりを重視する性格が認められる。市場管理制度では関与しきれない売り手と買い手との信用関係に依拠することで利潤を生み出していく、経験的に培われた知恵が働いていると言えよう。

他方で、近くの顔見知りより、遠くの見ず知らずの個人客を取引相手としていたカリマの稼得行動は、社会的紐帯や「情」を商取引から排除する点において、ノラとは対照的である。相手との必要以上の接触を避けていたカリマは、一度きりの取引でまとまった収入が得られる大量受注という形式を好んだ。そのための手段として利用していたSNSは、相手との距離をはかりながら注文が入る機会をうかがい、自身にとっての好機を逃さないようにするための、身近な資源として機能していたといえる。

ノラとカリマの働き方にみられる、こうした日常的な知恵の実践は、法的な保障もない彼女たちの立場を考えると「取るに足りないもの」と思われるかもしれない。しかし事業認可取得のための煩雑な手続きを回避し、課税義務を免れながら稼得機会を創出していかなければならない両者の日常生活は、この些細な知恵と工夫の積み重ねによって支えられている。

アルジェリアにおいて、ノラとカリマのような就労形態は国内法に捕捉されない領域で行われる「インフォーマル経済」の一形態に該当する、非合法な活動とみなされる。それに対して、行政の完全な管理下に置かれた商取引、つまり「フォーマル経済」はしばしば合法的、かつ消費者にとって「安心安全」な商品を提供する領域として語られる。だが、ノラとカリマが正規の小売店を含むさまざまな商取引の場に入り込んでいたように、フォーマル経済とインフォーマル経済は相互依存的であり、こうした女性による零細な経済活動の実態を把握するには「フォーマルかインフォーマルか」という二分法自体を問い直す必要がある。また真面目な働き手であれば、法的立場に関係なく質の良い商品やサービスの提供を心がけるものであり、それは客の評価が高ければ次の仕事につながるという思惑のみでなく、「指に技法を持つ」職人としての自覚が、仕事に真面目に取り組もうとする姿勢に結びついているのである。

おわりに

本章では、家庭内の経済的必要性と家事負担との両立を考慮し手仕事で起業するに至ったノラとカリマの事例をもとに、その稼得行動が家のなかから外に拓かれて展開される様相を提示した。両者の働き方は、これまで「家のなか」と強固に結びつけられてきた家内労働者が、戸外に多方向にアンテナを張り巡らし、家内と戸外を流動的に往来する側面を併せもっていることをよく示している。両者は、いずれも家庭内では主要な家事労働を担う立場にあり、それらを自らの母または妻、あるいは長女としての役割と認識していた。しかし、手仕事は手持ちの手段で稼得機会を創出し、行動範囲や活動の幅を広げていくうえでも機能しており、そこには周囲が期待する役割を超えた日常を切り拓いていくために、手仕事による家内生産という働き方が選択されている様相が浮かび上がる。

従来、家内労働は家事労働の延長線上に位置する就労形態として「女性は家のなかに留まるもの」という規範ときわめて隣接する経済活動とみなされてきた。しかし、ノラとカリマの仕事は、現実には家庭内外を往来し取引相手との間に築かれる固定的あるいは一時的な関係性を頼りにすることで成り立っており、SNSやスマートフォンは、そうした他者とのつながりを接合し、分断するための道具として利用されている。顧客による不誠実や市場管理制度の障壁に晒されながらも、家内を生産拠点に零細事業を営むアルジェリア女性は、手仕事という「指の技法」を用いて二分化された空間や労働観を横断し、戸外に拓かれた社会的ネットワークを築いているのである。

第11章

ケア労働と性別役割分業
——エジプトとパキスタンの家族を事例に

嶺崎寛子

1 「自立」と労働

あなたにとって「自立している」とは、どういう状態を指すだろうか。

大学の授業で「あなたは、自分は自立していると思いますか？」と聞くと、自立していると答える学生はほとんどいない。「実家暮らしで何もかも親にしてもらっているから」自立していない、というのはわかる。しかし、一人暮らしで自炊の学生も「学費と生活費が親がかりだから、私は自立していない」などと言う。自分で自分の面倒をちゃんと見ているのに。どういうことなのだろうか。

これは、日本の学生が自立という言葉でイメージするのが徹頭徹尾「経済的自立」であることの証である。では家事育児の一切を引き受けている専業主婦は、年金生活者は自立できていないのだろうか。あるいは身の回りは一切妻任せの「昭和のサラリーマン」は、稼いでさえいれば、自分の下着の場所もお米の炊き方もわからなくとも、自立しているのだろうか。

そもそも稼得能力がある期間は、最大限でも人生の半分程度にすぎない。[註1] 人生のある時期、人は必ず乳幼児、子ども、高齢者として、時には病人、障碍者として誰かの世話を必要とする。人への依存は、人にとって不可避なのである。ならば、依存する誰かをケアする人も社会には欠かせない。ここからもわかるように、稼得能力＝経済的自立を重視する考え方は、実に多くの領域を取りこぼしてしまっている。[註2]

その取りこぼしている領域には、ジェンダーが深くかかわっている。経済学は、ジェンダーをその当初から見落としてきたともいえよう。欠けているのは、人間に欠かすことができない再生産労働への視座である。この労働の多くは主に女性が、家庭内で無償で担ってきた。

結論を先に言おう。日本における自立は、経済的な自立に偏重せず、他者への不可避な依存を前提として、他者をケアすることを含む概念へと組みなおされる必要がある。同様に、労働という概念も問いなおされるべきだ。賃労働だけではなく、生きていくために不可欠な生産活動すべてを労働として広くとらえなおしたうえで、女性の労働者としての貢献を可視化し、社会的に再評価するしくみを作る必要がある。

経済学には「人は自己利益を最大限に、損失を最小限に留めるべく行動する」という前提があった。一方社会には、一見損失を被るようにみえて、経済上とは異なるかたちの利益を得ようとする行動がある。中世から近代にかけてのイスラーム世界で、ワクフ制度（第6章参照）が都市部のインフラを支えたことは広く知られる。軍人支配層《マムルーク》がワクフを設定したのは、善行を行い神からの報酬を得、天国へ行きたいという宗教的動機があってこそである（それは人気取りなど利己的な動機とも共存しうる）。倫理的な動機、あるいは経済合理性がないとされる動機に注目して経済活動を読み解くモラル・エコノミーの視座が重要な所以はここにある。

同様に経済学は、国家の保護や規制を受けず、公式統計に捕捉されない労働や経済活動であるインフォーマルセクターを十分に把握・評価できていない。しかし途上国の経済はインフォーマルセクターの占める割合が大きく、これを無視することはできない。そしてここには女性や児童の労働が多く含まれる。統計がないため実際には難しいが、インフォーマルセクターを視野に入れずして、途上国の経済活動を測定したことにならないのもまた事実である。

本章では、賃労働こそに価値があり、それ以外は労働ではないという日本の（あるいは高度産業社会一般の）労働観を、エジプトやパキスタンの事例をもとに問いなおす。そのために、支払われない、しかし生活の基盤として欠かせない労働である再生産労働、なかでもケア労働に注目する。これらの労働はジェンダー化され、主に女性が担っている。だからこそ、ジェンダーの視点が重要である。本章を通じて、中東の状況を知るだけでなく、労働概念を広くとらえなおすことで日本の労働観を相対化し、そこにいかにジェンダーが作用しているのかを考えてほしい。

註1　60歳を定年とし、日本の平均寿命で考えた場合。２０２１年の平均寿命は男性 81・47年、女性 87・57年（厚生労働省 2022）。

2　筆者は高校生の頃いわゆるヤングケアラーで、父子家庭の家事一切を引き受け、妹の面倒をみていた。経済ＤＶレベルで生活費は出し渋られたが、住む家はあった。家族の食生活は筆者が支えていた。あの頃、筆者は「自立」していたのだろうか。自立に筆者が懐疑的なのは主にこの経験からだ。人が相互依存関係から離れて、個として自立することを基準として自立を考えることはおそらく間違っている。人は関係性のなかで生きているし、そうせざるを得ないからだ。

2　ケア労働と性別役割分業

再生産労働とは、人間の生命活動を維持するため、または次世代を産み育てるために必要不可欠な労働全般を指す。料理・洗濯・掃除などの家事労働、育児や介護などのケア労働もここに含まれる。多くの社会では性別役割分業のもと、再生産労働を主に女性が担っており、多くが家庭内で無償で行われている[註3]。そのため労働としては可視化も重視もされにくい。なかでもケア労働は、愛情や母性本能と結びつけられ、身内が無償で行って当然とみなされがちである。

ケア労働は賃労働と相性が悪い。米国の哲学者、キテイは、生存のために他者に依存せざるを得ない依存者と、そのケアをするケア労働者は、両者ともに社会のなかで弱者として周辺化されると指摘する（キテイ 2010）。それはケア労働が、依存者のニーズに合わせることを要請される、相手の都合ありきの労働だからである。依存者のニーズを最優先にするケア労働者は依存者と物理的に距離を置けず、自分で自分の時間の使い方を決められない。結果、時間内の労働専念義務がある雇用型の賃労働との両立が難しい。日本の女性の労働参加率のM字カーブも、ケア労働者が時間の融通が利くパートタイム労働に従事する傾向が強いのもこのためである。

性別役割分業の内容には、当然だが文化差や歴史的な変容や地域差があり、固定的ではない。この事実は、それが社会的・文化的に構築されることを示している。しかし性別役割分業自体は多くの社会でみられる。ではそれは何のためにあるのか。文化人類学者のレヴィ＝ストロースは、男女の分業こそが、結婚を社会生活の基本的な必要物とせしめている、と指摘する。「男女いずれかがある一定の仕事をするべきだというとき、他方はその仕事を禁じられている〔中略〕。この観点から、男女の分業は、男女間の相互依存関係を制度化する一手段にすぎない」（レヴィ＝ストロース 1968: 17）。分業は禁止の命令であり、必然的にそれは、強制的異性愛や異性愛規範を強化すべく機能する。

現在の日本では、稼得能力をもつ者は家庭内で特権的な地位をもつ。一方でエジプトやパキスタンでは、稼得能力は家庭内の再生産労働と対をなす性別役割分業の一つで、理念的には両者は等しいとされる。本章で取り上げるエジプトとパキスタンでは、性別役割分業はクルアーンの章句に基づく、超歴史的なものとして認識されていた（もちろんそれは、実際にその性別役割分業規範が超歴史的・超文化的であることを意味しない）。だから両国の主婦たちの多くは、生活に困っていない場合には、家庭内での再生産労働に誇りをもち、おおむね、稼いでいないことに劣等感をもっていなかった。

3　エジプトとパキスタンの社会経済状況

本節では世界銀行の統計データなどから、エジプトとパキスタンの社会状況を概観する（失業率や出生率のデータは World Bank n.d. からの引用。ＩＬＯ推定値を採用）。エジプトやパキスタンでは国家の行政処理能

註3　一方で、ジェンダー化されたままの再生産労働の、グローバル化と国際分業も進む。湾岸諸国や台湾、シンガポールなどの富裕層では、インドネシアやフィリピン出身の住み込みの家事労働者が雇用されている（例えば伊藤・足立 2008; 石井 2014; 伊藤 2020）。ホックシールドはこれを「グローバルなケアの連鎖」と呼んだ（Hochschild 2001）。湾岸諸国を擁する中東研究において、家事労働者や女性移民の研究は重要である。

力が低く社会諸制度が不十分で、国家が所得の再分配や福祉を保障できていない[註4]。その結果、ケア・再生産労働の私事化、インフォーマル化、ジェンダー化が著しい。

エジプトの2020年の若年層（15〜24歳）の失業率は18・4％だが、男性13・1％に対し女性46・1％と顕著なジェンダー差がある。エジプトでは高学歴女性も含め女性の労働市場への参入が難しいため、賃労働に従事できるのは幸運な一部の女性だけで、多くは家で無償の再生産労働を担う。他方、パキスタンの2020年の若年層（15〜24歳）の失業率は11・9％で、男性10・8％、女性15・2％とジェンダー差は比較的小さい。

2020年の合計特殊出生率はエジプト3、パキスタン3・6、日本1・34である。エジプトやパキスタンでは、子どもは比較的多いが子育てや介護が市場化されておらず、家庭で行われる。なおエジプトの中流以上の家庭では通いの女性家事労働者の雇用も一般的だが、近年では交通事情の悪化により郊外では雇用が難しい。両国ともに平均寿命が短く（2020年でエジプト71歳、パキスタン66歳）、若年層の人口が多く高齢者の人口が少ないピラミッド型の人口分布である。高度医療へのアクセスは限られており、長期の医療ケアを必要とする高齢者も少ない。介護施設などがなくても社会問題化はしていない。しかしそれは、当事者がいないことを意味しない。

さらに両国では男女ともに性別役割分業意識が非常に高い。例えば1997年のエジプトの調査では、16〜19歳の未婚の男女のうち「妻は何事にも夫の許可を必要とする」に同意した男性は91・8％、女性は87・5％で、「一家の稼ぎ手は男性のみ」に同意した男性は86・9％、女性は83・7％、家事・育児について女性のみがすべきと考えた割合はそれぞれ、「洗濯」男性98・6％、女性95・5％、「料理」男性97・2％、女性94・8％、「子どもに食べさせる」男性88・8％、女性95・2％、「子どもを風呂に入れる」男性97・9％、女性94・1％であった（Mensch et al. 2003: 14）。避妊や子どもの教育、子どもの健康管理は夫婦で決めることと考えられていた一方、妻が外で働くかどうか[註5]の決定権をもつのは夫であると考える男性は63・8％、女性は28・0％であった。若い世代も家庭内の性別役割分業を当然視し、女性は稼得を期待されていないことが明らかである。

だからなのか、筆者が知る両国の主婦たちは家庭内での役割を果たすことに誇りをもっていた。母親はそれだけで尊敬され、母であることの価値は高い。イスラーム圏で広く知られる母に関するハディースが二つある。[註6]そのうち、最も大事にすべき人は誰か、と聞かれた預言者が「母」と答え、「その次は」と聞かれても「母」と、更に問われてもなお母と答え、4度目にやっと「父」と答えたハディースは非常に有名である（*Sahih Muslim* 2548a）。クルアーン31章14節、46章15節には、母が苦しんで子を産み、離乳させるまで長期間かかることへの言及がある。これらの母を大事にし、重んじる宗教言説が広く知られていることは、女性たち自身の自己肯定感の高さと、性別役割分業および再生産労働を肯定的にとらえることとつながっている。

註4　アメリカのシンクタンク、平和基金会と『フォーリンポリシー』誌が毎年発表する脆弱国家指数（Fragile States Index、高いほど状況が悪い）を例にとると、2023年の脆弱国家指数は179ヵ国中エジプト50位、パキスタン31位、日本161位である（The Fund for Peace 2023）。脆弱国家指数の高さは、国家が国家機能不全に陥っていることを示す。

5　この件につき妻が決定権をもつとした男性3・2％、女性10・6％、夫婦で決めるとしたのは男性33％、女性61・3％であった（Mensch et al. 2003: 14）。

6　もう一つは「天国はあなたの母の足元にある」（*Sunan an-Nasa'i* 3104）。

4 繕われる綻び

性別役割分業は結婚を前提にする。ではやもめになったり配偶者が分業を担えなくなったとき、再生産労働はどのように分担されるのか。以下ではパキスタンとエジプトの事例を紹介し、その問いに答えたい。

(1) パキスタン――一夫多妻という「解決策」

Aさん(1981年生、女性)の父親(1942年生)が二人目の妻と結婚したのは2000年頃、きっかけはAさんの結婚だった。Aさんの家族は、パキスタンのパンジャーブ州の人口約7万の町に住む。もともとの家族構成は、両親、姉二人、兄、Aさん、弟、妹の8人で、妹には知的障碍があった。Aさんの父は80年代にドイツに家族と移住し数年働いた後、町に戻った。Aさんが高校に入ってまもなく、Aさんの母が脳卒中と糖尿病で半身不随になり、要介護になった。姉二人はすでにドイツのパキスタン系移民に嫁いでおり、頼れなかった。母親と妹のケアのため、Aさんは学校を「プライベート」に変更した。プライベートとは、学校への通学をせず自宅学習をし、定期的に試験を受け、その成績によって高校課程を修了したと認める制度を指す。高校課程修了後、Aさんの結婚が決まったとき、Aさんの父は二人目の妻を迎えた。Aさんが嫁いだ後に、半身不随の妻と知的障碍をもつ娘の世話をする人が必要だったからである。

パキスタンでは病人や障碍者のケアは、家で家族が行う以外の選択肢がほぼない。明らかにこれは、ケア要員確保のための結婚だった。重婚の詳しい経緯はAさんにはわからない。「目上の親にどうやって結婚したかなんて、パキスタンではそんなこと聞けないですよ」とAさんは言う。当時、この重婚を知って

Aさんの父を非難した人々は多かった。例えばAさんの夫（当時は婚約者）は「そんな家族との結婚はやめておけ」と複数の人間から婚約を破棄するよう忠告された。ケア要員確保のための結婚はパキスタンでも、諸手を挙げて歓迎されるわけではないことがここからわかる。

見方を変えればAさんの父は、社会的に非難される方法を選んでまでAさんを結婚させた、ともいえる。Aさんの円満な結婚のためには、彼女が家庭内で担っていた役割を引き継ぐ人が必要だった。そのために、父は結婚したのである。ケア労働がジェンダー化されているゆえに、それをAさんの弟に引き継がせることは父の思考の外だったのではないか。パキスタンの親には、子どもを結婚させるまでが親の仕事、という感覚が強くある。社会的にも、親は親の責任において、子にふさわしい相手を探し、子の縁談を整える責務があるとされる。父は、子どもを結婚させるという親としての義務感に結婚を後押しされたのだろう。実際父の結婚により、Aさんは安心して実家を出ることができた。当時から今に至るまで、Aさんと父の二人目の妻＝義母との関係は悪くない。

義母は両親の介護をして婚期を逃し、結婚時は30代後半だった。義母は家族の事情を承知の上で嫁いできた。義母にとってもこの結婚には、既婚者となり扶養を保障されるなどの利点があった。結婚を決める前にAさんの父は母と何度も話し合い、重婚には母も同意していた。結婚後も同居するつもりだったAさんを自由にしたい気持ちがあったのではないか、とAさんは母の気持ちを推し量る。

ところで日本で親が再婚する際に子が反対する理由の一つに、妻の相続権が2分の1と多いことがある。[註7]

註7　筆者は親族同然の付き合いのご近所さんから、父の同棲は認めても、遺産のことがあるから結婚は認めない方がいいという助言をもらったことがある。遺産目当ての女性には警戒せよ、という助言は方々から掃いて捨てるほどされた。

パキスタンのムスリムの相続法はシャリーアに基づく。シャリーアでは、妻の相続分は8分の1ともともと多くない。妻が複数いれば8分の1を均等割する（柳橋 2002: 314）。この事例では各妻の取り分は16分の1にすぎない。女性の相続権を認めない慣行も広くみられる（Rasool et al. 2021）。再婚が相続時に与える経済的な影響が限定的なことも、介護のための結婚を家族が受け入れやすい理由の一つであろう。

Aさんは2003年に二人目の子を出産した後、家族でパキスタンを離れ海外に移住した。姉二人と兄はドイツ在住、弟は父のそばで家庭を持った。義母は半身不随の僚妻と障害をもつ義理の娘（＝Aさんの母と妹）の面倒を見つつ、2003年に女児を産んだ。Aさんの妹は2010年、母は2015年に、父は長く患って2022年に死去した。彼の長い介護は、義母とその娘が主に担った。父の家には、義母とその娘が引き続き住む。

この事例から、家族のなかに再生産労働ができる女性がいないとき、新たなケア要員を確保するために結婚が手段として選択されることがあることがわかる。ロマンティック・ラブ・イデオロギーに基づく結婚を是とし称揚する日本社会では、この結婚は受け入れがたいかもしれない。しかしこの結婚は誰も不幸にしていない。それどころか、Aさんはこの結婚によって安心して嫁げたし、姉たちと兄も父母と妹の心配がなくなり、弟も自分が主な介護者となることを免れた。父は性別役割分業を担ってくれる相手を見つけ、娘を授かった。義母も既婚者となり、子どもを得て家を相続した。この結婚は関係者全員に利益をもたらしたとすらいえる。

もちろんこの背景には、女性が単身では経済的に自立できず、生きていくのが難しいという社会的・文化的な文脈がある。結婚の枠外で男女が、特に女性が生きることが難しい社会構造が、この結婚には書き込まれている。それでもパキスタン社会において、この結婚が関係者にとって有効な戦略であったことは確かである。

（2）エジプト――残された家族

カイロの地下鉄の某駅から徒歩5分の庶民街に、Bさん（40代前半、女性）の実家がある。カイロ生まれのBさんの両親は上エジプトのケナ出身で、一族ぐるみで1970年代にカイロに移住した。両親はハトコ同士で、実家の近くには多くの親族が住む。Bさんはもともとは両親、兄、姉のCさん、Bさんの5人家族だったが、2000年代後半に母を糖尿病で、2011年に兄を心臓疾患で亡くした。兄は死亡時婚約中だったが、結果的には生涯未婚であった。Cさんは2004年に結婚、娘2人を授かった。Bさんは2013年に結婚、カイロ郊外の新興住宅地に住み、2019年の最後の調査当時、未就学の男児が2人いた。父は独居である。父は昔気質の無骨で素朴な人柄で、家の中のことは一切できない。

Bさん一族には親族婚が多いが、CさんとBさんの夫は親族ではない。実家のそばには今も親族が多く住むが、妻に先立たれ長男が早世し、父の老後は心許なくなった。父を一人で放っておけず、3年ほど前からBさんは週に3～4日、息子を連れて実家に泊まり父の身の回りの世話をしている。子どもたちが学齢期に入った後Cさんは泊まりがけの世話ができなくなり、調査時はBさんが主なケア提供者であった。「近くの親族に助けてもらったら？」と筆者が言うとBさんは渋い顔をして「近くに住んでいるからって、親族に丸投げはできない。まずは育ててもらった私たちが父の面倒を見なきゃ」と答えた。父を再婚させたらという筆者の提案は言下に否定された。親族がいても、まずは子が最優先でケアを担うべきという規範がここから窺える。

Bさんの夫は妻子が週の半分弱、家を空けるのが不満で、自分の夫としての権利が侵害されていると感じていた。「夫は私を妻としてなってない、家を空けるのは許容できないと言って責めるけど、どうしようもない」「育ててくれた親〔の面倒〕をみないわけにはいかない。でも大変なのは確か。子どもが学校に入ったらこの生活は続けられない」とBさんは言う。夫とはよく喧嘩になり、Bさんは夫と父親の間で板挟みになっていた。

カイロは急激な人口増加のため深刻な渋滞が慢性化し、都市交通はパンク状態にある。Bさんが郊外から日帰りで実家に通えないのはそのためだ。Bさんにとっても、この暮らしは負担が大きい。一人の人間が移動に難を抱えつつ、二つの家庭で女性役割を果たそうとしているのだから当然だろう。

エジプトでは急増する就学人口に学校設備や教員数が追いつかず、公教育の質の低下が著しい。そのため多少無理をしてでも、子どもを私学に通わせる親は多い。Cさんは娘たちの私立学校の学費が高騰したため、娘たちを廉価な別の私学に転校させたばかりだった。それにともない学校での使用言語が変わったせいで、Cさんは子ども二人の宿題を見たり送迎したりと忙しく、以前ほど父親の面倒を見られないことを気にしていた。同様にBさんの子どもが学齢期に達したら、子育てに今以上に時間を取られることはわかりきっている。姉妹は夫と子どものケアをしつつ、時間をやりくりして交代で実家の父親のケアをするという、綱渡りのような生活を送っていた。

母が生きていれば、それは母の仕事だ。もし兄が健在で婚約者と結婚し、父と近居か同居していれば、日常的な父のケアは兄と兄嫁が担ってくれただろう。[註8] しかし母も兄も他界、介護を外注するシステム自体がないため、姉妹は妻としての性別役割分業に加え、娘としても実家でそれを担わねばならなかった。いわばダブルワークである。姉妹は近居する親族にも頼らず〔頼れず?〕、Bさんにいたっては夫と不仲になりつつも、その仕事から降りられないでいた。家族の歴史と愛があっても、あるいはあるからこそ、姉妹が追いつめられているように、筆者にはみえた。

おわりに

ケア労働を含む再生産労働は人類に必須の労働である。賃労働でないことは、それが労働でないことを意味しない。本章で取り上げた女性たちの労働は確かに、労働統計には出てこない。しかし彼女たちはジェンダー化された性別役割分業意識の強い社会で、妻として娘として母として、日々働いている。最初の問いを繰り返そう。あなたにとって「自立している」とは、どういう状態を指すのか。本章でみたように、稼得能力に基づく「経済的自立」が単に性別役割分業の対の一方にすぎないなら、あるいは関係性を無視した自立などありえないとするなら、その社会における労働とは、自立とは、依存とは何か。少なくとも、賃労働を至上とする感覚を問いなおし、Aさんの義母やBさん姉妹のような、再生産労働に日々励む人々をも含みこみ、ジェンダーの視点を踏まえた、新しい労働の定義が必要ではないだろうか。

註8　エジプトでは嫁の役割は副次的である。嫁は食事の用意などはするが、ジェンダー規範に反するため、身体接触をともなう介護は通常は行わない。

コラム5

時間利用調査によるエジプトの無償労働の評価

松尾和彦

人々が生活時間をどのように利用しているかを測る統計調査がある。「時間利用調査」として、先進国が中心ではあるが世界各国で実施されており、日本では「社会生活基本調査」という名称で1976年以降5年ごとに実施（実施機関：総務省統計局）されている。調査の目的は、「生活時間の配分や余暇時間における主な活動の状況など、国民の社会生活の実態を明らかにするための基礎資料を得る」ことである。

本調査は10歳以上の世帯員の1日の生活時間を調査し、無償の家事労働（調理、掃除、育児、介護、買い物等）や趣味、ボランティア等社会活動なども含めた生活時間の実態を把握する有益な調査である。とりわけジェンダーによる生活時間の利用の差（家事労働の男女間格差）を明らかにできることから本調査は意義がある。2015年に国連で採択されたSDGs（持続可能な開発目標）のなかでもジェンダー平等達成のために必要な指標（国連統計部が定めた指標として、「無償の家事・ケア労働に費やす時間の割合（性別、年齢、場所別）」が求められている）を得るために不可欠な調査である。

エジプトにおいては、2015年に小規模サンプル（3500世帯、7000人）でかつカイロ等都市部と一部の農村地域を対象に、試行的に「時間利用調査」が実施された（日本の2021年調査はサンプル数9万世帯で19万人対象）。調査はエジプトの中心的な公的統計機関である中央動員統計局（CAPMAS）が実施した。調査財源の問題で、それ以降これまで継続的な調査ができていなかったが、SDGsの重要指標となったことから、2023年に調査サンプル世帯数を拡大し、地方についてもより拡大して実施することとなった。

2015年のエジプトでの調査結果をみてみると、家事労働（調理、掃除、買い物等）に携わる1日の平均時間は、男性は1時間41分、女性は4時間57分である（日本は男性30分、女性2時間58分）。次に育児および介護活動に携わる1日の平均時間をみると、男性は1時間50分、女性は2時間18分（日本は男性1時間5分、女性3時間54分）である。前者の家事労働の活動を年齢別にみたデータと教育水準別にみたデータを**図1・2**（次頁）に示した。年齢別にみると働き盛りの30代、40代の男女差は大きく、教育水準別にみた男女差は、小学校レベルを除くと、女性はたとえ高水準の教育を受けていたとしても家事サービスの負担が大きいことがわかる。

GDP（国内総生産）のなかでこれらの活動はどう扱われているかをみると、現在の国際的に合意された経済活動の定義からは「家計内で自己の最終消費の用に供するサービス生産のすべてを、生産の境界から排除する」とある。つまり家事労働等の無償労働はGDPに含まれていないのが現状である。しかしながら「生産に対する女性の経済的貢献を大幅に過小評価している」との意見を踏まえ、GDP概念の検討の場である国連統計委員会（エジプトや日本も委員国の一員）での議論を中心に、無償の家事サービス生産の貨幣評価手法が検討されてきた。現状では既述のとおりGDPには含まれないものの、サテライト勘定（無償労働などの特定の経済活動を、分析目的のために現行のGDP体系の経済活動量と密接な関係を保ちながら別勘定として推計する勘定）として別途推計値を算出する方向で、各国により試算の取り組みが行われている。

エジプトにおいても家事労働等の無償労働の貨幣評価を行うべく、2015年の時間利用調査実施時にCAPMASが調査世帯に対し、

「家事労働に対価を払うとしたらいくら払うか」という直接的な質問形式で金額データを得、その結果に無償労働時間を乗じてＧＤＰ推計を行った。その結果として、２０１５年当時のエジプトのＧＤＰの約26・８％に相当することが試算されている。男女別の寄与率でみると女性が79％、男性が21％となっている。日本の場合も２０１６年次の推計値でみると最大で約26％

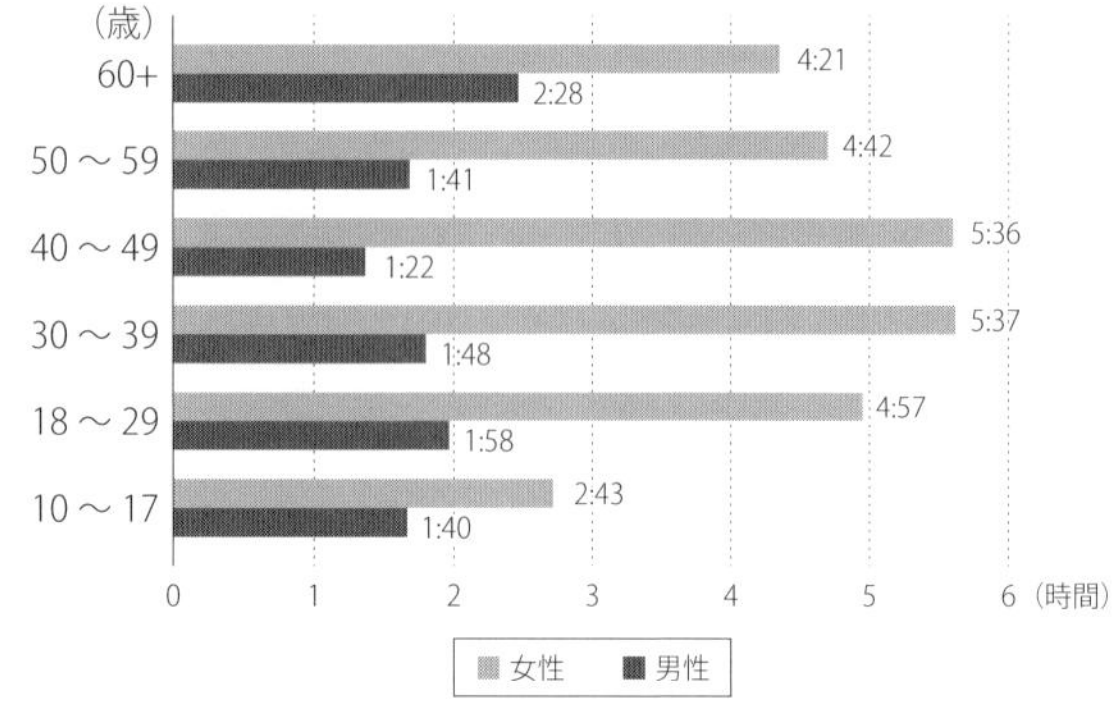

図１　無償の家事労働（調理、掃除、買い物等）に使用した時間（年齢別）
［出所：CAPMAS『エジプト共和国における2015年時間利用調査 —— 主要な結果』（アラビア語）p.29］

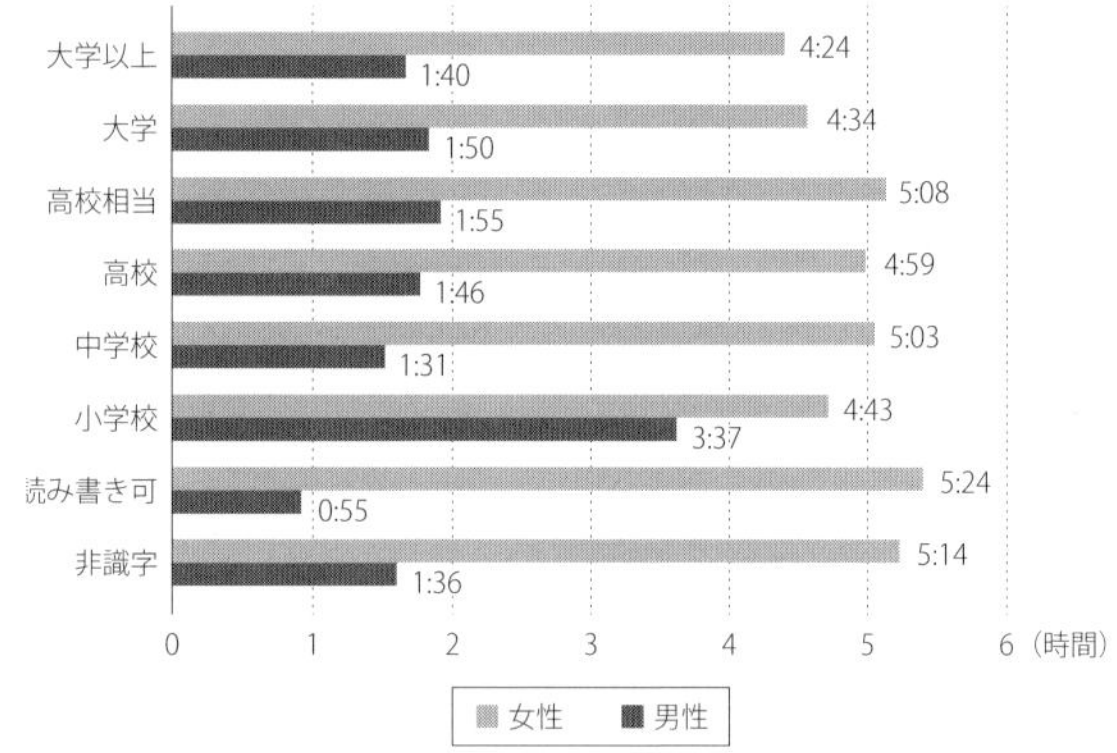

図２　無償の家事労働（調理、掃除、買い物等）に使用した時間（教育水準別）
［出所：CAPMAS『エジプト共和国における2015年時間利用調査 —— 主要な結果』（アラビア語）p.33］

に達している（日本では直接の質問形式ではなく別途賃金統計を利用することで3種類の推計結果を公表しており、20%から26%の範囲となっている）ことから、正規のGDPには含まれていないものの大きな経済活動として無視できないものとなっている。

エジプトの推計は世帯に金額を直接尋ねているため客観性に乏しい（世帯の生活状況による主観での回答になり得る）ことや、都市部主体の調査であったことで世帯の回答金額がやや過大となる可能性があったと考えられる。したがって現時点で結論を出すことは難しいが、無償労働、とりわけ主に女性が家庭で行う家事、育児、介護などのサービス活動が重要な経済活動の一つであることは明らかである。

より正確なデータを得ることでGDPの計測のあり方にも今後影響を与えると思われる。そのためにも時間利用調査のサンプル数拡大と継続実施（5年に一度程度）を行うことに加えて、無償労働の推計方法の充実を図ることがエジプトの今後の課題となろう。

第12章

インドネシアの「母系社会」における男の働き方・女の働き方

西川　慧

はじめに

東南アジア史の大家アンソニー・リードによれば、東南アジアの伝統的なジェンダー規範において、女性は相対的に高い自律性を保ってきた。「ジェンダー関係では、男女はそれぞれ経済的に自律性をもち、比較的バランスの良い役割分担を保っており、これは外部から儒教、イスラーム、仏教、キリスト教によって男性中心的な規範がもちこまれてもあまり変化していない」（リード 2021: 42）という。特に農業や、市場での売買といった金銭にかかわることは女性の仕事とされる一方、男性は狩猟や開墾といった力仕事を担ってきたとされる。

確かにインドネシアの各地を歩くと、多くの女性たちが耕作地や市場、オフィス街で働いている姿を見ることができる。これは（本書を読めばわかるとおり、実態とはかけ離れた）一般的にイメージされる「イスラーム社会」とは異なる様相にみえるかもしれない。男女間の均等の度合いを示す2022年の「ジェンダーギャップ指数」をみても、世界各国のなかで116位の日本に対し、インドネシアは92位となっており（World Economic Forum 2022）、女性の社会進出が比較的進んでいるのが読み取れる。

筆者が研究しているスマトラ島西部のミナンカバウの人々は、インドネシアのなかでも女性の地位が高い好例として挙げられることが多い。それは、ミナンカバウがイスラームを信奉する「世界最大の母系社会」として知られるからだ（加藤 2002）。正確には狭義の「母系」に限らないものの、人々の生活は基本的に母方親族との関係に基づいて営まれており、母から子どもへと継承される親族グループへの帰属権が重要な意味をもっている。農地や居住地といった土地財産は、この母系親族を中心とした集団による共有の財産とされている。土地を使う権利は男性ではなく、母から娘へと相続されてゆく。女性たちは母から受け継いだ水田や畑を耕すのに加えて、そこで収穫された作物を市場で販売するといった商業活動も行ってきた。女性たちは少なくとも生活に必要な食糧や一定程度の金銭を親族集団の土地を使って獲得することができることから、「自律性が高い」とみなされてきたのだ。

一方で、「自律性の高い東南アジアの女性たち」といった見方については批判もある。例えばミナンカバウをみても、母系を中心とした親族集団を主導するのは男性とされているように、政治的な領域は男性たちによって担われていることが多い。それに対して、家事や育児を主に担うのは女性たちである。また、一括りで「女性」といっても、広い土地を持つ親族グループに属するか否かなど、経済的な階層や社会的属性の違いなどによって彼女らの経験は大きく異なってくる。

さらに、東南アジア女性たちの自律性の根拠として挙げられた経済力の高さも、さまざまな社会変動のなかで変わりつつあることが指摘されている。特に1970年代頃からは農業技術の近代化を背景として、それまで女性の共同労働によって行われていた収穫作業が機械化され、農業部門における女性雇用が減少していった。その一方で、工業部門の発達により工場での労働が出現すると、「やがて婚姻を経て家庭に入る」と想定された未婚の女性たちが低賃金で働かされるようになったという（中谷 2003）。ミナンカバウの人々についても、貨幣経済の浸透にともなって、父親の「家長」としての役割が重要視されるようになってきたことが指摘されている（Kato 1982）。

本章では、以上の点を踏まえつつ、現代のミナンカバウの男性と女性にとっての働くことの意味について考えていきたい。なかでも、スマトラ島の西海岸に面したミナンカバウの人々の村落テルック・ダラム村（仮名）を取り上げ、彼／彼女らのジェンダーと働き方をみていくことにする。

1　男と女のカラジョ

まずは舞台となるテルック・ダラム村について簡単に紹介しておこう。テルック・ダラム村の東側はブキット・バリサン山脈に連なる丘陵地帯、西側はインド洋に面した海岸地域となっている。現在の村での生業は、水田における稲作や海岸部での漁業に加えて、ゴムやシナモン、そして後述するガンビールなどの換金作物の耕作である。そこで生活する人々の多くはミナンカバウの人々である。

ミナンカバウ語において「仕事」や「労働」を意味する言葉としてカラジョがある。結婚相手の候補について語る際に、男女を問わず「カラジョは何か」と聞くことは定番となっている。ただし、この言葉には経済的報酬を得ることを目的とした活動よりも広い意味が含まれる。例えば知人に頼まれて畑に隣接する作業小屋を建てる作業に参加することも、金銭的な報酬を受け取らないにもかかわらずカラジョと呼ばれるし、家の掃除や洗濯といった家事もカラジョと表現される。また、長いあいだ定職に就いていない人物についいては、批判を込めて「村のなかをぶらぶらしているだけがあいつのカラジョだ」と評されることもある。こうしてみてみると、カラジョには「その人物が日々行っていること」や「日々行わなければならないこと」という意味合いがあることがわかる。

期待されるカラジョの内容は男性と女性で異なっている。まずは男性についてみていこう。男性のカラジョにおいて顕著なのは、生活に必要な現金収入を得るという側面である。現在のテルック・ダラム村では、相続にともなう土地の分割が長年行われた結果として、現金収入源として余剰米を生産するほど広い水田を有している人物は少ない。そのため、生活や子どもの教育費のためには別の現金収入源が必要になってくる。これらの生活費を稼ぐことは男性の役割だとされる。その理由として、村人たちは、イスラームの規範として「夫には妻子の扶養義務がある」という点を挙げる。男性たちは家族の生活費を得るために換金作物栽培や漁労、村落内外での賃金労働に従事している。理想的な結婚相手の男性としてよく挙げられるのも、十分な稼ぎがある人物だ。男性たちは思春期に入ると家にばかりいることは恥ずかしいこととされるため、若年男性たちの詰め所や親戚の家で寝泊まりするようになる。これも生家を離れ、自らの力で金を稼ぐことができるようになるための準備だとされている。

女性においても、賃金労働に従事している場合が少なくない。役場や学校に勤めていたり、そうでなければ市場で農作物や食料品を販売するなどの商業活動を行っていたりする。しかし、十分な稼ぎを得ている場合でも、女性の主要なカラジョとして語られるのが家事と育児である。ミナンカバウでは妻方居住、すなわち男性たちは婚姻後に妻の生家に住むというパターンが一般的である。既婚女性であれば自らの夫と子どものための炊事や洗濯を行う。未婚女性たちも、中学生くらいになると母や同居する姉妹の手伝いとして家事を行うようになっていく。同世代の男性のように外泊することはほとんどない。

2　カラジョとしての人生儀礼

家事と育児に加えて、女性にはもう一つ重要なカラジョがある。それが人生儀礼（バラレッ）への参加である。ここでいう人生儀礼とは、①生まれた子どものお披露目、②割礼、③結婚式の三つを指す。村で暮らしていると、華やかな衣装に身を包んだ女性たちが軽トラックの荷台に乗り合わせ、招待された儀礼の場へ向かう光景を毎日のように見ることができる（写真1）。もちろん男性たちも人生儀礼に招待されることはあるが、女性のみが参加する場面の方がはるかに多い。

写真1　人生儀礼に向かう女性たち

筆者は一人の女性に協力を依頼し、1年間に参加した人生儀礼の記録をつけてもらったことがある。その結果を見ると、彼女は1年間で13回、単純計算で2、3日に一度のペースで人生儀礼に参加していた。興味深いのは、参加した人生儀礼の主催者との関係は必ずしも親族関係や友人関係に限らないことである。時には近所の人に誘われ、主催者の名前も知らない人生儀礼に参加していることもあった。

女性たちは、なぜこれほどまで熱心に人生儀礼に参加するのだろうか。彼女たちによれば、それは「将来への投資」なのだという。人生儀礼に参加する際、女性たちは金や布といった換金性の高い贈り物を持参する。その贈り物の記録は主催者側で保存されるため、いつか自分の家で儀礼を催すときに同じように来てくれる。女性たちは、できるだけ多くの人生儀礼に参加することで、将来的に自らの家で行われるだろう人生儀礼の出費を抑えるためのネットワークづくりをしているのである。

以上でみてきたように、現在のテルック・ダラム村では男性が外で稼ぐ役割を果たす一方、女性は主に家事と育児、さらには人生儀礼のためのネットワークづくりを担うという男女分業モデルが一般的になっている。そのため、外で働く女性たちは仕事、家事、育児、人生儀礼と忙しい日々を過ごすことになる。もっとも、同じ母系の親族グループの人々は集住する傾向にあるため、「ちょっとウチの子どもを見ていて」と、近隣の親類へ家事や育児の支援を依頼することも可能だ。しかし、テルック・ダラム村の事例からは、仕事に家庭にと絶え間なく働く女性たちの姿をみてとることができるだろう。

3　ライフストーリーにみる働き方の変遷

このような男女分業のモデルは、歴史的にどのような役割を果たしてきたのだろうか。次に、アマッとベオという1950年代生まれの男女二人のライフストーリーをたどることを通して、男女分業の変化と持続について考えていきたい。

1950年代生まれの女性アマッの人生は、小さな頃から苦労の連続であった。幼いときに母は病気で亡くなり、父親は新たな女性と婚姻して別の集落へ移り住んでしまった。残された彼女は母方の祖母の家で育てられた。このように、寡夫となった村の男性は新たな婚姻相手の女性を探すことが多い。家事は女性の領域とされているため、寡夫の身の回りの世話をしてくれる相手が必要だというのがその理由だ。

小学生くらいになったアマッは、次第に祖母が使用していた水田や畑の耕作を手伝うようになっていった。1960年代のテルック・ダラム村では西スマトラ州で発生した内戦の影響で経済が停滞しており、現金収入を得る機会は限られていた。親族グループが有する共有地から得られた米や野菜は自家消費用に使用され、その耕作のために子どもたちも動員されたのである。

一方、同じ時期に生まれた男性ベオは、小学生くらいになると木が生い茂る丘陵地へと入っていった。ここは村の共有地となっており、村人であれば誰もが経済活動を行うことができた。ベオは、大人の男性たちと一緒に、丘陵地の木材を切り出して加工する仕事を始めた。当時のテルック・ダラム村において、木材の切り出しは数少ない現金収入源の一つであった。木材は丘陵地から集落まで運ばれたあと仲買人へと引き渡され、それと引き換えに現金を得ることができた。切り出した木材が多いほど収入も多くなるが、丘陵地から木材を運び出すのは重労働で、一日1本から2本が限界だったという。

1950年代生まれの二人の例からわかるように、男性と女性では労働の目的がやや異なっている。女性の労働は自家消費用の米と野菜の栽培という生存維持の側面が強いのに対して、男性には木材の切り出しを通して現金を得ることが求められた。このような生存のための経済と貨幣経済という二つの側面は、その後の村の生活においてもみられるものである。ただし、その重要性は時代によって異なってくる。1960年代のテルック・ダラム村において人々の生活を支えたのは、アマッの経験からもわかるとおり、女性たちによって担われた生存経済の方であった。

やがて1970年代に入ると、インドネシアの順調な経済発展を背景として、村の生活のなかでも現金収入がより重視されるようになっていった。なかでも重要なのは子どもの教育費である。耕作地からの農作物で生活することはできるものの、より良い経済機会を得られるよう、親たちは子どもを中学校や高校へ送るようになっていった。

ちょうどその頃、アマッとベオはそれぞれ村のなかで相手を見つけて結婚し、子どもをもうけていた。教育費を稼ぐため、彼らは家族でマレーシアに出稼ぎへ出ることにした。村からマレーシアへの出稼ぎは1970年代から始まり、1980年代には男／女や既婚／未婚を問わず多くの者がマレーシアを目指した。彼らはマレーシアで正式な労働許可を得ていない場合が多く、人々はスマトラ島の東海岸から密航船で出発し、到着後は警察の目を逃れながら働いた。家族での出稼ぎの場合、男性が建設業や工場での賃金労働に従事し、女性が家で子どもの面倒を見るというかたちがとられた。ベオは建設業に従事し、アマッは子どもたちの面倒を見ながら、裁縫を通して家計を助けていたという。

一方、ベオは別の経済機会もうかがっていた。彼は一時帰国した際に村でのコーヒー栽培に目をつけ、かつて木材切り出しを行っていた丘陵地の土地を拓いてコーヒーの木を植え始めた。しかし、やがて収穫ができるまでになったものの、出荷できるようになるまで手間がかかり、大きな利益は得られなかったという。そんな経済的に困難な時期を支えたのは、彼の妻が保有していた水田や陸稲耕作地であった。そこから得られた農作物で、ベオ一家はなんとか生き延びたのだという。

70年代から80年代のライフストーリーからは、貨幣経済への依存が高まるにつれて、男性による現金獲得志向の働き方が重要になっていったことがみてとれる。ただし、それにはリスクがともなう。マレーシアでは警察に捕まって強制送還になる可能性があるし、コーヒー栽培ではベオのように失敗した人たちも多い。それを支えたのは、女性たちの働きであった。水田や裁縫を通して最低限の生活を保障するセーフティーネットがあったからこそ、男性たちはリスクのともなう経済活動に向かっていったのである。

4　変わる働き方と変わらぬ役割

男性／女性の区別に基づいた生存志向経済と現金獲得志向の働き方は、１９９０年代後半にガンビールと呼ばれる換金作物の栽培が始まると少し様相が変わってくる。現金獲得機会が増えたことにより、男性も女性も大学に進学できるようになり、選択できる職業の幅が大きくなったからだ。

ガンビールとはアカネ科カギカズラ属の植物で、その葉を煮詰めて得られた抽出物が取引される。主に正露丸のような医薬品の原料や染料としても使用されるが、現在村で生産されているガンビールのほとんどは「パーン・マサーラー」と呼ばれる嗜好品の原料としてインドへと輸出される。パーン・マサーラーは、南アジアなどで嗜好品として使用される檳榔《びんろう》の実に加えて、石灰と数種の香辛料をあらかじめ調合しパッケージ化したインスタント版である。簡易に使用することができるため、その消費量は１９７０年代から１９８０年代以降、インドを中心に爆発的に伸びている。インドネシア産のガンビールは、この嗜好品の原料の一つとして採用されたことにより高額で取引されるようになった（西川 2022）。

テルック・ダラム村の経済状況は、ガンビールの買取価格の上昇を受けて、一気に潤うことになる。買取価格は２００８年頃から上がり始め、２０１４年には１kgあたりのガンビールの金額が2万３０００ルピア、２０１６年には6万ルピアにまで達した。これにより、村人たちはマレーシアへ行って得られる賃金や、さらには県の高級公務員よりもはるかに大きな現金収入を得ることができるようになった。村人たちは多額の現金収入をもとに、バイクや車、さらには豪華な家屋の建築など、それまでは手が届かなかった商品を買い求めるようになっていった。まさに「ガンビール・ブーム」の到来である。

写真２　ガンビールの加工小屋

ガンビール栽培にまつわる仕事は、主に男性の領域とされる。ガンビールは、集落のある地域から離れた険しい丘陵地に植えられる（写真２）。その生産過程は以下のとおりである。まず大量のガンビールの葉を切り取ったものを加工小屋で煮詰めて乾燥させる。乾燥したガンビールはバイクで仲買人のもとへ運ばれ、さらに乾燥させる。運搬するガンビールの合計量は時に１００kgを超えることもあり、運搬中に転んで大けがをしてしまうこともある。このように危険がともなう重労働のため、ガンビール生産は主に「肉体的に強い」とされる男性の領域となっているのである。

ガンビール・ブームは、村の仕事と就学状況を変えることになった。それまでは、村の人々が大学進学にともなう費用を捻出することは難しかった。それでも、少しでも経済的に余裕のある家庭では大学への進学を目指した。ところが、ガンビール・ブームが到来すると、男性たちの多くは、進学よりもガンビールの仕事を選ぶようになった。ガンビール耕作では、大学に進学してデスクワークの仕事に就くよりも多くの収入を得ることができる。自分の体一つで大金を稼ぐことができるガンビールの仕事は、彼らの「男らしさ」を満たすものだったのである。男子高校生たちは卒業後の進路としてガンビール農家を目指し始め、大学を卒業して都市部で仕事を探していた男性たちも、村へ帰りガンビール耕作に従事するようになっていった。

一方、女性たちは大学に進学するようになっていった。女性たちはガンビールの仕事に従事することはほとんどできないため、大学に進学することでデスクワークやケアワーカーとしての仕事を目指し始めた。なかでも彼女たちに人気の分野は、村の行政機関で働くことができる行政学や、教員養成コース、看護師や助産師を養成するコースだった。いずれの分野においても、卒業後にはテルック・ダラム村周辺でも就職することができるというのが人気の理由である。

一見すると、進学率の向上は女性たちの自律性を高めるものであるようにもみえる。しかし、実際はそうとも言いきれない。彼女たちは母親から土地を相続し、人生儀礼に参加し続けなければならないため、村を離れることは難しい。一方で、大学を卒業して就くことができる教員や看護師といった仕事では、給料は低いものの、昼過ぎには帰宅することができ、家事、育児、人生儀礼といった「女性の役割」との両立が容易である。だからこそ、彼女たちは村での生活を維持することができる分野へと進学するようになったのだ。ガンビール・ブームは女性たちの学歴を上昇させたものの、その変化は村における分業モデルへと回収されたのだった。

おわりに

本章では、「母系社会」ミナンカバウの人々の働き方とその変遷について考察してきた。「自律性の高い」好例として挙げられるミナンカバウの女性たちではあるが、ジェンダーに基づいた分業から必ずしも自由であるわけではない。彼女たちは財産の相続に向けて村での生活を選択し、家事、育児、人生儀礼といった「女性のカラジョ」に勤しむ。それは、ガンビール・ブームにより女性たちの進学率が向上しても大きく変わっていない。

ただし、テルック・ダラム村における男女の分業モデルには重要な側面がある。それは、男性たちによる現金獲得志向の高い仕事への参入は、女性たちによる生存経済によって支えられているということだ。

ガンビールのような国際商品は買取価格が急落してしまうことがある。例えば新型コロナウイルスの感染拡大が始まった際、ガンビールは全く売れなくなってしまったという。そんなときに人々の生活を支えたのは、ベオの例でみることができたように、女性たちが持つ田畑で収穫された農作物であった。また、ガンビール・ブーム後に女性たちが選択するようになった職業も、どんなときでも一定の収入が見込める業種である。

その点を踏まえると、女性たちの働き方の意義がみえてくる。彼女たちは田畑を保持することで、仮にガンビールの値段が暴落し、男性たちの稼ぎが当てにならなくなろうとも（現にコロナ禍において、それは一時的ではあるが現実のものとなった）自らの生活を最低限支えることができる。また、人生儀礼における相互扶助に参加することで、自らの家族の人生儀礼も執り行うことができる。このように、自分たちの生活を下支えすることができる点において、彼女たちは「自律的」だということもできるだろう。それは、ガンビール・ブームのなかで人々の生活が変わり、女性たちが従事する職業が変わろうとも維持されている村の生活の重要な側面なのである。

第13章

エジプト人出稼ぎ労働者の働き方から考えるジェンダー役割
――湾岸諸国の事例から

岡戸真幸

はじめに

自らが本拠とする場所を離れて働く出稼ぎ労働のうち、海外を拠点とする労働は、労働者の本国への送金がエジプトの外貨収入の柱の一つとして挙げられるほど、多くのエジプト人労働者にとっての働き口の選択肢となってきた。その労働者が海外から送金する額は、世界銀行関連機関KNOMAD（移住と開発に関するグローバルナレッジパートナーシップ）の資料によると、2018年にGDPの10％を超えたほか、近年でも5％から8％で推移しており、多くの者が現在も海外出稼ぎに従事している現状を裏付けている（World Bank-KNOMAD 2019）。エジプト人が海外で働くようになった歴史を振り返ると、ナセル大統領の時代（1956～1970年）には教師などの技能職を中心とした職業別の派遣といったかたちで、海外で働く者の数は制限されていたが、1970年代にサダト大統領（1970～1981年）が行った門戸開放政策によって、さまざまな階層の者が国外へ働きに出られるようになり、労働者の移動はより活発になった

(Tsourapas 2019: 94-95)。欧米諸国などへも自らの能力を活かして働きに出る者たちがいるが、本章では、エジプトから紅海を挟んで対岸に位置するアラビア半島の湾岸諸国への出稼ぎ労働者を扱う。

エジプトの人口は１９７０年に約３５００万人程度だったが、２０２０年に1億人を突破するほどに増えており、わずか50年の間に3倍弱までに増大した人口に対して国内に十分な雇用が確保されていない課題を抱えている。世界銀行が公開しているＩＬＯ推計値によれば、エジプトの失業率は、特に15歳から24歳までの若年労働者の層において高く、２０００年代以降、20％を超えて推移し、30％を超える年もあった（World Bank 2023）。この失業率の高さは、海外に仕事を求める者を増やしている。

出稼ぎ労働者の大半は男性が占めており、女性が海外に渡航して働く事例は、看護師や教師、家事労働など一部の職種に限られ、それほど多くない。男性が外で働き、女性は家事労働などの家の中での仕事を行うという考え方は、現在でも主流であり、女性が外で働く環境の整備を遅らせている。例えば、国連開発計画の２０２１／２０２２年度版『人間開発報告書（Human Development Report）』掲載のジェンダー不平等指数（GII: Gender Inequality Index）において、エジプトは世界全体で１０９位であり、その指数を構成する数値の一つである男女の労働参加率をみると、男性67・1％、女性15・4％となっている（UNDP 2022: 292）。この数値からも、女性が働く環境が限定的であるとわかる。

男性が稼ぎ手としての役割を担う構図は維持されており、男性自身も経済的に家族を支える存在であると意識してきた。国内で安定した雇用を得がたい状況において、若い未婚男性はまず男性が大半を負担する結婚資金を貯めるために、そして既婚男性は家族を養うために、より賃金の高い仕事を求めて、海外へと渡航するのである。本章では、出稼ぎ労働者の働き方と彼らのジェンダー役割について考察するために、次節以降でクウェートでの出稼ぎ労働者の事例を紹介する。次に男性のジェンダー役割について説明し、その役割と出稼ぎ労働との関係や、さらに単身での海外出稼ぎがエジプト国内でのジェンダー役割から距離を置く機会になる可能性にも言及し、分析していく。

1　湾岸諸国で働くエジプト人

エジプト人の海外出稼ぎ労働において、母国語であるアラビア語が通じる湾岸諸国は、言語の障壁がなく文化的にも近いため、多くの労働者を引きつけてきた。こうした傾向は、特に建築現場での肉体労働や工場労働、警備員、清掃員などの技術のいらない仕事に就く者にみられる。また、湾岸諸国は、出稼ぎ労働者本人が労働ビザを申請するのではなく、出稼ぎ先の雇用主が身元保証人（カフィール）になり手続きを代わりに行うカファーラ制度（カフィールと同じ原義のアラビア語で「保証」を意味する）によって、定期的な労働ビザの更新を労働者に求めている。カファーラ制度は、第14章でも言及されているが、雇用主側に有利な雇用関係を結ばされるだけでなく、自由に職業を選択できない問題点が指摘されてきた（Schielke 2020: 47）。このカファーラ制度による定期的なビザの更新は、労働者の永住権を基本的に認めず、一時滞在の労働者が大半を占める構造を作っている。こうした事情により、彼らは、滞在先の物価が高いため結婚していても単身で渡航し、住居費を安くするといった理由により、男性同士で部屋を共有して住む場合が多い。

本章では、筆者がクウェートで2014年から2016年にかけて複数回行った短期調査から出稼ぎ労働者の事例を紹介する。クウェートは、1991年の湾岸戦争でイラクの侵攻によって治安が悪化し、一時期は経済も停滞したが、湾岸諸国のなかでは現在もサウジアラビアに次ぐエジプト人の出稼ぎ先になっている。なお、同国において、エジプト人は、インド人に次ぐ規模の外国人労働者である（Taylor, Soudy and Martin 2017: 86）。

出稼ぎ労働者のファーイズ（仮名。拙稿［岡戸 2021］で「Fさん」として紹介した者と同一人物である）は、1990年代にイラクで最初に出稼ぎを始めたが、同地での仕事があまりなかったことから隣国のクウェートへと移った経歴をもち、2015年の調査時には50代前半であった。彼は、本シリーズ第4巻第12章「感情の荒波を乗り越える」で取り上げたワヒーブ親方の父方イトコにあたる。ファーイズとクウェートで会う前に、筆者とワヒーブ親方は、共に彼らの出身村で行われたファーイズの娘の結婚式に参加したことがある。ファーイズは、エジプト南部の上エジプト出身であり、彼の父方親族たちはアレクサンドリアで働いてきたが、彼自身は、同地で働いた経験はなかった。彼は、海外で20年以上働いてきており、「エジプトでどのように働いたらよいかわからない」と語っていた。ファーイズの出身村では、アレクサンドリアの他に若干名が首都のカイロに、国外だとクウェートや「アラブの春」の頃まではリビアなどへ出稼ぎに行く者がいた。また、国内では農閑期のみ都市部に出稼ぎに出る者もいた。

ファーイズのクウェートでの仕事は、主に店の看板製作であり、印刷されたものから店の名前などの立体化した文字に電飾を埋め込んだ看板まで扱っており、他に横断幕なども手掛けていた。彼は、長年の仕事の蓄積で知り合った業者などから依頼を受け、個人事業主として不定期な仕事を行っており、働く時間も依頼された仕事に応じて不規則であり、固定給はなかった。労働ビザの取得は、クウェート人の知り合いに頼むなどの方法をとっていた。仕事は、一人で行うときもあるが、看板の運搬や取り付けなど、人手が必要な場合は何人かの労働者を雇っていた。雇われる労働者は、インド人が大半であり、看板の文字などを彩る細いガラスの電飾管の持ち運びなどで注意するときに、簡単な英語を用いて意思疎通していた。

写真1　文字に沿って電飾を埋め込む作業をするファーイズ（2015年）

たまに、ファーイズと同じ村の出身者が自分の仕事が休みのときに働きに来る場合がある。

ファーイズは一人暮らしであり、筆者の複数回の調査時に何回か住む場所を変えたが、いずれもベッドと冷蔵庫などの家電製品に居住空間の大半を占領されるような狭い部屋に住んでいた。一人暮らしの理由は、他人と暮らすと生活時間帯が異なったり、他人の生活音が気になったりして、よく眠れないためである。クウェートでは、何人かの同村の者や父系親族が出稼ぎに来ているときもあるが、仕事を共にしないため、それぞれと日常的に交流をもっているようにはみえなかった。彼は、エジプトで人口の1割ほどいるとされるコプト派キリスト教徒であり、クウェートでエジプト人労働者たちが建てたとされる教会で知り合ったエジプト人と親しくする場合もあるが、相手が仕事を辞めて帰国するなどで関係が途切れてしまうこともあった。労働者は、仕事のために滞在しているので、それぞれが別の仕事をしていると大半の時間を仕事に費やすため、お互いの人間関係が希薄になりがちである。つまり、ファーイズのクウェートでの人間関係は、仕事上の付き合いが主であり、日常的に親しい者たちと接する環境がほとんどなかったといえる。

こうした湾岸諸国で働く出稼ぎ労働者の人間関係について、カタルなどで出稼ぎ労働者の調査をしたサミュリ・シルケも労働者が仕事を中心とした日常を送り、エジプト本国にいる家族とは頻繁に連絡をとるが、出稼ぎ先での人間関係は狭く、仕事を中心とした生活を送ると指摘している（Schielke 2020: 19）。エジプト人同士が仕事を同じくするなどの機会がなければ、クウェートで新たな人間関係を築くのは難しいと考えられる。

ファーイズのように一人でクウェートに来て働く者以外に、すでに同国で働いている者を頼り、その者とともに働く労働者もいる。エジプト人の出稼ぎ労働の傾向として、特に国内では血縁や地縁を駆使して仕事を探す者たちがいるが、同様に海外でも、人手が必要な工場や建設現場では、家族や親族、同郷のつながりを活かして働く者がみられる。こうした事例では、クウェートの雇用者側が労働ビザの申請費用などを肩代わりするため、渡航費が用意できれば出稼ぎに出られ、会社の寮などに住めるなど渡航しやすい条件が整っている。

筆者が訪問した飲料会社の工場の従業員寮では、上エジプトの同じ村の出身者たち10数人が一部屋2人で同じ建物で生活しており、お互いの頻繁な交流があった。現在、品質管理の仕事をしている者の父がかつて働いていたときに、自身の出身村の者に仕事を紹介したのが始まりである。いくつか立ち並ぶ寮には、エジプトの他の地域からや、南アジアからの労働者が住んでいたが、あまりお互いの交流はないようだった。ファーイズはクウェート市内のどこでも依頼があれば出かけるが、ここで働く労働者たちは、工場が郊外にあることもあり、休日も寮内で過ごす場合が多い。調査した独身の労働者の月給は、70クウェート・ディナール（以下、KD。2015年当時で約235米ドル）であり、筆者が調査した他の職種の労働者よりも安かった。この月給だと、渡航費を捻出するだけで3ヵ月分が必要になる。郊外に工場があるため他の副業もしづらく、彼は、エジプトで仕事がないために来たが、お金が貯まらないと不満を漏らしていた。

自らの長年の滞在経験の積み重ねから仕事を探したり、すでに現地で働いている人間関係を頼って仕事を得たりする以外の方法として、湾岸諸国で働く労働者が身近にいない者が、非公式の仲介人に手数料を払い、労働ビザを入手して湾岸諸国で働く場合がある（Schielke 2020; Taylor, Soudy and Martin 2017）。大半の労働者は、労働ビザの申請者の元で働く。仕事は冒頭で紹介したように技能のいらない職種も含めてさまざまであるが、筆者が調査した者のなかには、省庁関係の機関で、行政手続などにかかる文書の作成を代行する会社で働いている者もいた。彼は、さらに夕方以降に短期の仕事を現地で見つけて副業を行っていた。

ここまで紹介した三つの方法は、いずれもエジプトで働いた経験や自らの知識、技術を活かした働き方では必ずしもないという特徴がある。一方で、エジプトでの仕事の経験を活かした働き方として、教師や弁護士、会計士、一部の事務職などの仕事は、湾岸諸国から募集がある。こうした働き方をする者たちは、安定した収入と環境を得やすく、定期的な労働ビザの更新の必要や永住権を得られない点は変わらないが、妻子を呼び寄せる余裕がある。筆者が調査した大学職員は、新聞広告でこの仕事の募集を見つけたが、一時期に妻子とともに住んでいた。しかし、物価の高さや子どもが大きくなったなどの理由から、現在は単身生活に戻ったという。彼の月給は、調査したなかでは、５００ＫＤと最も高かった。

ファーイズはクウェートでの働き方を確立し、一貫して働いてきたが、家計を支えるためにクウェートとエジプトを往復しながら働き続けなければならなかった。ファーイズの事例は、男性が賃金労働の担い手として働かねばならないときに、エジプトで仕事がなければ他の国に行ってまで働いてきた事実の一端を示しているが、こうした働き方は、彼らが自らのジェンダー役割を遂行するため必要に迫られた方法だった。次節では、男性のジェンダー役割と、海外出稼ぎの関係について考えていく。

2　ジェンダー役割から距離を置く機会となる出稼ぎ労働

エジプト人男性が海外に出てまで働く理由として、既婚男性を例にとると、彼らには、家庭に食料を持ち帰るといった物質面を含めて、経済的にその家を支えるジェンダー役割があるからである（Naguib 2015）。男性は、仕事も含め外出をする機会が多く、その途上で妻から頼まれたものと合わせて他の必要品の買い物を済ませる。筆者は、男性が普段の買い物の影響で、どこの店の商品が良いかや、物価がいかに変動してきたかについて話をするのをよく耳にしてきた。

自らに与えられた役割を果たし、男性は、男性らしさを発揮し、自身が男性であると実感する。主な役割は扶養であるが、例えば生活費に関して、その渡し方は必要に応じて、またはまとめてなど人によって異なる。日常的に家族と離れて暮らす出稼ぎ労働者は、ファーイズのように帰国時に一括して妻に渡すか、自身の父親が存命であれば自分の妻子の面倒を頼み、父親に生活費を渡し管理してもらうといった方法をとる者もいる。また、既婚男性だけでなく、未婚男性も、20代後半になると経済的役割を結婚によって果たすように家族や親族から期待されるようになる（Ghannam 2013: 72）。そのため、彼らのなかには、結婚費用を貯めるために、自らが生まれ育った場所よりもより多くの賃金が得られるだろう場所への出稼ぎを行おうとする者もいる。

ファーイズは、エジプトでは働く場所がないため、長くとも2ヵ月くらいの休暇でクウェートに戻り働いてきたが、コプト派キリスト教のイード（復活祭）がある4月頃には帰国する場合が多かった。1年の大半をクウェートで過ごす生活は、家族に対する自らの役割を果たすためであるが、彼の家族からクウェートに現地妻がいるのではといった疑いを持たれる結果となった。前節で紹介したように、ファーイズの生活にはそうした余裕はなかったのだが、彼は、直に自分の生活をみてきた筆者に対して、エジプト訪問時に彼の家族に疑惑を否定するように頼んだことがある（岡戸 2021: 85）。それに加えて彼は、「お金」について繰り返し家族から聞かれると頭痛がするという。

ファーイズと同様に、クウェートで長期間働いてきた男性は、エジプトで抱えてきた自身の不動産に関する問題をなかなか解決できず、その頭痛の種から距離をとることもクウェートで働く理由の一つになっていた（岡戸 2021: 84）。その他、エジプト男性の生き方を長年の現地調査から考察したファルハ・ガンナームは、クウェートへの出稼ぎ労働者が、子どもの世話や家事を蔑《ないがし》ろにするなどの妻の行いを正すことができず、なるべく妻から離れて生活する方法として出稼ぎを選択している事例を紹介している（Ghannam 2013: 102-103）。こうした事例から、自らが直面した問題を解決できない場合、海外出稼ぎは、問題をそのままにして、男性のジェンダー役割を果たすという理由でその場を離れる選択を可能にしてきたといえるだろう。ファーイズにとっても、クウェートでの出稼ぎは、稼ぎ手としての役割を果たす名目で、自身のジェンダー役割に対する評価や要求から一時的に離れ、自らの置かれた環境を客観的にみる機会にもなってきたと考えられる。

また、ジェンダー役割のなかには、子どもの父親として扶養義務をもち、その子が結婚するまでの責任もある。そのため、子どもの結婚は、責任を全うした親の自慢にもなった。ファーイズには3人の娘がいるが、彼女たちはみな結婚した。ファーイズは、調査時に長年のクウェートでの出稼ぎをやめて、翌年にはエジプトに戻ると語っていたが、その理由に娘たちを結婚させたことを挙げていた。彼は、クウェートで賃金の不払いや仕事の約束を反故《ほご》にされるなど、必ずしも順調に働けていたわけではないが、自らのジェンダー役割と距離を置く場所を確保しつつ、その役割を全うするために働き続けてきたのである。

経済的役割は、支出に見合う収入が十分にないと負担になる。それでも、エジプトで生活していれば男性は、その役割を果たすように求められる圧力に対して、日中に仕事をしている間は避けられても、夜に家庭に戻れば直面せざるを得ない。海外出稼ぎは、その圧力から物理的に距離を置き、自身の役割からも一時的に離れられる機会になると考えられる。筆者が調査した出稼ぎ労働者の間では、渡航費用の節約もあり、1年に一度程度の頻度で帰国する者が多い。ただし、出稼ぎ先でより多くの賃金を稼ぐための帰国の抑制は、経済的役割を果たすという本来の目的を理解してもらえないと、ファーイズのように疑念を持たれるようになってしまう。労働者は、物理的に距離の離れた場所で働き、日常的に自らの役割を意識する機会が減ったとしても、ジェンダー役割から単に離れられているわけではない。かつては手紙や電話局まで国際電話をかけに行くという手段しかなかったが、近年ではインターネットなどの通信手段が確立し、個人の携帯電話から容易に連絡がとれるようになり、労働者とその家族の距離は、以前よりも縮まってきている。こうした事情が、彼らが役割から逃れることを難しくしている。

ジェンダー役割において、男性に経済的な役割の遂行を求めるのは、家族の女性たちの場合が多い（Ghannam 2013: 95）。なぜなら、彼女たちは性別役割分業において、男性の扶養義務の履行に対して、家事労働を担っているからである。また、男性は、女性を守る存在であることを求められ、そうした行為によって自身の男性性を確立するといわれている（Van Nieuwkerk 2019: 104）。つまり、男性は、経済面も含め保護する対象になる女性の存在によって、自身が社会的に男性であると主張しやすくなるとみられてきたのである。

労働者が湾岸諸国の出稼ぎ先でジェンダー役割を意識しなくてもよい環境になるのは、彼らの多くが単身で働きに来るため、ほぼ男性しかいない状況とも関係がある。前節で触れたとおり、湾岸諸国への出稼ぎは、渡航費用や定期的なビザ更新などの条件から単身で働く労働者が多く、ほぼ男性のみで構成されている。その状況において、労働者が湾岸諸国に滞在する目的は仕事以外にないため、男性同士の間では滞在目的を想像しやすく、ジェンダー役割をお互いに強調する必要はあまりない。出稼ぎ先は、物理的な距離だけではなく、ほぼ男性のみとなる環境によっても、男性にとって自らのジェンダー役割から一時的に逃れやすい場所になっている。

しかし、出稼ぎ先の環境によって男性がジェンダー役割から距離を置けたとしても、彼らが自らの男性性を保つためには、ジェンダー役割を意識する対象が必要になる。その対象となるのは女性や家族であり、彼らには帰国しなければ会えない。こうしたジェンダー役割を果たす場所とその役割のために働く場所が分かれる状況から、前述の湾岸諸国で調査したシルケは、出稼ぎ先の生活がエジプトの生活に比べ実感のないものになってしまうと述べている（Schielke 2020: 41-42）。実感のなさは、彼らが働く理由であり、経済的役割を果たす扶養対象となる家族の存在が欠けているために起こる。また、労働ビザの定期的な更新が必要であり、帰国が前提で永住権が得られない状況は、彼らに湾岸諸国での生活を一層不確かなものにさせるのである。

おわりに

本章でみてきたエジプト人出稼ぎ労働者は、さまざまな方法で働く場所を見つけ、自らのジェンダー役割を果たすために湾岸諸国と母国の物理的に距離がある二つの場所を往復してきた。両国の違いについて、クウェートで作られる人間関係は、ファーイズによると、自らの血縁や地縁などの身近な関係を中心とするエジプトでの人間関係に対して、「利益（ファイダ）」があるかが優先される。出稼ぎ先では、自らの仕事と結びつき、より良い仕事を得るために仕事を中心とした人間関係を作ってきた。この人間関係は、永住権が得られない環境で、労働者の目的であるジェンダー役割の遂行の対象がエジプトにいる以上、一時的な関係にしかならなかった。

また、出稼ぎという働き方は消極的な選択肢であるととらえる者もおり、例えば、ファーイズは、出稼ぎ先から上エジプトの村に戻ると、湾岸諸国の出稼ぎに興味をもつ者たちから声をかけられるが、出稼ぎを勧めないという。実際には、海外出稼ぎを経験していない者たちが思い描くほど賃金の良い仕事があるとは限らないからである。また、彼の娘婿はリビアのタイル工場で働いていたが、ファーイズは、彼をクウェートに呼び寄せて共に働こうと誘ったことはなかった。

前述のシルケは、湾岸諸国で働き、さまざまな外国人労働者に出会うなかで、自身のジェンダー役割を自覚し直し疑問をもつ労働者を取り上げた（Schielke 2020: 50）。しかし、筆者の調査した労働者は、エジプト人同士の交流が主で自身の立場を相対的にみる機会が少なかったせいか、現状に不満をもちつつも、稼ぎ手として働く自分の立場に疑問をもっていなかった。むしろ自らの生まれ育った場所以外で働かねばならない状況に、諦観も含んで自らに課された役割を男性として当然ととらえていたようにみえた。かつての湾岸諸国の出稼ぎは、エジプトの数倍の賃金を稼ぎ、数年間貯めた資金を元に帰国して新たな商売を始める基盤を作ることができ、また生活をより豊かにする家電製品を買いそろえるなどして、エジプトの消費文化を支えてきた（Tsourapas 2019: 102）。一方で、調査時では、南アジアや東南アジアからの労働者の流入により賃金が下がった影響もあり、ファーイズを含め筆者が会った労働者で帰国後に別の仕事を始めるといった展望をもてた者はほとんどいなかった。

エジプトの人口増加に雇用が追いついていないため帰国後に新たな仕事が見つからなかったり、短期での湾岸諸国での出稼ぎで十分な資金が貯められず、自身で新しい仕事を始められなかったりすると、出稼ぎ労働者は、再び湾岸諸国などに働きに出なければならなくなる（Schielke 2020: 79）。出稼ぎ先の仕事で富を蓄えられる者ばかりではないが、それでも自らのジェンダー役割を果たすために出稼ぎをしなければならない者たちがいる。冒頭で取り上げたＧＤＰの1割に達するほどの出稼ぎ労働者による海外からの送金は、さまざまな国で働く立場の異なる労働者が自身のジェンダー役割を果たそうとした結果を表しているともいえるのである。

第14章

湾岸諸国のフィリピン人家事労働者
――なぜ見知らぬ他人の助けに頼るのか

石井正子

はじめに

「まるで自分を見失ったかのようでした」

雇用主から逃げようとして、3階の窓から飛び降りたときの様子を、ジェマはそう語った。フィリピン人のジェマが家事労働者として働いていたのは、サウジアラビアの主要都市ジェッダの一家であった。家族は7人で、ジェマは3人の子どもの面倒を任された。掃除、料理、洗濯などもすべて一人で行った。それらの仕事はこなすことができた。だが、飛び降りるまでに追いつめられたのは、雇用主の男性から性的関係を迫られている、と恐怖を覚えたからだ。

ジェマは、サウジアラビアを含む、アラブ首長国連邦（UAE）、オマーン、カタル、クウェート、バハレーンからなる湾岸諸国で働く移民家事労働者の一人であった。この6ヵ国では外国人の家事労働者を雇うことが一般的であり、移民は、家事労働だけではなく、民間部門であらゆる職に就いている。その総数は2019年現在で約3000万人であり、ヨーロッパ（約8230万人）、北アメリカ（約5865万人）に次ぐ移民受け入れ地域でもある（United Nations Department of Economic and Social Affairs n.d.）。総人口に占める移民の比率は最大のUAEでは約9割であり、最小のサウジアラビアでも約4割だ。そのほとんどが短期契約の労働者である。

移民労働者のなかで、特に脆弱なのがジェマのような家事労働者だ。なかでも女性の家事労働者は、住み込みで働くことが一般的であり、虐待発生件数が最も多くなる。しかし、これから紹介するジェマの例にみられるように、彼女たちは送り出し国、受け入れ国による公的（フォーマルな）支援にアクセスしにくいか、できてもそれを選択しないことがある。

一方で興味深いのが、フィリピン人どうしや、異なる国籍の労働者のあいだで、公的ではない、インフォーマルな保護とケアの活動が展開されることである。見も知らぬ他人がジェマのような困窮した移民労働者に手を差し伸べるのである。のちに述べるように、ジェマは飛び降りた後、フォーマルな支援とインフォーマルな保護とケアの両方を得て、帰国する。

なぜ、見知らぬ他人を助けることが起こるのだろうか。逆にいえば、なぜ困窮した移民労働者は初対面の他人の助けを信頼し、頼るのだろうか。本章では、この問いに迫るために、ジェマの経験を中心として、湾岸諸国のフィリピン人家事労働者に注目する。そして、以下の内容を述べることで、検証したい。まず、湾岸諸国で働くフィリピン人労働者の特徴を整理し、虐待に対する家事労働者の脆弱性と政策の問題点を述べる。次にジェマの経験を紹介することを通じ、彼女がフォーマルな支援とインフォーマルな保護とケアをどのように選択したかに注目する。最後に、湾岸諸国の移民労働者のインフォーマルな活動について述べた先行研究にジェマの経験を位置づけて考察する。

1　湾岸諸国のフィリピン人労働者

まず、湾岸諸国で働くフィリピン人労働者の状況として、次の二つの特徴を確認しておきたい。それらは、①湾岸諸国はフィリピン人にとって最大の出稼ぎ先であり、彼らは多様な職種に就いていること、②特に家事労働者の労働条件が悪く、虐待が頻発していること、である。

（1）湾岸諸国――フィリピン人の最大の出稼ぎ先、多様な職種

表1は、2019年現在のフィリピン人移民労働者の人口を渡航先別に表したものである。フィリピンは世界でも有数の移民労働者送り出し国だが、その送り出し先の第1位は1970年代半ば以降一貫してサウジアラビアであり、上位国には湾岸諸国が入っている。

フィリピン人は、専門職から家事労働者まで多種多様な仕事に就いている。表2は、湾岸諸国のフィリピン人移民労働者のうち、新規雇用者を国別、女性家事労働者等別に分けたものである。これによると、2010年時点では、同諸国で働く

表1　フィリピン人移民労働者 ― 渡航先別人口*
（2019年）

海外出稼ぎ先	%	人
アフリカ	1.0	21,548
東アジア	21.7	477,834
東南アジア	8.0	177,165
中東	51.4	1,131,854
クウェート	6.2	136,263
カタル	5.6	123,207
サウジアラビア	22.4	493,915
UAE	13.2	290,614
その他	4.0	87,856
オーストラリア	2.1	46,337
ヨーロッパ	7.7	169,357
南北アメリカ	8.1	178,065
合計	100.0	2,202,000

* 2019年4〜9月の間に1度でも海外で働いたことのある人口。
注：比率の表示は四捨五入。
［出所：Philippine Statistics Authority, 2019 Survey on Overseas Filipinos］

フィリピン人の最大職種は「女性家事労働者等」であるが、その割合はクウェートとオマーンをのぞくと3分の1以下である。2017年になると、2014年にフィリピン政府が新規雇用の家事労働者の送り出しを止めたUAE以外は女性家事労働者の比率が大きくなっているが[註1]、その他の職種に就いているフィリピン人も一定数いることがみてとれる。

湾岸諸国では、フィリピン人が休日に集う地区があり、異なる階層や職業の人々が、同胞意識でゆるやかにつながる空間が形成されている。フィリピン人を含めた移民は、短期の契約労働者として言語的、文化的に国民に統合されないまま、国籍別に賃金が異なる分割労働市場に配置され、職場以外で国籍を超えた親密な社会関係を結ぶことがほぼない状態で存在している。

（2）家事労働者——頻発する虐待と政策の問題点

フィリピン人移民労働者に対する虐待は、中東において最も多く発生している。2021年3月8日、フィリピン上院の委員会で新たな移民労働者省（2022年2月発足）の設立を検討する審議会が開かれた。その際に提示された資料によ

表2　湾岸諸国のフィリピン人移民労働者 — 新規雇用

（国別、女性家事労働者人口・比率）

年	2010年			2017年		
国	フィリピン人移民労働者（人）	女性家事労働者等（人）*	女性家事労働者等の比率（%）	フィリピン人移民労働者（人）	女性家事労働者等（人）**	女性家事労働者等の比率（%）
オマーン	2,801	1,552	55.4	9,420	7,002	74.3
カタル	36,795	9,886	26.9	40,202	18,559	46.2
クウェート	27,110	21,413	79.0	48,935	39,118	79.9
サウジアラビア	119,275	11,238	9.4	178,990	111,789	62.5
バハレーン	5,307	1,696	32.0	6,709	3,975	59.2
UAE***	46,779	13,101	28.0	17,736	199	1.1

注：* 2010年の統計では Domestic helpers and related household workers に分類されている数値を採用。

** 2017年の統計では、Domestic cleaners and helpers に分類されている数値を採用。

*** 2017年の UAE の最大職種は Cleaners and helpers in offices, hotels and other establishments の1351人。

[出所：Philippine Overseas Employment Administration. *OFW Deployment per Country and Skill – New Hires. Full Year 2010*; Philippine Overseas Employment Administration. *OFW Deployment per Country, Skill and Sex - New Hires for the Year 2017*]

ると、2020年に中東、アジア、アメリカとヨーロッパで発生した虐待件数4981件のうち4302件、契約違反2万3714件のうち2万1127件、セクシャルハラスメント276件のうち209件、レイプ85件のうち31件（アジアの方が51件と多い）が中東で発生している。うち家事労働者が被害にあうケースが特に多いという（Ramos 2021）。

個人宅で行う家事労働は外から監視ができず、労働法の対象から除外されてきた。また湾岸諸国は、移民労働者に身元保証人をつけるカファーラ制度（スポンサー制度）を適用している。家事労働者の場合、身元保証人が雇用主である場合がほとんどであり、雇用主に対する弱い立場が制度化されている。

こうした問題に対し、国際人権団体はアドボカシー活動を行い、送り出し国も二国間、多国間交渉を通じて改善を求めてきた。2006年12月16日、フィリピン海外雇用庁（Philippine Overseas Employment Administration: POEA）は、フィリピン人の家事労働者の最低賃金を月給400米ドルに定めた政策改革パッケージを打ち出した。バハレーン（2012年）とUAE（2017年）は部分的に労働法の一部を家事労働者に適用した。カタル（2017年）、クウェート（2015年）、UAE（2017年）は家事労働者のための法令を採択し、サウジアラビア（2013年）とオマーン（2004年）が家事労働者と雇用主の義務と権利を定める規則を設けた（ILO 2021）。しかし、送り出し国、受け入れ国が定めた政策は必ずしも守られない。

註1　UAEは2014年に、各国大使館が自国が送り出す家事労働者の雇用契約書を点検することを禁止した。それを受けてフィリピン政府は同国への新規雇用の家事労働者の送り出しを止めていたが、状況が改善されたとして2021年3月31日に再開した。

フィリピンの法定最低賃金は、地域と職種によって異なるが、ジェマの出身地のマギンダナオ州では、1日306〜341ペソ（約765〜852・5円、2022年）である。ジェマのように教育水準が低ければ（後述）、地元の労働市場で雇用先を見つけることが難しく、たとえ雇用されたとしても賃金は日々の支出のみに費やされてしまう。それに比べて、家事労働者として住み込みで働き、毎月400米ドルの給与が遅延なく定期的に支払われれば、送金と貯金をすることができる。くわえて、携帯電話の保有により家族や友人と連絡ができる、休日に外出して職場（＝雇用主の家）以外で社会関係を結ぶ機会がある、長時間労働やハラスメントがないなどの安全が確保される、などの条件が満たされれば、自身と家族の生活向上の一助とすることができる。したがって、これらの労働条件を保障する政策が徹底されることの重要性は、強調してもしすぎることはない。

実際に虐待などにあった家事労働者の保護に関しては、フィリピン政府は大使館や領事館付近にシェルターを設けている。クウェート、サウジアラビア、バハレーン、UAEなどでは移民労働者も利用可能な女性のためのシェルターを開設している。しかし、国際人権団体がその不十分さを指摘し（Human Rights Watch 2004, 2010, 2012, 2014）、また次のジェマの経験にもみられるように、これらのシェルターへの信頼が十分に形成されているとはいいがたい。

2　ジェマの経験

ジェマは、フィリピン南部ミンダナオ島のマギンダナオ州で生まれ育ったムスリムの女性である。フィリピン南部は、1970年前後からムスリムを中心とする分離運動派とフィリピン国軍との武力紛争の影響を受けてきた地域であり、一般のムスリムは貧しい。学費を払うことができず、ジェマは中等学校2年生のとき中退を余儀なくされた。2000年に国軍がモロイスラム解放戦線の最大の基地を攻撃すると、その巻き添えで父親が死んだ。家族は財産をすべて失い、避難民となった。

ジェマがジェッダに渡航したのは、2008年6月のことであった（ジェマにとっては2度目の渡航）。リクルーターを紹介したのはジェマの叔母であった。リクルーターは就業手続きに必要な書類やパスポートなどを手配した。当時ジェマは21歳であったが、パスポートの年齢は34歳であり、写真も従姉妹のものを使用した。手数料として、給与7ヵ月分をリクルーターに支払うように言われた。

こうしてジェマはジェッダに住む家族に雇われることになった。家事労働者はジェマ一人であったが、仕事をやりくりできたことは先に述べたとおりである。しかし悩みは、その家の夫であった。勤め先の事務所が家のすぐ近くにあり、午後3時には帰宅する。夫はマニャック（manyak= 性的要求に取りつかれているよう）であり、夫の部屋でマッサージするようにと頼まれることがあった。ジェマは恐ろしくなり、自分の部屋の鍵を閉め、要求を断った。

ある日、家族がすべての家の戸に鍵をかけてメッカ（マッカ）に出かけることとなった。ジェマが3階の窓から飛び降りたのは、その時であった。飛び降りれば、命が危ないことはわかっていた。だが、そうでもしなければ、雇用主の夫に何をされるかわからない。幸い命は助かったが、足をひどく挫き、その後3年間は片足を引きずる生活となった。

飛び降りた後、その衝撃で茫然としていると、タクシーが通りかかった。ジェマはタクシーを止めた。サンダルもアバヤ（全身を覆う長衣）も身に着けておらず、パスポートを含めてすべての所持品をおいてきてしまった。運転手は「どうしたのか」と聞いたが、様子を見て、雇用主の元から逃げてきたことを察してくれた。

ジェマは運転手にショッピングモールに連れていくよう頼んだ。行く当てはなかったが、そこにはフィリピン人がたくさんいることを知っていた。ショッピングモールに到着すると、運転手はジェマに見返りを求めずに100リヤル（約27米ドル）を手渡した。歳をとった運転手はスリランカ人であった。

ジェマは助けを求めるにあたって、「エンバシー」（フィリピン大使館・領事館を指す）には頼りたくなかった。トラブルを起こした家事労働者だとエンバシーの職員に見下され、十分にケアしてもらえないと思ったからである。

ショッピングモールに到着し、ベンチに腰掛けた。しばらくすると、あるフィリピン人女性がジェマの様子を見て心配し、声をかけてきた。女性はショッピングモールの遊び場で雇用主の子どもを遊ばせていたところであった。ジェマが雇用主の元から逃げてきたことを伝えると、女性は美容の仕事をする友人に電話をした。その友人は、雇用主から逃げてきたフィリピン人の世話などをしていた。ジェマは、その友人宅に転がり込むことになった。彼女は元キリスト教徒であったが、イスラーム教に改宗していた。ジェマの他に、もう一人逃げてきた女性がいた。二人は彼女を「マミー」と呼んだ。マミーはジェマの足を4ヵ月間マッサージしてくれた。

ジェマは、1年ほどは歩けなかったが、次第に快復し、マミーの顧客を相手に美容の仕事の手伝いをしだした。顧客はイギリス人、エジプト人、アラブ人など多彩だった。そうして1ヵ月に1000リヤルから1200リヤル（約270～324米ドル）稼ぐこともあった。木曜日は休日で、服や食料の買い物に出かけた。マミーはジェマたちの食費を賄ってくれたが、現金があるときはジェマも食料を買い足した。

マミーの家に居候しているあいだに、ジェマは将来の夫と出会うことになる。1998年からサウジアラビアで働いているイスラーム教に改宗したフィリピン人男性だ。ジェマと男性は、マミーの知り合いのフィリピン人でイスラーム教師（ウスターズ）の立会証人のもとに結婚した。

夫は会社勤めで、給与は1ヵ月900リヤル（約243米ドル）であった。しかし、会社の経営が傾いたのか、従業員に帰国が促されることとなった。ジェマは夫に、足が不自由な自分をおいて帰国しないようにと懇願した。パスポートには、すでに出国スタンプが押されていたが、夫は帰国せず、当局から身を隠しながら別の仕事を得た。

結婚後、二人はマミーの家を出た。ジェマはホテルでパートタイムの仕事をした。そして妊娠し、仕事を辞めた。2010年、夫の知り合いであるムスリムのフィリピン人助産師の助けを得て出産した。

2013年4月、ジェマたちはサウジアラビアで非正規滞在者の一斉検挙が行われるという知らせを聞いた。警察が家まで立ち入り、移民労働者の滞在許可書などをチェックするとのことであった。ジェッダのフィリピン領事館前には、検挙を恐れたフィリピン人が保護を求めて集まり、テントを張って寝泊まりしていた。ジェマと夫は幼児を連れて「テント・シティ」に駆け込んだ。テント・シティでは、集まった人々の職場の同僚、友人、親戚などが食料や薬の差し入れをした。テント・シティの状況は劣悪だった。子どもが高熱を出したときには、幼い命が失われるかもしれないとジェマは恐れた。幸いなことに、テント・シティにいた看護師が子どもの命を救ってくれた。

ジェマによると、領事館員は支援してくれなかったという。一度、名簿作成のために領事館の敷地内に招き入れられたが、それだけであった。そうした態度に、ジェマたちは侮辱されていると感じ、不満を募らせた。しかし、文句を言うことはできなかった。

テント・シティで生活を続けるなか、11月になって、ようやく領事館は本国送還に備えた滞在場所へ移動させるバスを10台用意した。女性、子ども、妊婦、高齢者が優先された。ジェマは子どもとバスに乗ったが、夫はテント・シティに残された。

12月16日、ジェマは200人ほどのフィリピン人とともに飛行機に乗り、翌日マニラに到着した。空港では、レッドカーペットが用意されており、副大統領で海外フィリピン人労働者大統領顧問のジェジョマル・ビナイとスタッフに出迎えられた。

移民労働者とその家族に社会福祉サービスの提供を行う海外労働者福祉庁（Overseas Workers Welfare Administration: OWWA）から封筒を渡されたので、現金小切手が入っているのではと期待した。が、開封すると「おかえりなさい」というメッセージが書かれた紙が入っていただけであった。

出発前の副領事の話では、マニラに着いたら、OWWAが宿泊所や自宅までの交通手段、中東での再雇用を支援するとのことだった。ジェマたちが副領事の話を伝えると、OWWAのスタッフは黙ってしまった。

結局ジェマは、マニラの義理の母の家に滞在し、ミンダナオ島に戻った。ミンダナオ島に戻ると、彼女は移民労働者を支援するNGOの地域支部の助けを受けて、OWWAにしかるべき支援を要求した。

ジェマの話には、脆弱な立場の家事労働者が、見知らぬ土地でフォーマルおよびインフォーマルなさまざまな助けを得て帰国した様子が語られている。窓から飛び降りたジェマをショッピングモールに送り届けたタクシー運転手は、偶然に出会った国籍が異なる人物であったが、見返りを期待せずに100リヤルを渡して立ち去った。ジェマはエンバシーに行くこと、つまり公的機関に頼ることを主体的に拒否した。エンバシー職員とのあいだには階層格差があり、自分の境遇に共感を得られず、屈辱的な感情をもつことを予想した。ジェマがいわば「偽装パスポート」で渡航したことも、エンバシーに足が向かなかった理由かもしれない。彼女が期待したのは、偽装パスポートを使ってでも海外に渡航せざるを得ない自身の境遇に理解と共感がある同胞によるケアであった。

ショッピングモールでジェマに声をかけたのは、フィリピン人の同胞であった。声をかけた女性とも、マミーとも知り合いではなかったが、フィリピン人というつながりで、ジェマはマミーの保護を受けた。

ジェマは結婚を通じ、子どもを産み、家族との親密な関係を築いていった。サウジアラビアでは低所得層の移民の出産は禁じられていた。非正規滞在者の一斉検挙が始まると、公的機関による保護を期待して領事館に駆け込んだ。しかし、数ヵ月間ものあいだ劣悪な環境のテント・シティへの滞在を余儀なくされ、その間の食料や水などの支援は、領事館員からではなく、正規雇用の身分をもつ同胞から受けた。帰国に関しては公的支援を受けたが、それ以上は副領事の口約束に終わり、政治家のアピールに利用されるのみであった。故郷のミンダナオに落ち着いてから、しかるべき公的支援を受ける手伝いをしてくれたのは、NGOであった。

筆者が2014年3月22日にミンダナオ島ジェネラルサントス市でジェマにインタビューしたのは、NGOの地域支部の代表に紹介されたことがきっかけだった。NGOの助けを得たこともあり、ジェマの話では、公的機関への不満が強調されていた可能性もある。一方、湾岸諸国への移民労働者送り出し国のなかでは、フィリピン政府の自国民労働者に対する支援は最も充実していることも加筆しておきたい。

他方、ジェマの経験は、湾岸諸国では、フォーマルであってもインフォーマルであっても、頼ったときに十分な支援を得られる確証がないことを示している。

3　インフォーマルな保護とケア

湾岸諸国でジェマが頼ったような移民のインフォーマルな活動については、それらに注目した論文も発表されている。

細田は、UAEのフィリピン人が集まる街頭で、初対面どうしが気軽に声をかけて情報交換を行い、助け合う空間が形成されている様子をとらえた（Hosoda 2013）。またドバイの領事館に付設されたシェルターでは、看護師などの中間層の労働者が、逃げ込んできた家事労働者をサポートするボランティア活動を行っていた。サウジアラビアではジョンソンが、専門職のフィリピン人が逃亡家事労働者を自宅で保護することがあり、逆にいうと、このことが家事労働者の逃亡を可能にするセーフティーネットになっている実態を描いている（Johnson 2010）。

この現象の背景には、湾岸諸国で形成される国籍別の分割労働市場がある。移民労働者のほぼすべてが短期の契約労働者であるため、受け入れ国に対する帰属意識や国籍を超えた連帯意識は形成されにくい。労働市場が国籍によって分割されていること、そのなかでフィリピン国籍であるゆえに周辺化される経験をすることは、フィリピン人労働者としてのゆるやかなアイデンティティの形成を促している。こうしたアイデンティティの形成は、時として見ず知らずの同胞を手助けする互助網として機能することがある。

カティラヴェールは、ドバイで働くインド人低賃金労働者のあいだにインフォーマルな連帯とケアの倫理が存在する様子を描いている（Kathiravelu 2016）。その特徴は、自発的・自然発生的で組織立っておらず、誰が担い手で受け手であるかがはっきりしないことである。他者に対して行った手助けが、自分に返される保証はない。インフォーマルな保護やケアが発達する理由は、政策や保護制度が不十分というだけではなく、それらが低賃金労働者が期待する社会的・倫理的ケアのレベルを満たさないからであると指摘する。

これに対し、本章がジェマのエピソードを通じて示したものは、生存の危機に直面した労働者に対しては、同じ国籍だけではなく、国籍を超えたその場限りの助け合いも起こっていることである。筆者がインタビューしたサウジアラビアで働く別のフィリピン人家事労働者の例では、同じ時間帯にそれぞれの家の屋上で洗濯をする異なる国籍の家事労働者がメッセージを括りつけた石を投げてつながり、互いの安否を確認しあっていた。こうしたその場限りの見返りを要求しない他者への思いやりや助け合いは、上記の先行研究が指摘するように、フォーマルな制度に課題があるうえ、生の保障という倫理が、多様な文化や民族の境界を超えてつながり、形成されていると見ることができよう。

また本章では、困窮した家事労働者が頼るのはフォーマルなものか、インフォーマルなものかという二者択一ではなく、状況にあわせて複数の支援、保護、ケアを組み合わせている実態を見た。しかし、そのようななかでも、ジェマが公的な支援を否定した主体性は注目に値するであろう。一見、インフォーマルな支援は行き当たりばったりで、フォーマルな支援よりも確実ではなく、頼りないものと考えられがちであるる。しかしフォーマルな支援は保護やケアより管理、仕事の提供よりは帰国を優先する。それに身をゆだねることは元の生存の危機の状況に引き戻されることと同等の意味をもつ。それゆえに困窮した家事労働者は、たとえ不確実でその場限りでも、階層や国籍を超えて提供される保護とケアを、自分をよりよく生かすものとして、主体的に選択するのかもしれない。

＊本章は Ishii（2019）の一部を和訳し、再編したものであることをお断りしておく。

第15章

モロッコの地方村落に生きる女性にとっての労働、移動、都市
――「セーフティーネット」としての家族・親族ネットワーク

齋藤　剛

はじめに――モロッコの地方村落と女性、移動、労働

グローバル化が進む現代世界において、社会を根幹から変貌させる現象として移民、難民、移動、越境などへの関心が高まっているが、モロッコは世界的な移民送り出し国の一つである（堀内 1989, 1993; Elliot 2021; Ennaji and Sadiqi 2008）。筆者が初めてモロッコを訪れたのは１９９８年のことであるが、その1年後に前国王ハサン2世が崩御し、現国王ムハンマド6世が即位した。新たな国王の下でモロッコはグローバル経済の変化に対応しながら、移民省の設置をはじめ移民の奨励と管理に力を注ぐなど、移民をめぐる政策や状況も大きな転換期にあたっていた。そのような時期に、筆者はモロッコ南西部スース地方の山岳地帯にある一村落イトリ（仮名）に滞在し、人々の暮らしを目の当たりにする機会を得た。彼らは、北アフリカや西アフリカ北縁を故郷とするベルベル人のなかの一言語集団シュルーフに属する。ベルベル人とは、ベルベル諸語を母語とする人々の総称であるが、モロッコやアルジェリアには歴史的にベルベル人が集住

してきた地域が複数ある。そのなかでもモロッコ南西部を故郷としてタシェルヒート語を母語とする人々のことをモロッコではシュルーフ、ないしはイシェルヒーンと呼ぶ。

中東・北アフリカに生きる人々と労働という本書の主題に対して本章では、イトリ村を事例として、就労や経済的収入の獲得を求めた女性の積極的な移動、すなわち「移民の女性化」が進む今日的状況のなかで、世紀転換期にモロッコの地方村落で生活を送っていた女性にとって労働はいかなるものとして立ち現れていたのかを、都市と地方の関係、都市に出稼ぎに出ている男性や都市に定住するようになった家族・親族など村落出身者との関係を視野に収めながら検討してみたい。

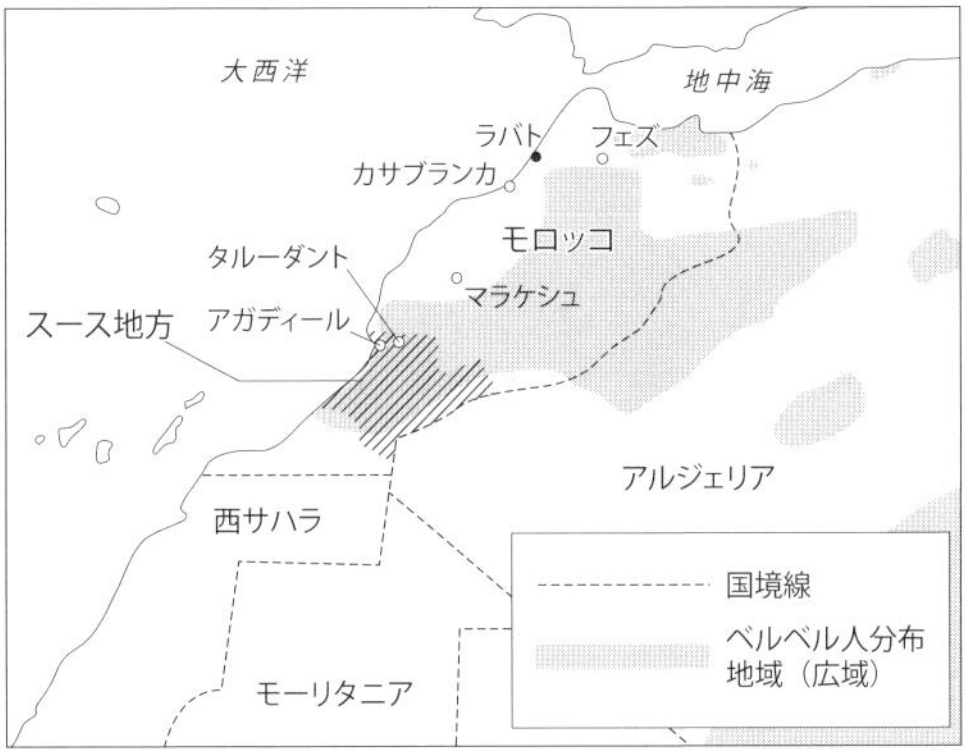

図1　モロッコ主要部

このような検討課題を掲げるのは、イトリ村をはじめとするモロッコ南西部、さらにはモロッコでは、移民や出稼ぎを含めた移動と家族や親族のネットワークが生活の基層にあり、地方村落での女性の暮らしや労働も、都市と地方を往還する人々の移動と不可分の関係にあると考えるからである。

第1節では開発や女性支援の動きが活発化するなかで、本章が対象とする村落はどのように位置づけられるのかを把握する。そのうえで、第2節では村落における女性の労働、第3節では、女性の移動、労働を家族・親族のネットワークとの関連のなかでとらえる。第4節では、自らの意志で現金獲得の道を切り拓いた女性について、過去と現在の例を取り上げる。最後に、経済のグローバル化や「移民の女性化」が進んでいるとされる状況のなかかで、地方に暮らす女性たちのことを「取り残されている」ととらえる研究もあるが（Elliot 2021 参照）、この「取り残されている」というとらえ方の妥当性を検討に付す。

1　地方の開発支援と女性支援

海外への移民、国内においても地方から都市への人口流出が進むなかで、モロッコの地方社会に生きる女性は、社会・経済的な潮流から「取り残された」ともいえる状況に置かれている（Ennaji and Sadiqi 2008）。このような海外の先進国とモロッコ、都市と地方の非対称的関係の是正を目指す開発支援、さらには就労機会や現金収入の獲得機会が少ない地方の女性を支援しようとする動きは、モロッコでも広がっている。

例えば、モロッコ中央部に位置するオート・アトラス山脈に位置する村落では、地元住民が中心となってNGOが１９９０年代に設立され、水道の敷設をはじめとした村落のインフラの整備や女性の就労機会の創出などに向けた地道な取り組みを進めてきたことが報告されている（Mernissi 2003; 宮治 2004）。また、チュニジア、アルジェリア、モロッコにおけるマイクロクレジットの普及による女性の就労支援を詳細な事例をもとに明らかにした鷹木によれば、モロッコでは北アフリカのなかでも女性の支援を目的とした数多くのNGOが設立されているだけでなく、マイクロクレジットの普及率も高く、多くの女性起業家が誕生し成功を収めているという（鷹木 2007）。

これらの研究が示すように地方社会、そして女性を対象にした開発や支援は１９９０年代以降モロッコにおいて進んできている。モロッコ南西部スース地方においても、海外のNGOや企業が現地の産品の加工に女性を動員するかたちで地元を活性化させようとする試みは、場所によっては進んでいる。

だが、イトリ村では、同じスース地方内やモロッコの他の地域でそうした取り組みがあることが知られ、かつそうした取り組みに自分たちも取り組むべきだという考えを個人的にもつ人もいたものの、村落開発支援や女性の支援に組織的に着手するには至っていなかった。

これまでのところで記した地方在住女性に対して支援の手を差し伸べようとする動きとは別に、女性自身が現金獲得のために自ら就労機会を希求することにも近年注目が集まっている。その一つが「移民の女性化」をめぐる議論である。だが、モロッコにおける移民とジェンダーの関係を社会学的に調査し論じたエンナジとサディーキーが指摘するように、「移民の女性化」という現象に注目する際に女性を一枚岩としてとらえるのではなく、都市、地方などの出身地／在住地の別、教育の程度、階層や経済的状況、言語能力（正則アラビア語、アラビア語モロッコ方言、ベルベル語、フランス語、英語などの運用能力）、既婚／未婚の別などによって女性の就労や移動可能性は大きく異なってくる点に注意を払う必要がある（Ennaji and Sadiqi 2008: 63-90）。

先述のとおりイトリ村の女性はベルベル人であり、ベルベル系諸語の一つタシェルヒート語を母語としている。村落在住女性は、モロッコの都市部などで流通しているアラビア語モロッコ方言、学校教育を通じて習得する国語の正則アラビア語、同じく学校教育を通じて習得する旧植民地宗主国の言語でもあるフランス語、さらには１９９０年代以降モロッコ政府が教育において力を入れている英語などの諸言語を解さなかった。というのも、例えば筆者が現地を訪れた１９９０年代末に10代後半から20代前半だった村落の女性たちは、近隣の小学校の分校に通った経験はあっても、親の考えもあって中学校には通っていなかったからである。彼女たちより若い世代については、学校に通うことに以前よりも理解が示されるようになっていたが、働き盛りの10代中頃以降の女性については、村落生活を支える日々の労働を担うことに重点が置かれていた。このように都市と地方の差は、言語能力の差とも重なることがあり、それが女性の就労や移民の機会獲得にも影響を及ぼし得るという点に留意をしておきたい。

2 イトリ村における生活とタンマーラ

スース地方は、首都ラバトから８００㎞ほど離れたモロッコ南西部に位置する。標高２０００ｍから３０００ｍ級の山が連なるオート・アトラス山脈（最高峰のトゥブカル山は４１６７ｍ）によって、モロッコ経済を牽引する大都市カサブランカや首都ラバト、古都マラケシュなどがあるモロッコ中部大平原地帯から隔てられた後背地にある。スース地方のなかでもイトリ村は、古都タルーダントや港湾都市アガディールなど地方都市が点在する平野部ではなく、東部のアンティ・アトラス山脈の山中、モロッコ南部などに自生する常緑樹アルガンなどがまばらに生えた小高い丘がいくつも折り重なった、標高９００ｍほどのところにある。すなわち、世界経済の周辺に位置づけられるモロッコ国内のなかでもさらに周辺に位置するスース地方の、そのまた周辺にイトリ村はあった。

村落については、小高い丘の上に石造りの家屋やコンクリートブロックを積み重ねて建てられた家屋が寄せ集まるようにして形成されている。村落に至る道は未舗装であり、電気、水道、そしてガスなどのインフラもなかった（現在、電気は敷設済み）。

写真１　イトリ村遠景

年間降水量100㎜を切る乾燥地帯に位置し、天水での大麦栽培、羊や山羊の牧畜なども実施されていたが、その数はわずかで、筆者が現地を訪れた時点で村のほぼすべての世帯から出稼ぎに従事する男性が出ており、村人の生活は都市からの送金に大きく依存していた。村人が向かう先は、首都ラバトをはじめ、カサブランカ、マラケシュ、スース地方内のアガディールなどモロッコ国内の諸都市のみならず、フランスなど海外の都市も含まれていた。

出稼ぎが男性を中心として進められ、成人男性のほとんどが都市に出稼ぎに出ているため、イトリ村に住んでいるのは、主に老人、女性、子どもであった。19世紀末には出稼ぎを開始していたシュルーフの間では、都市での店舗や家屋の購入、出身村落での新たな家屋建設が出稼ぎを通じた経済的成功を示す象徴的な行為であった（Waterbury 1972）。都市での経済的成功を希求する傾向がこのように広くみられるなかで、村に残っている女性や子どもは、出稼ぎに出たが、まだ都市に家族を呼び寄せるのに必要な財力のない男性の世帯の者が多かった。なお、故郷での新家屋の建設は、帰省の折などに一時的に滞在する程度にしか使用されないことが多く、実際に居住するためというよりも故郷において自らの成功を同郷者の眼前で可視化するという意味合いが強い。

水道、ガスなどが敷設されていない状況のなかで、水汲み、薪集め、家畜の世話などと併せて、料理、洗濯、掃除をはじめとした家事、育児、さらには介護を一手に引き受けていたのが女性である。これらは、賃金を得ることができる労働ではもちろんない。そのような故郷で暮らす女性の日々の暮らしを指す言葉として「タンマーラ」や「トゥシュッカ」という言葉がしばしば用いられる（Hoffman 2002 参照）。タンマーラとは、苦しみをともなう作業を意味する言葉で、重荷や苦役などを想起させる。これに対してトゥシュッカとは厳しさを指す語である。故郷の生活を厳しいものととらえるのは、故郷で暮らす女性だけではない。故郷の村落で若い頃を過ごし、結婚を経てしばらくして首都ラバトに移り住んだ女性なども、故郷は素晴らしいが、そこでの生活は多くのタンマーラがあって大変なものだと言う。

出稼ぎや都市への移動が広く一般的にみられるという趨勢のなかで、故郷における暮らしの大変さは故郷と都市の違いを浮き彫りにする話題ともなっていた。さらに過酷な労働を一つの指標とした故郷と都市の差異化は、都市と地方／村落の関係を非対称的なものととらえる発想、都市への移動をある種の社会的な地位や段階の上昇をともなったものととらえる見方にもつながっていた。実際、「街に行く」という言葉に相当するイトリ村で用いられるタシェルヒート語表現「ゴリ・ス・ル＝ガルブ」の直訳は、「街に上る」である。なお、「街」を意味するル＝ガルブという語には、「見慣れない場」「奇妙な場」という意味もある。「街に上る」という簡潔な表現には、都市／街が自分たちが住み慣れた村落よりも「上位」にあるものの、見慣れぬ場であるという理解が示されている。

だが、そのような屈折した思いがあるとしても、イトリ村に生きる女性にとっての都市への移動において、都市は苦役から解放される場として想像されていた。そして都市は、自分たちが未来においているべき場所、住みたい場所と考えられていた。そのような都市への憧れを村に残る女性が育むうえで手がかりとしていたのは、何らかの用事があって都市に出かけた家族の話、夏などに帰省する都市在住の同郷者の話、結婚などを通じて都市に移り住んだ女性たちの話、都市在住者が帰省の際にもたらすお土産などであり、身近に感じる人々の「成功」が村に生きる女性の夢を喚起する媒体となっていた。

3 家族・親族ネットワークのなかの女性と労働

女性が故郷や村落を離れること、そして何らかの仕事を見つけること、いずれについてもイトリ村出身者の間で重要だったのは、家族や親族による助力、保護や監護である。モノに溢れ、快適で人を惹きつけてやまない場でありながらも、同時に「見慣れない場」でもある都市で生きていくうえで、村を起点とする家族、親族、同村・同郷者のネットワークは、都市を村と同じ社会関係から成り立つ場へと変換させ、女性たちがより快適に生きていくことを可能にする。

だが、家族や親族による保護・支援は、女性が村を離れ、都市で生活を送るためにのみ実施されるものではない。女性の行動は、家族や親族の名誉や評判にかかわってくるものでもあるので、女性が適切な行動をとること、職業などにおいても社会的な悪評を立てることがないものを選択すること、さらには女性を経済的な活動にできる限り直接的に晒さないようにすることが重要になってくる。イトリ村における女性と現金獲得をともなう労働の関係をとらえるうえでは、このような家族・親族のネットワークや彼らの間での親族の保護をめぐる規範、さらには名誉や評判などが不可欠な問題であることに留意する必要がある（齋藤 2021, 2023）。

そのため、村を離れて都市に出向くのは、個人の意思だけで決定できるものではない。就学年齢であれば地方都市にある中学校などへの通学、病を患っていたら都市の大きな病院での治療など、家族や親族が納得するそれなりの理由が必要となる。他方、未婚女性が恒常的に都市に住むことを願う場合、その実施のための最も一般的な手段は、都市に在住する男性との結婚であった。自分の親などの保護を離れるとしても、結婚相手の男性やその家族の保護の下にあって初めて都市での生活が可能になるわけで、ここでも村落出身の女性が単身で都市生活を営むことは忌避されているといえる。

同時に、都市への就労をともなう移動については、イトリ村ではごくまれな例ではあったが、家族に稼ぎ手となる男性がいない場合など、経済的に困窮している世帯の女性が、親族の家で家事を手伝うというかたちで都市に出向き、労働に従事することはあった。ここでも社会的に脆弱な立場にある女性を親族が放置せず保護することが、彼らの間では遵守すべき規範となっている。

なお、アラビア語では家事手伝いをする女性のことを「ハッダーマ」と呼ぶが、都市に在住するイトリ村などの出身者が、故郷に残る身内の女性を引き取って、家事手伝いをしてもらうことがあるとしても、この女性のことをハッダーマと呼んだりはしない。モロッコでは家事手伝いは職業としては低くみられる傾向があるが、イトリ村出身者などは、あくまでも家族、親族として「身内」の女性を支援しているのであって、仕事の内容は家事手伝いであるとしても、彼女たちのことをハッダーマと呼んだりはしないのである。些細なことのように思えるかもしれないが、身内の女性が現金獲得をするうえで、家事手伝いに従事する村落出身の女性をあくまでも身内であるがゆえに支援するという文脈でとらえている点は重要である。

家族や親族による保護と支援のなかで女性の就労や労働がとらえられているのは、都市で生まれ育った女性の場合にも同様である。例えば、イトリ村の隣村出身で首都ラバト近郊に居を構え、農場や複数の商店、喫茶店などの経営で非常に成功したある男性は、都市で生まれ育ち大学で薬学を勉強した娘のために薬局を準備したことで、同郷者の間で知られている。モロッコでは、裕福な人や教育を受けた人が就くべきとされる仕事、教育を受けていない人が就く仕事をめぐる暗黙の区別があるが、彼は、出身部族の人たちが「きちんとした仕事（ハダマ・ムフタラマ）」とみなし、家族の評判や名誉を損なわない仕事を娘のために用意したのであった。

エンナジとサディーキーが留意した先述の諸点からするならば、この男性と娘は地方のベルベル人というマイノリティ出身であるとはいえ、経済的には非常に裕福であり、社会階層でいうならば上流層に位置しているといえる。また薬学を専門とした高等教育を受けていることからもうかがえるように、学歴においても高い水準にある。このような特徴をもっている女性ではあるが、その職業選択においては、父親をはじめとする家族の監護のなかにあって女性にふさわしいと考える職業が用意されていることがみてとれる。

写真２　故郷に暮らす女性たちと帰省した女性（左端）

これまでのところでは、都市での就労についてみてきたが、村落において女性が現金を得る手段としては、都市在住世帯が故郷に残した家屋の維持・清掃、収穫などにおける他世帯の補助などをはじめとした活動が挙げられる。このような活動は親族関係などを通じて依頼されるものであり、支払われる金額があらかじめ決まっているわけでもない。あくまでも親族関係の近しさなどに基づいた依頼であり、引き受けた仕事に対して現金が手渡されるとしても、それは報酬や労働の対価としてではない。現地では「バラカ（恵み）」という表現が用いられることもあるが、この表現は通常、労働への対価としての報酬や賃金を指すものではない。このような特徴をもつ語が用いられることからもうかがえるように、金銭の授受は、労働への対価としての賃金の支払いという文脈の外で行われている。

つまり、イトリ村で生活する女性は家族や親族の保護や監護の下にあって生活を送りつつ、家事・育児などの労働に従事することが求められる一方で、女性が労働市場に直接晒されることや、直接労働市場に参入して現金を獲得することは忌避されていたといえる。このような傾向は、先に挙げたバラカという表現を用いた経済的な取引の外部での金銭の授受のみならず、地方社会における経済活動の中心地たる週市への女性のアクセスと、そこでの商売への従事がイトリ村などにおいてどのようにとらえられていたのかという点からも浮き彫りになる。

人類学者カプチャンは、１９９０年代以降になってモロッコ中部タドラ平原の地方都市などで、従来男性しか入場が許されていなかった市場に女性が進出し、商品販売に従事することで現金獲得の道が開かれたことに着目している（Kapchan 1996）。だが、カプチャンが報告したタドラ平原の地方都市や大都市とは異なり、イトリ村などでは、そもそも女性は毎週土曜日に開催される週市に行ってはいけないことになっていた。それゆえ週市から食材や生活雑貨品を購入したい場合、女性たちは家族や親族の男性にことづけて買って来てもらうのが常であった。週市は、役場、診療所、部族長の事務所、公衆電話、学校、常設店、都市タルーダントなどに向かう乗合タクシーの発着場などがある人・モノ・情報が集積する結節点であり、「都市的」と形容してもよい環境を備えていたが（板垣 1992）、女性は、この地方社会に埋め込まれた「都市的環境」からも、市場への立ち入り禁止というかたちで、やむを得ない場合を除き締め出されていたのである。

このようにみてくると、現金獲得のための女性による労働は、家族や親族のネットワークのなかでとらえられたものであることがみえてくる。故郷において農作業などに対してバラカとして渡される現金についても、家族、親族、同郷者としての人間関係を前提としたものであり、赤の他人との契約に基づく取引や、労働への対価としての報酬の支払いとは異なる論理に基づいて実施されていた。この点にも、赤の他人との間で実施される経済的取引という水準で村落の女性の働きをとらえるのではなく、あくまでも家族や親族、同郷者としての人間関係の水準でとらえようとしていることがみてとれる。最後に、女性たちが新たな生活の場として希求する都市についても、村落生活において必要不可欠な経済的結節点としての週市への参入が忌避されているという点と重ね合わせてみるならば、「見知らぬ場」としての都市（的環境）において特に忌避されていたのは、家族や親族による支えから切り離された剝き出しの個人として女性が労働市場に晒されることではないかということが浮かび上がってくる。

4　自らの意志で働く

モロッコ南西部の山村イトリに住む女性にとって労働がいかなるものとして立ち現れているのかを、これまでのところで多角的に検討してきた。イトリ村の女性は、都市への移動においても、就労においても家族や親族による同意や承認を得る必要があり、単身で労働市場に参入することが忌避されるような社会的環境のなかに生きていることが浮かび上がってきた。

このような状況を、「移民の女性化」をめぐる議論との関係でとらえるならば、労働市場への積極的な参入が依然として忌避されているという点でも、また村落に生まれ育った女性が都市や海外に赴く機会として結婚の申し出を受けることが期待されており、自らの意志で自由に村落を出ることができないようにみえるという点でも、イトリ村で生まれ育った女性は、「移民の女性化」と呼ばれる状況から「取り残されている」とみることが可能であろう。本章でもみてきたように、グローバル経済の波及にともなうモロッコにおける移民政策のてこ入れ、さらには都市と地方の関係の非対称性、都市への人口流出という趨勢のなかで、村落に住む女性が都市での生活を希求していたことに象徴的に示されるように、地方の村落に生きることが「取り残されている」という感覚を喚起し得る状況は、今日、確かに生み出されている。

だが、「取り残されている」というとらえ方については、注意を払っておくべき点もある。筆者が聞いた例では、現在70代の女性の母親世代には、村落の困窮した女性たちを集めて絨毯などをつくらせ、これを販売して収益を得ていた者がいる。この女性は夫が集めてきたアーモンドなどの収穫物を行商人に販売し、金銭を得てもいた。このような取り組みを夫も認めており、妻が得た金銭の使用は本人に任せていたという（この女性は娘たちの将来を考えて、銀細工などの購入に充てていた）。現在70代の女性が幼い頃に目の当たりにしたこのような取り組みは、モロッコ独立直後の1960年代頃のことと推定されるが、それは本章でも瞥見した1990年代以降の地方村落に住む女性支援に力を入れたNGOの活動などが活発化するはるか以前のことである。

地方村落に生きる女性が、移動や就労に際して家族や親族の保護、監護下に置かれるという本章の議論を踏まえると、女性には自分の意志で現金を獲得するための労働に従事することはできないのではないかという疑問が生じるかもしれないが、現実には、開発支援や女性の支援という取り組みが普及する以前の時期においても、この女性のように、地方村落で生活を送りながら自らの才覚で労働の機会を創出し、現金を得ているものが、すでに個人レベルでは存在したのである。

このような個人レベルでの労働機会の創出が可能であったのは、相互監視や監護が重視される一方で、各世帯の自律性が高かったからである。女性の現金獲得に対する理解は世帯ごとに異なり、夫の同意が得られていたという先の女性の例が示すように、世帯によっては家族が女性の労働への従事を認める場合もあったのである。ただし、この場合でも、この女性は村落にある自宅で行商人との取引を行っており、あくまでも家族の同意と保護の圏域のなかで彼女は商いに従事していたのだといえる。このことから、個人の自律性が認められるのは、あくまでも家族や親族による監護や保護の範囲内においてであると考えられる。

だが、実際には、女性たちは、必ずしも家族や親族の監護や保護に常に従順であったり、その範囲内に自らの意志で留まり続けるばかりでもない。先に、家族のなかに働き手となる男性がいなかったために、都市に在住する親族の家事手伝いをするために村を離れた女性について言及した。ファーティハという名のこの女性は、母方のオジ、大オジ、オバなど親族のネットワークを介して都市生活を送ることが可能になった。だが、ラバトやサレでの生活を長く続けた結果、彼女は、自分で働いて現金を得ることを夢見るようになった。しかし、故郷の村落で小学校低学年の教育を受けた後、学校には通っていないファーティハが仕事を見つけるのは簡単なことではなかった。そのため彼女がとったのは、身近な人に雇用の機会がないか聞いてみるという「直接行動」であった。引き取られたオバの家の近くにある喫茶店の店主に自らかけ合って聞いてみたのである。だが、ファーティハのように親族が引き取った女性が家の外で働き始めると、その女性が家の外に出たのは親族が十分に世話をしていないからだ、監護が不十分なのだという風評が、親族のみならず同郷者の間で広がり得る。そうした事態を避けるためにもオバは、給仕としてメイが働くことに反対であった。だが、ファーティハは、最終的にオバの反対を押し切って喫茶店で働き始めた。さらにファーティハは結婚相手も自分で見つけ、カサブランカに住むようになった。

ファーティハの例が示すように、家族や親族の監護があって初めて都市に出られたのだとしても、女性たちは従順に保護者・監護者の意見に従うばかりでもない。同時に、オバの反対を押し切って労働に従事するようになったとしても、オバなどとの親族関係が切れるわけでもない。

おわりに

本章でみてきたように、イトリ村で生活を送っている女性は都市で生活を送ることを夢見ていたが、そのための方法として直接単身で労働市場に参入することは考えられていなかった。むしろ、彼女たちの間では結婚を通じた都市への移動、故郷における生活を支える労働からの解放が希求されていた。結婚を通じた生活環境の変化や移動が想定されていたことからもうかがえるように、イトリ村の女性の間では移動や賃金労働への参画は、家族や親族との関係のなかでとらえられ、抑制されていた。この家族や親族による保護・監護は、個人の自由を尊重しない悪しき共同体主義、名誉や評判などの因襲に囚われた家族や親族による抑圧とみる向きもあるかもしれない。

だが、地方に暮らし、フランス語や正則アラビア語のみならず、都市で使用されるアラビア語モロッコ方言にも慣れ親しんでいない女性たちにとっては、「見慣れぬ場」である都市で生きるうえでも、また労働市場への参入においても、家族や親族は、彼女たちを支える「セーフティーネット」ともいえる側面がある。もちろん、その扱いが常に理想的なものとは限らないであろう。だが、最後にみたように、家族や親族のネットワークのなかで生活を送るとしても、そのことは彼女たちが自分たちの意志や考えを押し殺して、家族や親族に従順に従い続けることを意味しているわけではないし、村落において家族の保護の範囲のなかで暮らしつつ、自らの意志と才覚で現金を獲得することも可能であった。

地方村落に生きる女性は、現金収入を得ることができるような労働市場への自由な参入という観点を基準に考えるならば、さまざまな制約の下に置かれているという理解が容易に提示され得るであろうし、グローバル経済が展開するなかでイトリ村出身の女性たちは労働市場への自由な参入から「取り残されている」ととらえられるであろう。だが、そのような見方にのみ終始すると、彼女たちが生きる世界のなかでの家族や親族の重みを等閑に付してしまうことになる。

コラム6

映画『ハウス・イン・ザ・フィールズ』にみるモロッコ山村の性別分業

鷹木恵子

モロッコ・アトラス山脈の山村を舞台に二人の姉妹を主役にして撮影されたドキュメンタリー映画『ハウス・イン・ザ・フィールズ（*House in the Fields*）』（タラ・ハディド［Tala Hadid］監督／2017年）は、アムステルダム国際ドキュメンタリー映画祭最優秀賞をはじめ多数の賞を受賞した作品である。それはまた、そのまま美しい民族誌的記録ともいえる。

アトラス山脈の四季折々の大自然、山村に暮らす先住民アマズィーグの人々の日常生活、畑仕事や家畜の世話、水汲み、料理と家族の団らん、機織り、市場での取引、子どもの遊びと学び、イスラームの礼拝、民族楽器での演奏と歌、老若男女村人総出の婚礼の祝宴など、一つ一つの映像カットが貴重な記録になっている。そして時がゆったりと静かに流れるこの映像にメリハリを利かせているのが、いくつかの明快なコントラストである。仲良し姉妹の対照的な生き方、男女の役割分業、伝統と現代、田舎と都会、日常と非日常、静寂と熱狂などなど。ただし、こうした二項対立はハディド監督の全くの作為というよりも、北アフリカ先住民の社会が双分制や半族と呼ばれる、二つの対称的集団から成る社会構造をもつことや、この土地の伝統的世界観を反映させたものととらえられる。

一度も会ったことも話したこともない隣村の男性と、兄の友人というだけで近く結婚し大都会カサブランカへ行く姉ファーティマと、勉強好きで将来は弁護士になることを夢見る妹のハディージャ。それはモロッコの伝統的女性と現代的な変わりゆく女性の姿と重なり合う。コントラストのなかでとりわけ重要な軸となっているのが男女の性別分業である。

まず女性の役割。母は毎朝5時に起きて家事を始める。料理はもちろん、女性は若い頃から水汲みや機織りをし、家畜の飼料の草刈り、牛の乳しぼり、家禽への餌やりもし、祝宴での菓子もすべて家で手作りする。女の子の一人が言う、「女性が機織りをしているとき、男の子は遊んでいる」と。

しかし、男性の生活も決して楽ではない。家族の父親は1970年、出稼ぎのため、フランスに渡った。山村からカサブランカへ出て、そこからマルセイユまで船で当時は3日3晩かかったという。そこから列車を乗り継ぎパリへ、さらに北部パ・ド・カレー県ランスへ向かい、ひと月の訓練後、炭鉱の抗夫として働き始める。1年半後、ダンケルクでの仕事に転職。4年後のある早朝、火事で同僚のアルジェリア人2人が死亡、自らも旅券・保険証を含む全財産を焼失。15週間の失業の後、ドイツ国境付近のフォルバックで働き始める。1980年、職場の待遇改善を求めて仲間たちとストライキを決行し、勝利する。しかし1985年、わずか1800ユーロの退職金を得て、15年間の出稼ぎ生活に終止符を打ち帰郷、現在に至る。こうした男性の出稼ぎは、アトラス山村に限らず、アルジェリアやチュニジアなどの低開発地域、特にアマズィーグの居住地では一般的であり、時に30年40年と続くこともある。

モロッコでは都会と田舎の経済格差も著しい。

図1　『ハウス・イン・ザ・フィールズ』のポスター（アップリンク配給）

姉妹の弟は、長兄と同様、都会で働きたいと考えている。しかし都会の人は威張るし意地悪だという。村には家族も友人もいて、美しい自然もあり、威張る者もいない。しかし、自分の将来を考えれば、稼ぎのよい都会に出るしかないと語る。

山村の単調な日常生活と村人総出の婚礼の祝宴の非日常性。静かな村でその夜だけは太鼓やベンディール（篩《ふるい》の形をした楽器）の音が鳴り響く。男性の集団と楽隊の後に、華やかな民族衣装で盛装した女性たちの集団が続き、アホワーシュ（隊列での歌と踊り）の歌声が響き渡る。祝宴の盛り上がりの熱狂と、翌日の夜明けの前の静寂さのコントラスト。それはまた、姉を送り出し、いま一人残された妹ハディージャの心境をも象徴している。しかし、映画のラストシーンでハディージャは、細く曲がりくねってはいるが、遠くへと続く一本道をしっかりと見つめ続けている。

今日のモロッコの女性たちは、映画でハディージャが語っていたように、国王ムハンマド6世により2004年に家族法が改正され、新法には男女同権の条項が盛り込まれたという、大きな変化のなかで生きている。新法では、結婚可能最低年齢も、従来の男子18歳／女子15歳から、男女ともに18歳に改正された。家族に対する責任も財産権も男女平等となり、一夫多妻婚や夫側からの一方的離婚には判事による許可が必要となり、妻側からの離婚請求も可能となった。

教育面では、識字率は若年層の15～24歳では今やほぼ男女同等となっている。世界銀行の2021年の統計では、15歳以上の全年齢層の識字率は男性85％／女性67％であるが、若年層の15～24歳では男子98％／女性97・57％で男女間に格差はほとんどみられない。2020年度のユネスコの資料でも、初・中・高等教育の就学率についてはほぼ男女同等である。宗教面においても、モロッコでは２００６年から国策として、女性も宗教指導者イマーム職への就任が可能となっている。

しかし、こうした国の政策や法改正と現実のあいだには乖離がないわけではない。特に経済面での都鄙《とひ》の格差はグローバル化のなかで一層拡大してきている。世界銀行の調査では、村落部で自らを貧しいと認識している人々の割合が、２００７年の15％から、２０１４年には54％に増加したとされている。そうした変化のなかで、弁護士を目指すハディージャだけではなく、カサブランカで暮らす姉も、夫が許せば、都会で自分も働きたい、裁縫でも何でもやってみたいと語り、より自立的な女性を目指している。モロッコの女性たちは、今、まさに自らの意思と選択によって主体的に変わろうとしている。

本作品の女性監督タラ・ハディドは、脚本家・プロデューサー・写真家も兼ねる。英国ロンドンの生まれ。父はイラク人、母はモロッコ人。幻となった東京オリンピック２０２０のメインスタジアムを設計した世界的建築家のザハ・ハディドは叔母にあたる。

第16章

ジェンダー政策を再考する
――ガーナ農村部の女性の地位向上と労働・家計負担の増加

友松夕香

はじめに

女性の地位とその向上は、ジェンダー学の重要なテーマの一つである。イスラーム教が普及している地域では、ジェンダー役割や規範が女性の自由を制限しており、社会で女性を劣位に置いていると批判されてきた。そして、女性の地位向上のためには、「経済的な自立」が重要だと考えられている。女性が家の外へと活動の場を広げ、夫など家族の男性に頼らずに自分で稼ぐことだ。しかし、女性の生産活動の拡大やその促進政策は、女性の労働や家計の負担を増やすという新たな問題も引き起こす。特に労働状況が過酷な農村部では、女性の負担の増加は深刻な課題である。

本章では農村部で暮らす女性に焦点を当て、女性の地位向上と労働・家計負担の増加の矛盾を検討する。事例として取り上げるのは、ガーナ北部の中心都市タマレ近郊の農村部である（図1）。前著『サバンナのジェンダー――西アフリカ農村経済の民族誌』（友松 2019）のデータをもとに考察を深め、ジェンダー政策の誤想を浮き彫りにする。女性の地位向上を目標に掲げて一義的に女性の生産活動の拡大を推進する支援に対し、再考を促すことが本章の目的である。

以下の節ではまず、女性の地位とその向上を目指す学説・政策言説を振り返り、女性の労働の過酷さが軽視されてきた問題を指摘する。次に、ガーナ北部の事例をもとに、農村部の女性は日々さまざまな「再生産」の役割を果たしていること、それによって家の内外で地位を築いていること、このために過重労働を担っていることを示す。続いて、男性が家族を扶養するという規範が20世紀後半のイスラーム教の普及で強化されてきた一方で、農村部の女性たちが日々、家族の食事の用意に必要な食材を調達するために働き、現金収入も得ている現状を明らかにする。さらに、１９８０年代頃を境に、女性が自分の畑をもち、耕作することが一般的になった変化に着目し、この結果、男性に対して女性の労働・家計負担が増加したことを指摘する。これらの検討をとおして、女性の地位向上に向けて女性のエンパワーメントを推進するジェンダー政策に対し、喫緊の課題として女性の過酷な労働の現実を直視する必要性を論じる。

図１　調査地

1　フェミニズムと政策が描いた地位向上の道筋

女性の地位向上を目指し、ジェンダーの変革を牽引してきたのは、フェミニズムの思想と運動である。1970年代、フェミニズムの潮流は国際開発政策と合流し、「第三世界」や「発展途上国」と括られた地域で女性支援が始動した。特にイスラーム教の普及がみられる地域では、女性の地位向上は重要な開発課題として認識された。

この国際開発で女性支援が始動するきっかけとなったのは、1970年出版の経済学者エスター・ボズラップの書『経済開発における女性の役割』である。ボズラップは、特にアフリカの女性と農業に関する先行研究に大きな関心を寄せていた。このため、その第1章で「アフリカは女性による農耕が卓越した地域である。多くのアフリカの部族〔原文まま〕では、食料生産にかかわるほとんどすべての作業が女性に委ねられ続けている」（Boserup 1970:16）と強調した。そのうえで、植民地統治期から独立後の農業開発が、女性ではなく男性を対象に新たな技術の導入を進めたことを指摘した。そして、この結果、男性と女性の間で生産性の格差が生じただけではなく、女性は生産者としての地位や土地への権利を失うことになった、と主張した（Boserup 1970）。のちに農業の近代化による「女性の周縁化」として知られるようになった仮説である。ただし、農業の性別分業の傾向と近代化による影響は「アフリカ」として一般化できるものではなかった。アフリカ大陸の広域を対象に植民地統治初期から中期にみられた農業の性別分業を比較分析した民族学研究は、とりわけ西アフリカのサバンナ地域では女性ではなく男性の方が耕作の中心的役割を担ってきたことを示していた（友松 2019:28）。しかし、ボズラップの仮説は、国際開発の議論の場に大きな影響を与え、女性の耕作を支援することで女性の地位と権利を回復・向上させる必要性を認識させた（友松 2020）。こうして、「アフリカ女性の農業」を事例として、広く「第三世界」や「発展途上国」の女性を対象にさまざまな開発分野で女性の生産活動を支援する「開発と女性（Women in Development）」と呼ばれる国際開発政策の手法が展開していったのである。

その後１９８０年代に入ると、ジェンダーをキーワードにした女性支援の理論化が進んだ。女性の地位向上のためには、単に女性を開発政策に組み込むのではなく、男女間の権力関係に注視し、女性が男性に従属する構造の転換が必要だとする認識が広がったのである。この過程で台頭したのが、権力や能力の拡充を意味する「エンパワーメント」という概念だ。

国際開発で「エンパワーメント」を女性支援の手法として提唱し定着させたのは、世界銀行の専門家だったキャロライン・モーザである。その書『ジェンダー・開発・ＮＧＯ』では、女性たちの従属の根源が家庭にあるという見解を展開した（Moser 1993: 74-75）。そのうえで、女性の地位向上の突破口として、「個人レベルでの経済的な独立性を高めることが、女性が世帯内レベルで話し合いと交渉を行う入り口になる」（ibid: 206）と説いた。妻が稼ぎ、夫から経済的に自立することが、女性の交渉力を高め、ひいては家の外における女性の地位を向上させるという道筋を示したのである。

モーザの実践論は、「開発と女性」に代わる新たな政策手法「ジェンダーと開発（Gender and Development）」を立ち上がらせた。ジェンダー平等を最重要視し、女性の地位向上を目標に女性をエンパワーメントする政策として、女性が自分で稼いで収入を増やすための支援が強化されたのである。特に農村部では、女性の農業収入を増加させる手段として、マイクロクレジットや肥料・種子の提供、栽培・加工技術の普及に加え、土地の再分配が実施されていった。しかし、こうした議論と実践では、次節以降でみるような、農村部の女性たちが日々の暮らしで直面してきた過酷な労働の現実が軽視されていた。

2 農村部の女性の過酷な労働

農村部の暮らしでは、男女の二区分でかなり明確なジェンダー規範がみられる場合が多い。本章が事例として取り上げるガーナ北部の農村部もその一例である（友松 2019）。一つの家で暮らす家族の男性と女性は、互いの関係性と地位に応じた役割を担うことで共同生活を成り立たせ、同じ鍋で用意した料理を食べることができる。男女ともに共同での食事のための役割を果たすことは、家族内はもちろん、集落における個人の地位の向上に結びつく。

男性の役割は、第一に、祖父、父、夫、息子、兄弟として、家族の「女と子どもたちを食べさせる」ことである。この「扶養（マリブ）」の男性規範は、西アフリカでは父系が優勢な社会の特徴であり、イスラーム教の教えが農村部の日常生活に広く浸透する前からみられたものである。イスラーム教は18世紀初頭に、地域の権力者によって取り入れられた（Wilks 1976 [1971]）。しかし、権力者やクルアーンを学んだ知識人を除き、一般の大多数の人々がモスクに通ったり、礼拝したりすることはなかった。この状況が変わったのが1970年代以降である。中東からの出資で、タマレなど都市部だけではなく、小さな町や農村部の各集落に中小規模のモスクが建設された。この結果、モスクで礼拝をする人々やイスラーム教の実践として冠婚葬祭を行う人々が徐々に増えていったのである。イスラーム教の導師は男性による女性と子どもの「扶養」をイスラーム教の教えとして説いていることから、イスラーム教の普及はそれ以前からの扶養の男性規範を意識面で強化してきたといえる。

農村部では、男性は主に耕作で家族を食べさせてきた。しかし、サバンナ気候帯に位置するため、降雨が不安定で収穫は約束されていない。このため、家族を率いる年長の男性は責任重大である。息子や弟たちなど家族の男性と一緒に、家で消費する穀物やイモ類などの主食作物を生産・供給する。同時に、各自で落花生、唐辛子、豆類、穀物をつくり、家で消費したり市場で売って現金を得たりする。なかには、定期市を拠点に家畜の売買の仲介やタバコの葉の投機、販売で現金収入を得る男性もいる。家畜や穀物を集め、南部の市場に流す仲買業で利益を得ることに成功している男性もいるが少ない。働き盛りの若い男性たちは、乾季や雨季の合間を縫って、耕作労働者としてガーナ南部に出稼ぎに行く。

これら男性に対して女性の役割は、家事、妊娠と出産、育児など「再生産」の仕事が中心だ。ただし、都市と違いインフラが整備されていない農村部では、これらの役目を担う女性たちの労働状況は過酷である。

過酷な労働とは第一に、水汲みである。サバンナ気候帯に位置するガーナ北部では、集落内に浅井戸を掘っても、そこに水が溜まるのは雨季半ば以降の3ヵ月程度だけだ。一年のうちの大半の期間は、集落から離れた貯水池や深井戸まで足を運ばなければならない。水を汲み入れて重くなった容器を頭上に載せて家まで運ぶ作業を複数回繰り返すことで、ようやく一日分の水瓶が満たされる。毎日の水汲みは、時間がかかる大変な肉体労働である。

第二に、妊娠と出産、育児である。現在、農村部の女性の初婚は20代前半が多い。その後40代まで、女性の大半は妊娠と出産を数年単位で繰り返し、育児に励むことになる。これらの労働は女性に大きな負荷がかかる。しかし、女性たちは男性と同じくらい、多くの子をつくることに意欲的である。子は、成長すれば母親の生活を助ける。娘は母親の日々の仕事を手伝うし、息子は母親のために作物をつくる。たとえ一緒に暮らしていなくても、大きくなって時おり仕送りしてくれれば、生計の足しになる。大半の子ので きが悪くても、一人でも良ければよい。こういわれるように、実際、子の数は母親自身の生活の質と保障に直結している。乳幼児死亡率が低下した現在も、経済的な観点から多くの子を産むにこしたことはないと考えられているのだ。さらに、子の数が多いほど、女性の権力が増大する。一夫多妻が実践されているため、家の中で母親とその子どもたちの派閥が大きくなるからである。また、集落での女性の地位は、夫の長男を産んだかどうかだけではなく、子の数や子の社会経済的な成功が影響する。

第三に、水汲み、妊娠と出産、育児よりもっと困難な仕事が料理である。キャッサバを木臼で突き砕き、トウモロコシなどの穀物と一緒に近くの町の製粉所まで運んで粉にする。料理をするための燃料も集めなくてはならない。集落が密集している地域では、薪に使える木々がほとんど残っていない。このため、小枝やウシの糞、畑に残っている干からびたトウモロコシの茎をせっせと集めて燃料にする。もとより、料理とは単に調理することではない。食材の「やりくり」という、非常に困難な責務を負うことでもあるのだ。主食の穀物やイモ類の調達は家の男性たちの役目である。しかし、生産量が十分でない場合、料理をする女性がなんとかして手に入れなければ食事を用意できない。さらには、製粉代を払い、野菜など副食の具材を確保し、塩、乾燥小魚、マギーブイヨンなどの調味料を購入しなければならないのだ。こうした食材の調達は、夫や息子、兄弟の協力があるとはいえ、結局のところは最終的に料理する女性の責任である。女性が夫の家で料理をすることは、家の者たちを「食べさせる」ために、多大な労働と家計の負担を担うことである。負担と責任が大きいからこそ、料理をすることが家や集落で女性としての地位を向上させるのだ。

それでは、女性たちはどのようにして主食用の穀物やイモ類の不足分、製粉代や調味料、そして副食の食材を調達してきたのだろうか。

3　収入を得るために働く女性たち

ガーナ北部では、都市部や農村部にかかわらず、女性は収入を得るためにさまざまな活動に従事している。これは、イスラーム教が普及している地域のイメージと反するかもしれない。しかし、こうして得た現金で、女性たちは製粉代や調味料、不足した食材を購入し、家で食事を用意して家族を食べさせるという困難かつ重要な役目を果たしてきた。

市場は、女性の活躍の場である。タマレなどガーナ北部の都市や町には、家族や友人からまとまった資金を得て、仲買や卸売り業、商店を営む商売人の女性がかなりいる。ビジネスを成功させることは、商売人や女性としての地位向上のみならず、「敬虔な」ムスリムとしての地位も獲得できる。稼ぐことはムスリムとして喜捨や供儀ができることと直結しており、実際にそれらを実施している女性も少なくないからである。このため、女性が商売をしたり、商売で成功することがイスラーム教の教えと乖離するとは一般的に考えられていない。

農村部で暮らす女性たちも、「商売」にいそしんでいる。女性たちは夫や息子など生計を緊密にする家族の男性のために、彼らがつくった作物を定期市に持ち込んで売り、その収入の一部を得る。同時に、定期市や集落内で、雑貨や小分けした食材、家で加工した食品を小売りする。ただし、農村部は経済規模が小さく、「稼げる」わけではない。ぎりぎりの生活を継続させるわずかな収益が得られるだけだ。

シアナッツの採集と加工販売も、女性の重要な生計手段である。シアナッツは、ガーナ北部を含む西アフリカのサバンナ地域に広く自生するアカテツ科の木の実である。シアナッツから抽出されるシアバターは、現地で食用にされ、スキンケアにも利用されてきた。20世紀後半、世界の製菓産業でカカオの代替として利用が拡大し、化粧品業界でも保湿効果が注目されると、シアナッツとシアバターはこの地域の主要な輸出商品になった。ただし、それで農村部の女性の生活が「楽」になったわけではない。女性たちは、耕作地に点在するシアナッツの木の一本一本に足を運び、熟して地面に落ちた実を手で一つ一つ拾い上げる。集めたシアナッツを家に運び、半ゆでして日干しし、殻を割って核種を取り出すことで販売できる状態にする。そのまま定期市に売りに行くときもあれば、シアバターに加工した方が利益が見込める場合は3日かけて手作業で油を抽出する。このように女性たちがシアナッツ採集と加工販売に大変な労働を投じているのは、穀物が底をつき、不足した穀物を買うために現金を必要とする、一年のうち最も大変な時期にシアナッツが結実するからである。

一方で、農村部の女性にとって最も楽に収入を得られるのが、男性の作物生産の手伝いだ。男性は、播種や収穫、脱穀や皮むき・脱皮などの農作業で、内容と量に応じて妻や母親、姉妹、近所の女性や子どもたちに声をかけ、手伝ってもらう。しかし、女性と子どもたちによる手伝いは無償ではない。作業の完了後に、収穫物の一部を受け取るのだ。例えば落花生のもぎ取り作業では、女性とその子どもたちは家族を含む生産者の男性との関係性や作業量に応じて、各自の出来高の2分の1から4分の1を受け取る。この量は投入した労働以上の経済価値だ。すなわち、女性は男性との協働関係をとおして作物を手に入れ、食材にしたり、市場で売って足りない具材と調味料を買ったり、自分と子どもたちに必要な個人としての支出も可能にしているのである。

これまでみたように、女性はさまざまな方法で収入を得ている。さらに注目したいのは、1980年代頃を境に女性が自分で畑をもち、耕作するように性別役割が変化したことである。

4　耕作を始めた女性たち——農業環境の悪化と女性支援

ガーナ北部では従来、耕作は男性の役割だった。対して女性たちによる農業へのかかわりとは、すでに述べたようにシアナッツ採集のほか、夫や息子、兄弟など家族の男性の畑の播種や収穫の手伝いと作物の加工販売だった。また、料理の具材として使用するために、男性が耕起した畑の周囲やその一角にオクラやモロヘイヤなど葉物野菜の種を撒き、草取りは男性に任せて収穫していた。西アフリカのサバンナ地域の土壌は硬く、鍬を振るう作業は重労働だ。こうした困難な耕作条件にもかかわらず、自分の畑をもち耕作する女性とは、さまざまな事情により本来であれば耕作してくれるはずの夫や兄弟、息子など家族の男性が同居していない「恵まれない女性」だったのである。ところが、1980年代頃を境にこの状況が一変していった。その背景にあったのが、第一に農業環境の悪化である。

20世紀後半、ガーナ北部では農業を取り巻く状況が大きく変化した。1950年代から緑の革命が始まり、補助金で安価になった肥料とセットでトウモロコシの改良品種が導入された。人々は主食作物としてトウモロコシを単作する近代農法を受容した。この結果、トウジンビエやソルガムを主軸に間作と輪作で多様な作物を組み合わせる緻密な在来農法が解体していった。その後1970年代頃より、農村部でも麻疹のワクチン接種が普及し、多産少死の時代に突入した。人口が急増し、特に集落が密集していたタマレ近郊の農村部では土地不足が深刻化していった。さらに1983年、多額の負債を抱えたガーナ政府が国際通貨基金と世界銀行の構造調整プログラムを受け入れた。緊縮財政で肥料価格が高騰すると、人々は肥料を十分に買うことができなくなり、トウモロコシの収量が徐々に低下していった。このため、穀物ではなく、痩せた土地でもある程度収量が見込める落花生をより広く作付けするようになった。

こうして男性は、家で食べる穀物を供給する義務があるにもかかわらず、十分に生産できなくなった。しかし、落花生など他の作物を生産して売っても、不足分を補うだけのお金にならない。こうした状況のなか、日々の食事の用意をしなければならない女性たちは、なんとかして穀物の不足分を含む食材を手に入れるために収入を増やそうと奔走した。その手段が、自分自身の畑をもつことである。女性たちは、夫や父親など身近な男性に対し、自分が耕すために彼らの耕作地の一部を要求し、与えられることに成功したのである。

なぜ、男性たちは女性たちに自分の土地を分け与えたのだろうか。調査から明らかになったのは、男性が負い目を感じ、断れなかったことだった。自分たち男性が供給すべき穀物の不足分まで、妻や母親たち自身が手に入れることで食事を用意していたため、土地を与えざるを得なかったというのである。しかし、女性への土地の配分は、男性が家族を食べさせる能力をさらに低下させた。人口増加の影響で、男性の畑面積は減少していた。男性が自分の妻や母親など家族の女性に土地を分け与えることで、男性自身が家族を食べさせるために耕すうえで、足りない土地がもっと足りなくなった。自分のみならず、成長した息子たちに与える面積もいっそう減少した。同時に、土地が足りないために、痩せた土地を休ませることがもっと難しくなり、収量が低下し続けた。男性が耕していた土地の一部を女性が耕すことで、男性の生産能力がさらに低下することは、男性が家族のために食料を生産・供給する扶養能力のさらなる低下を意味したのだった。こうして、家で食事の用意をしなければならない女性が、いっそう耕作に励み、足りない食料を補完することが常態化したのである。

この一連の流れと同時に起きていたのが、女性を対象にした農業開発プロジェクトである。ガーナ北部においても、さまざまな援助機関が「農業のジェンダー格差是正」をスローガンに女性の地位向上を目標に掲げ、女性に耕作のための技術や資金を提供してきたのである。女性たち自身は、こうしたプロジェクトを大歓迎してきた。参加すれば、肥料や改良種子、マイクロクレジットなどの物質的恩恵が得られ、収入が少しでも増えれば、多少なりとも生活が楽になると期待するからである。援助機関も、支援を喜び、プロジェクトの参加者として選ばれようと競い合う女性たちを目の当たりにし、よりいっそうの支援が必要だと考えてきた。ただし、女性たちは耕作から得た収入を自分自身のために使ってきたわけではない。食料不足に苛まれるなか、家で家族が食べる食事を用意するために、不足した食材の調達に利用してきたのである。

現在も、農村部で食事の用意をしている女性たちは、もっと広い土地を耕して収入を増やしたいと願っている。しかし、女性たちは耕作を「苦難（ワハラ）」と表現する。農村部の女性の労働がより過酷になるなか、1990年代頃から10代の少女を含む若い女性たちによるガーナ南部の大都市への出稼ぎが流行するようになった。冒険心や都市への憧れもあるが、娘たちは母親を手伝う農村部の日々の過重労働から逃げているのである。

おわりに

本章ではガーナ北部を事例に、農村部の女性の労働の現状と20世紀後半からの変化を検討した。女性たちは、水汲み、妊娠、出産、育児、料理など、再生産の重労働を担ってきた。また、物売り、ならびに夫や息子をはじめとする家族の男性の作物生産と販売を手伝ってきた。さらに、1980年代から女性たちは自分自身で畑をもち、耕作するようになった。これは、農業環境が悪化し、家族の男性が自家消費する穀物を十分に生産・供給できなくなったからだった。足りない穀物をなんとか手に入れるために、耕作という新たな重労働を始めたのである。

ただし、女性の耕作は、男性の扶養能力をさらに低下させた。すでに土地が足りないにもかかわらず男性が自分の土地を妻や母親などに分け与えることで、男性の生産能力、すなわち家族を食べさせる能力がいっそう低下したのである。この結果、女性たちの家計負担はさらに増えていった。女性たちは、日々の再生産の重労働に上乗せして、自分の畑をもち耕すことで、自分の労働と家計の負担をより過酷なものにしてきたのだ。

女性が自分で耕作することとは、女性たち自身にとってどれだけの地位向上を意味しているのだろうか。女性が夫など家族の男性に土地を要求し、分け与えてもらうようになった変化は、家で女性が男性に対して交渉力を高めたものとして解釈できる。しかし、男性が妻など家族の女性に土地を分けたのは、負債感によるものだった。妻や母親が彼らに代わり不足した穀物を補い、家計負担を増加させていたからである。また、女性たちは新たに耕作を始めることで収入を増やしたかもしれないが、経済的な自立性を高めたとはいいがたい。女性たちは、耕作で得た収入を、自分個人のためではなく家で食事を用意するために、足りない食材の調達に充ててきたからである。女性の耕作は、地位向上というよりはむしろ、女性たちの労働と家計負担の増加という自己犠牲としての「労働の女性化」を意味してきたといえる。

20世紀後半のちょうど同じ時期に始動し、実施されてきた国際機関による女性への耕作支援は、女性たちに何をもたらしたのだろうか。女性を対象にした農業プロジェクトは、女性が生産活動を拡大して収入を増やすことが、女性の経済的な自立につながり、これが女性の地位を向上させると考えていた。しかし、農業が低迷し、家で食べる穀物さえ不足している農村部では、女性の耕作の拡大は、女性の労働と家計の負担が男性と比べて増加することを意味していた。女性に対する耕作支援は、女性のエンパワーメントというよりは、女性の労働の過酷化に加担するものだったのである。

2024年現在、国際開発では、ジェンダー平等とエンパワーメントの政策をよりいっそう強化させる議論が活発だ。しかし、女性の生産活動を今後もさらに拡大させる「支援」は、すでに過酷な女性の労働をもっと増やし、夫など男性に対する女性の家計負担をより増加させる恐れがある。とりわけ、農業分野の支援には注意が必要だ。友松（2020）は国際開発業界が政策として農業分野のジェンダー格差の解消に力を注ぐなか、農業労働が美化され、農業が重労働であることが軽視されてきた問題を指摘している。「農業のジェンダー格差の是正」といったジェンダー平等の一義的な推進ではなく、農村部の女性の過重労働の状況にもっと目を向けることが急務だ。女性の労働を増やさず、男性と女性の協力関係をどのように促進することができるかが、今後のジェンダー政策の大きな課題である。

編者あとがき

本書は、巻頭言で長沢栄治先生が書かれているように、公開セミナーや科研内の公募研究会の成果をまとめた他の巻とは異なり、本シリーズ全体の構成から必要な課題として提起されたものである。そのため、刊行に向けてまず「労働」について議論することから始めた経緯がある。

その道のりについて、研究会を立ち上げる前の2020年に、どのような方針で「労働」を扱っていくかをめぐり複数回のブレーンストーミングを行い、長沢先生、鷹木恵子先生、小野仁美さん、村上薫さんとともに、構成案を練り上げた。あまりに練りすぎて袋小路に入りそうになったときに、鷹木先生が提案してくださったのが、本書の構成である。当時やりとりしたメールや作成された資料を読み直すと、本書の方向性や「労働」のどの側面を取り上げるかに関して繰り返し議論を重ねていったことをありありと思い出せる。実際の研究会が始まる1年前からの準備期間を経て、本書は、執筆者を確定し軌道に乗せることができたのである。岩﨑と岡戸が本書の編者を務めたが、本書の構想や構成、執筆者探しは長沢先生、鷹木先生、小野さん、村上さんとともになしえたことを記し、改めてこの場を借りて編者二人より深く感謝申し上げる。また、研究会を経て、各執筆者の原稿が入稿された後、本書の編集校正は、既刊同様に吉澤あきさんが担当された。丁寧で細部にわたる確認作業により、本書は、入稿後に一段と深化した。刊行までの日程調整などでも相談に乗っていただき、こうして無事に刊行できたことに重ねて感謝申し上げたい。

研究会は、執筆者間の共通理解を得るために7回にわたり開催し、専門分野や地域の異なる執筆者による発表からムスリム社会で「労働」がどのように考えられているか、男性と女性がそれぞれどのような働き方をしているかなどの議論を重ねていく形で進めた。発表してくださった方々には、感謝の意を伝えたい。

ＩＧ科研「労働」本研究会における発表者と発表題は、次のとおりである。

第１回（２０２１年７月11日）［以下、敬称略。各回ともコロナ禍の影響により、オンラインで行われた］
岩﨑えり奈「趣旨説明」
山本沙希「現代アルジェリア女性の有償家内労働と組織化にみる『なんとかやる』実践」

第２回（２０２１年10月３日）
友松夕香「ジェンダー政策の誤想：西アフリカ・サバンナ農村の女性の労働と家計負担の増加」

第３回（２０２１年11月７日）
西川慧「インドネシア・スマトラ島の『母系社会』における男女の働き方とその変化」

第４回（２０２２年４月24日）
臼杵悠「ヨルダンにおける男女の失業：教育水準と婚姻状況を中心とした分析」
村上明子「イランの開発計画と女性の経済的エンパワメント：女性起業家支援策の意義」

第５回（２０２２年７月25日）
岡戸真幸「エジプト人男性の海外出稼ぎ労働にみる働き方」
齋藤剛「モロッコの地方村落出身女性と労働：周辺化される女性を支える親族ネットワークと自助」
嶺崎寛子「ケア労働と性別役割分業：エジプトとパキスタンを事例に」

第6回（2022年9月22日）
大川玲子「イスラームの聖典に読む『労働』とジェンダー」
小野仁美「前近代ムスリム女性の労働とイスラーム法」
清水和裕「初期・中期イスラーム社会の『奴隷』と労働」

第7回（2022年10月22日）
石井正子「湾岸アラブ諸国の家事労働者：フィリピン人ムスリム女性の経験から」
幸加木文「ギュレン運動における信仰と奉仕」
細谷幸子「労働を寄付する」

研究会での議論の積み重ねを経て草稿が作られた後、執筆者同士で草稿を共有しコメントを付けて内容を精査する機会を設けて、本書は徐々に形になっていった。本書には編者を含めて22人の執筆者がいる。本書が刊行されるまで、繰り返しの修正依頼に応えてくださったことにも感謝したい。

さて、私、岡戸は本書で湾岸諸国で働くエジプト人労働者について書いたが、それ以前にはエジプト国内で地方農村から都市へと単身で出稼ぎをする男性労働者を調査対象にしてきた。彼らは、エジプト第二の都市アレクサンドリアの建設現場で生コンクリートの流し込み作業に、家族や親族、同郷などのつながりがある者と共に従事し、早朝から夕方まで粉塵にまみれ、重いセメント袋や砂利や砂を運ぶ肉体労働に汗を流して耐えてきた。長時間の労働に「疲れた」と愚痴をこぼし、日雇いの仕事が見つからないと暗い表情を浮かべることもあったが、彼らが働く理由は、若者なら結婚資金のため、または結婚すると家族を養うためであった。男性が稼ぎ手であると規定される社会で、彼らは、日々の苦しみがあっても家族の存在を糧に働き続けたのである。私にとってはこれが「労働」を考えるときに思い浮かぶ風景である。「労働」は単に働くというだけではなく、生き方でもあると考えられ、こうした労働観は、本書を通じてさまざまに示されてきた。

また、本書において、働く個人に光を当てるだけではなく、男性と女性、あるいは神との関係といった他者との関わりから「労働」をみる点は、重要な視点である。なぜなら、他者の存在は、働く者の満足や喜び、尊厳につながっていくと考えられるからである。それから、「労働」には、賃金労働のように金銭を対価にするのではなく、互酬性として労働が労働で返される場合も想定できる。例えば、農繁期の収穫作業や、家の修繕、日常的なちょっとしたお使いや子守りなどの助け合いが挙げられるが、賃金労働以外にも目を向けると、こうしたお互いの助け合いは、男女が分かち合う労働にも通じるだろう。なお、労働の交換が成り立つかは、おそらく、労働に対して敬意と感謝が払われるかにあると考えている。これは、私事で恐縮だが、最近、家事をやるようになって、改めて家事労働の大切さを身にしみて感じていることとも関わっている。労働が苦しいものだけでなく喜びにもなるのは、他者から評価され、承認を得られたときであり、そのためには自身も他者に同等の行為をしなければならないのである。この相互行為に「労働」を読み解く鍵があるのではないだろうか。そうしたことを、本書の校正をしながら考えていた。

紙幅が尽きてきたが、このあとがきが本書を読み返す契機となり、また、読者諸氏が、本書を通じて「労働」を考える機会を得られることを願っている。

２０２４年１月

岡戸真幸

University Press.
UNESCO-UIS Statistics. n.d. http://uis.unesco.org/（2023 年 1 月 20 日最終確認）
United Nations Department of Economic and Social Affairs. n.d. *International Migration 2019*. https://www.un.org/en/development/desa/population/migration/publications/wallchart/docs/MigrationStock2019_Wallchart.pdf（2020 年 8 月 25 日最終確認）
United Nations Development Programme (UNDP). 2022. *Human Development Report 2021/2022*. The United Nations Development Programme.
Van Nieuwkerk, Karin. 2019. *Manhood is Not Easy: Egyptian Masculinities thorough the Life of Musician Sayyid Henkish*. Cairo: The American University in Cairo Press.
Vice Presidency for Women and Family Affairs, the Islamic Republic of Iran, and The Sasakawa Peace Foundation. 2019. *Women Entrepreneurship, and Economic Empowerment: A comparative Study on Women Entrepreneurs in Iran and Japan*.
Wadud, Amina. 1999. *Qur'an and Women: Rereading the Sacred Text from a Woman's Perspective*. New York & Oxford: Oxford University Press.
Waterbury, John. 1972. *North for the Trade: The Life and Times of a Berber Merchant*. Berkeley: University of California Press.
Wilks, Ivor. 1976 [1971]. "The Mossi and Akan States. 1500-1800," In J. F. A. Ajayi and Michael Crowder (eds.), *History of West Africa*, 1. London: Longman, 413-455.
World Bank. 2023. "Unemployment, youth total (% of total labor force ages 15-24) (modeled ILO estimate) - Egypt, Arab Rep." https://data.worldbank.org/indicator/SL.UEM.1524.ZS?locations=EG（2023 年 9 月 30 日最終確認）
World Bank. n.d. https://data.worldbank.org/
World Bank-KNOMAD (The Global Knowledge Partnership on Migration and Development). 2019. "Migrant remittance inflows," April. https://www.knomad.org/sites/default/files/2019-04/Remittance%20Inflows%20Apr%202019.xlsx（2023 年 9 月 30 日最終確認）
World Economic Forum. 2021. *Global Gender Gap Report 2021*. https://jp.weforum.org/reports/ab6795a1-960c-42b2-b3d5-587eccda6023（2024 年 2 月 2 日最終確認）
———. 2022. *Global Gender Gap Report 2022: Insight Report*. Geneva: World Economic Forum.

Sahih Muslim. https://sunnah.com/muslim:2548a（2024 年 2 月 2 日最終確認）
al-Ṣayrafī', 'Aṭiyya. 1975. *'Ummāl al-tarāḥīl*. Cairo: Dār al-Thaqāfa al-Jadīda.
———. 1997. *Lamaḥāt min ṭārīkh-nā al-'ummālī wa al-niqābī: ẓuhūr al-ṭabaqa al-'āmila al-miṣriyya al-ḥadītha min bayna al-ṣukhra wa ra's al-māl al-ajnabī*. Giza: Dār al-Amīn li-l-Ṭibā'a wa al-Nashr wa al-Tawzī'.
———. 2007. *Sīra 'āmil mushāghib: lamḥāt min tārīkh al-ṭabaqa al-'āmila al-miṣriyya (sīra dhātiyya)*. Cairo: Markaz al-Khāmisīn li-l-Tanmiya al-Shāmila.
Sayyda Salema (or E. Ruete). 1993. *An Arabian Princess between Two Worlds* (E. van Donzel, ed.). Leiden: E. J. Brill.
Schielke, Samuli. 2020. *Migrant Dreams: Egyptian Workers in the Gulf States*. Cairo: The American University in Cairo Press.
Seng, Y. 1999. "A Liminal State: Slavery in Sixteenth-Century Istanbul," In Shaun E. Marmon (ed.), *Slavery in the Islamic Middle East*. Princeton: Markus Wiener Publishers, 25-42.
Setad-e touse'e-ye farhang-e'elm. 1395 (2016). *Dāneshbonyān*. shomāre haftom.
Sha'rāwī, Muḥammad Mutawallī al-. n.d. *Tafsīr al-sha'rāwī*. 24vols, Cairo: Akhbār al-Yawm.
Shatzmiller, Maya. 1994. *Labour in the Medieval Islamic World*. Leiden: E. J. Brill.
Simply Sharia Human Capital. 2016. *Women in Islamic Finance & Islamic Economy: Unlocking Talent*. https://middleeast-business.com/wp-content/uploads/2017/05/Simply-HC-WIF-2016-Digital-1.pdf（2023 年 11 月 15 日最終確認）
Statistical Center of Iran. n.d. https://www.amar.org.ir/（2023 年 1 月 20 日最終確認）
Stolcke, Serena. 1988. *Coffee Planters, Workers & Wives: Class Conflict and Gender Relations on São Paulo Plantations, 1854-90*. London: Macmillan.
Stowasser, Barbara Freyer. 1984. "The Status of Women in Early Islam," In Freda Hussain (ed.), *Muslim Women*. London & Sydney: Croom Helm, 11-43.
———. 1994. *Women in the Qur'an, Tradition, and Interpretation*. New York & Oxford: Oxford University Press.
Sunan an-Nasa'i. https://sunnah.com/nasai:3104（2024 年 2 月 2 日最終確認）
Swain, Simon. 2013. *Economy, Family and Society from Rome to Islam: A Critical Edition, English Translation, and Study of Bryson's Management of the Estate*. Cambridge: Cambridge University Press.
Taylor, Abbie, Nada Soudy, and Susan Martin. 2017. "The Egyptian 'Invasion' of Kuwait: Navigating Possibilities Among the Impossible," In Zahra Babar (ed.), *Arab Migrant Communities in the GCC*. London: Hurst and Company, 85-109.
Toledano, E. R. 1998. *Slavery and Abolition in the Ottoman Middle East*. Seattle: University of Washington Press.
Tsourapas, Gerasimos. 2019. *The Politics of Migration in Modern Egypt: Strategies for Regime Survival in Autocracies*. Cambridge: Cambridge University Press.
Tucker, Judith. 1986. *Women in Nineteenth-Century Egypt*. Cambridge: Cambridge University Press.
Udovitch, A. L. 1970. *Partnership and Profit in Mediaeval Islam*. Princeton: Princeton

Mryyan, Nader. 2014. "Demographic, Labor Force Participation, and Unemployment," In Ragui Assaad (ed.), *The Jordanian Labor Market in the New Millennium*. Oxford: Oxford University Press, 39-63.

Naguib, Nefissa. 2015. *Nurturing Masculinities: Man, Food, and Family in Contemporary Egypt*. Austin: University of Texas Press.

Office National des Statistiques de l'Algérie (ONS). 1977. *Recensement Général de la Population et de l'Habitat de 1977*. Alger: ONS.

———. 1991a. *Enquête main-d'œuvre 1989*. Alger: ONS.

———. 1991b. *Enquête main d'œuvre-Décembre 1990*. Alger: ONS.

———. 1991c. *Enquête main d'œuvre-Décembre 1991*. Alger: ONS.

———. 2012a. *Collections statistiques N°170: Enquête emploi auprès des ménages 2010*. Alger: ONS.

———. 2012b. *Collections statistiques N°173: Enquête emploi auprès des ménages 2011*. Alger: ONS.

———. 2014. *Collections statistiaues N°185: Enquête emploi auprès des ménages 2013*. Alger: ONS.

Okawa, Reiko. 2021. "Interpretation of Ḥawwā' (Eve) in Contemporary Egypt: Tafsīr (Interpretation of the Qur'an) of Muḥammad Mitwallī al-Sha'rāwī and Muḥammad Sayyid Ṭanṭāwī," *Orient*, 56: 5-24.

Öztürk, Sare. 2023. "Tekstil Sektörünün Değişmeyeni: Kadınlar Hâlâ Kayıtdışı, Güvencesiz ve Düşük Ücrete Çalışıyor!" https://www.kadinisci.org/dosya-arastirma/tekstil-sektorunun-degismeyeni-kadinlar-hala-kayitdisi-guvencesiz-ve-dusuk-ucrete-calisiyor/（2023 年 9 月 21 日最終確認）

Patterson, O. 1982. *Slavery and Social Death: A Comparative Study*. Cambridge: Harvard University Press.（オルランド・パターソン（奥田暁子訳）2001『世界の奴隷制の歴史』明石書店）

Ramos, Christia Marie. 2021. "Despite Reforms, Abuses vs OFWs in Middle East Still Difficult to Stop: DFA Official," March 7, *Inquirer.net*. https://globalnation.inquirer.net/194231/despite-reforms-abuses-vs-ofws-still-difficult-to-stop-says-dfa-official（2023 年 1 月 8 日最終確認）

Rapoport, Yossef. 2005. *Marriage, Money and Divorce in Medieval Islamic Society*. Cambridge: Cambridge University Press.

Rasool, Abdul, Izhar Ahmad, Muhammad Irfan Khan, and Sanaullah Veesar. 2021. "Hurdles to Women's Inheritance Rights Among Various Societies of Pakistan (A Sociological Investigation)," *European Journal of Agricultural and Rural Education*, 2(4). https://www.scholarzest.com.

Rivlin, Helen Anne B. 1961. *The Agricultural Policy of Muhammad Ali in Egypt*. Cambridge: Harvard University Press.

Rūznāme-ye rasmī: shomāre 20995. 1396 (2016).

Modern Africa and Asia. Wisconsin: University of Wisconsin Press.

Lalouë, G. 1910. *Enquête sur le travail des femmes indigènes à Alger*. Alger: Jourdan Alger.

Lewis, B. 1990. *Race and Slavery in the Middle East: An Historical Enquiry*. Oxford: Oxford University Press.

Lovejoy, P. E. (ed.). 2004. *Slavery on the Frontiers of Islam*. Princeton: Markus Wiener Publishers.

Marmon, S. E. 1999. "Domestic Slavery in the Mamluk Empire: A Preliminary Sketch," In Shaun E. Marmon (ed.), *Slavery in the Islamic Middle East*. Princeton: Markus Wiener Publishers, 1-23.

Mensch, Barbara S., Barbara L. Ibrahim, Susan M. Lee, and Omaima El-Gibaly. 2003. "Gender-Role Attitudes among Egyptian Adolescents," *Studies in Family Planning*, 34(1): 8-18.

Mernissi, Fatima. 1987. *Beyond the Veil: Male-Female Dynamics in Modern Muslim Society*. revised ed., Bloomington and Indianapolis: Indiana University Press.

——— (Mary Jo Lakeand, trans.). 1991. *Women and Islam: An Historical and Theological Enquiry*. Oxford: Blackwell.

———. 2003. *ONG rurales du Haut-Atlas: Les Aït-Débrouille*. Casablanca: Editions le Fennec.

Miah, Md. Abdul Hamid. 2018. *Islamic Microfinance: An Instrument for Transforming Dreams into Reality*. Dhaka: Principal Publishers.

Miles, Rebecca. 2002. "Employment and Unemployment in Jordan: The Importance of the Gender System," *World Development*, 30(3): 413-427.

Miles, Robert. 1983. *Capitalism and Unfree Labour: Anomaly or Necessity*. London: Tavistock Publications.

Miller, D. 1985. "Some Psyco-Social Perceptions of Slavery," *Journal of Social History*, 18/4: 587-605.

Mitchell, R. P. 1993. *The Society of the Muslim Brothers*. New York & Oxford: Oxford University Press.

Miura, T. and J. E. Phillips. 2000. *Slave Elites in the Middle East and Africa*. London: Kegan Paul International.

Moraes Farias, P. F., de. 1985. "Models of the World and Categorical Models: The 'Enslavable Barbarian' as a Mobile Classificatory Label," In J. R. Willis (ed.), *Slaves and Slavery in Muslim Africa, v. 1: Islam and the Ideology of Enslavement*. London: Routledge, 27-46.

Moser, Caroline O. N. 1993. *Gender Planning and Development: Theory, Practice and Training*. London: Routledge.（キャロライン・モーザ（久保田賢一・久保田真弓訳）1996『ジェンダー・開発・NGO――私たち自身のエンパワーメント』新評論）

Müller, H. 1980. *Die Kunst des Sklavenkaufs*. Freiburg: Schwarz.

Murakami, Kaoru. 2005. "'Burada Aile Ortamı Var' Yoksul Kadınların Emek Sürecine Katılımı ve Namus Kavramı," In Gönül Pultar and Tahire Erman (eds.), *Türk(iye) Kültürleri*. Istanbul: Tetragon Yayınları, 413-433.

Islam. Princeton: Markus Wiener Publishers.
Ibn Rushd, Abū al-walīd Muḥammad. 2002. *Bidāyat al-mujtahid wa nihāyat al-muqtaṣid*. Beirut: Dār al-Kutub al-ʿIlmīya.
International Labour Organization (ILO). 1972. *Employment, Incomes and Equality: A Strategy for Increasing Productive Employment in Kenya*. Geneva: ILO.
———. 2018. *Care Work and Care Jobs for the Future of Descent Work*. Geneva: ILO.
———. 2021. *Making Decent Work a Reality for Domestic Workers in the Middle East: Progress and Prospects Ten Years After the Adoption of the ILO Domestic Workers Convention, 2011 (No. 189)*. https://www.ilo.org/wcmsp5/groups/public/---arabstates/---ro-beirut/documents/publication/wcms_831916.pdf（2023 年 1 月 8 日最終確認）
Ishii, Masako. 2019. “Formal and Informal Protection for Domestic Workers: A Case of Filipinas,” In Masako Ishii, Naomi Hosoda, Masaki Matsuo, and Koji Horinuki (eds.), *Asian Migrant Workers in the Arab Gulf States: The Growing Foreign Population and Their Lives*. Leiden: Brill, 145-171.
Islahi, Abdul Azim. 2020. “Economic Empowerment of Women in Islam,” In Toseef Azid and Jennifer L. Ward-Batts (eds.), *Economic Empowerment of Women in the Islamic World: Theory and Practice*. Singapore: World Scientific.
Jamʿīya al-Ikhwān al-Muslimīn. n.d. *Qānūn al-niẓām al-asāsī (2 Shawwāl sanah 1364 h, 8 Sibtambir sanah 1945 m)/ Al-Lāʾiḥa al-dākhilīya al-ʿāmma (2 Ṣafar sanah 1371 h, 2 Nūfimbir sanah 1951 m)*. Cairo: Dār al-'Anṣār.
al-Jazeera. 2005. “Mubādara Jamā‘a al-Ikhwān al-Muslimīn li-l-’Iṣlāḥ al-Dākhilī fī Miṣr” (2005/5/16). https://www.aljazeera.net/2005/05/16/5#مبادرة-جماعة-الإخوان-المسلمين（2023年9月28日最終確認）
Johnson, Mark. 2010. “Diasporic Dreams, Middle Class Moralities and Migrant Domestic Workers among Muslim Filipinos in Saudi Arabia,” *The Asia Pacific Journal of Anthropology*, 11(3-4): 1-22.
Kapchan, Deborah. 1996. *Gender on the Market: Moroccan Women and the Revoicing of Tradition*. Philadelphia: University of Pennsylvania Press.
Kathiravelu, Laavanya. 2016. *Migrant Dubai: Low Wage Workers and the Construction of a Global City*. London: Palgrave Macmillan.
Kato, Tsuyoshi. 1982. *Matriliny and Migration: Evolving Minangkabau Traditions in Indonesia*. Ithaca: Cornel University Press.
Katz, Marion Holmes. 2022. *Wives and Work: Islamic Law and Ethics Before Modernity*. New York: Columbia University Press.
Kelkoul, A. 1995. “Femmes et secteur informel,” *Femmes et développement*, Oran: CRASC, 255-279.
Khamenei.ir, eblāgh-e siyāsthā-ye kolī barnāme-ye touseʿe-ye shshom, 30 July 2015. http://farsi.khamenei.ir/news-content?id=30128（2023 年 1 月 20 日最終確認）
Klein, M. A. (ed.). 1993. *Breaking the Chains: Slavery, Bondage, and Emancipation in*

Fay, M. A. (ed.). 2019. *Slavery in the Islamic World: Its Characteristics and Commonality*. Palgrave Macmillan.

Fianto, Bayu Arie and Christopher Gan. 2017. "Islamic Microfinance in Indonesia," In Christopher Gan and Gilbert V. Nartea (eds.), *Microfinance in Asia*. Singapore: World Scientific.

Forand, P. G. 1971. "The Relation of the Slave and the Client to the Master or Patron in Medieval Islam", *International Journal of Middle East Studies*, 2, 59-66.

Freamon, B. K. 2019. *Possessed by the Right Hand: the Problem of Slavery in Islamic Law and Muslim Cultures*. Leiden: Brill.

The Fund for Peace. 2023. *Fragile States Index*. https://fragilestatesindex.org/

Ghannam, Farha. 2013. *Live and Die Like a Man: Gender Dynamics in Urban Egypt*. Stanford: Stanford University Press.

Goldberg, Ellis. 1986. *Tinker, Tailor and Textile Worker: Class and Politics in Egypt*. Berkeley: California University Press.

Golkar, Saeid. 2015. *Captive Society: The Basij Militia and Social Control in Iran*. Woodrow Wilson Center Press/ Columbia University Press.

Gordenberg, D. M. 2005. *The Curse of Ham*. Princeton.

Hochschild, Arile, Russel. 2001. "Global Care Chains and Emotional Surplus Labor," In Will Hutton and Anthony Giddens (eds.), *On the Edge: Living with Global Capitalism*. Vintage.

Hoffman, Katherine E. 2002. "Moving and Dwelling: Building the Moroccan Ashelhi Homeland," *American Ethnologist*, 29(4): 928-962.

Hosoda, Naomi. 2013. "Kababayan Solidarity? Filipino Communities and Class Relations in United Arab Emirates Cities," *Journal of Arabian Studies: Arabia, the Gulf, and the Red Sea*, 3(1): 18-35.

Human Rights Watch. 2004. "'Bad Dreams': Exploitation and Abuse of Migrant Workers in Saudi Arabia," July 13. https://www.hrw.org/report/2004/07/13/bad-dreams/exploitation-and-abuse-migrant-workers-saudi-arabia（2023 年 9 月 25 日最終確認）

———. 2010. "Walls at Every Turn: Abuse of Migrant Domestic Workers through Kuwait's Sponsorship System," October 6. https://www.hrw.org/report/2010/10/06/walls-every-turn/abuse-migrant-domestic-workers-through-kuwaits-sponsorship（2023 年 9 月 25 日最終確認）

———. 2012. "For a Better Life: Migrant Worker Abuse in Bahrain and the Government Reform Agenda," September 30. https://www.hrw.org/report/2012/09/30/better-life/migrant-worker-abuse-bahrain-and-government-reform-agenda（2023 年 9 月 25 日最終確認）

———. 2014. "'I Already Bought You': Abuse and Exploitation of Female Migrant Domestic Workers in the United Arab Emirates," October 22. https://www.hrw.org/report/2014/10/22/i-already-bought-you/abuse-and-exploitation-female-migrant-domestic-workers（2023 年 9 月 25 日最終確認）

Hunwick, J. O. and E. T. Powell. 2002. T*he African Diaspora in the Mediterranean Lands of*

Amin, Qasim (Samiha Sidhom Peterson trans.). 1993. *The Liberation of Women and the New Woman: Two Documents in the History of Egyptian Feminism*. Cairo: American University in Cairo Press.

Anca, Celia de. 2012. *Beyond Tribalism: Managing Identities in a Diverse World.* Basingstoke and New York: Palgrave Macmillan.

Anjoman-e khānevāde-ye nāshenavāyān-e ostān-e esfahān. 1401 (2022). *sālnāme-ye anjoman-e khānevāde-ye nāshenavāyān-e ostān-e esfahān*, 5(6).

Ayalon, D. 1999. *Eunuchs, Caliphs and Sultans: A Study of Power Relationships.* Jerusalem: The Hebrew University Magnes Press.

Bahramitash, Roksana. 2013. *Gender and Entrepreneurship in Iran: Microenterprise and the Informal Sector*, Palgrave Macmillan.

Bauer, Karen. 2015. *Gender Hierarchy in the Qur'ān: Medieval Interpretations, Modern Responses*. Cambridge & New York: Cambridge University Press.

Bensafa, H. 1995. "L'activité des femmes dans le secteur de l'artisanat entre le mythe et la réalité," *Femmes et dévloppement.* Oran: CRASC, 297-311.

Bernards, M. and J. Nawas. 2005. *Patronate and Patronage in Early and Classical Islam.* Leiden: Brill.

Bint al-Shati' (BSh, Anthony Calderbank, trans.). 1999. "Islam and the New Woman," *Alif: Journal of Comparative Poetics*, 19/20: 194-202.

Boserup, Ester. 1970. *Woman's Role in Economic Development*. New York: St. Martin's Press.

Brinton, Jacquelene G. 2016. *Preaching Islamic Renewal: Religious Authority and Media in Contemporary Egypt*. University of California Press [Kindle].

Brown, J. A. C. 2019. *Slavery & Islam*. London: Oneworld Academic.

Brown, Ryan Andrew, Louay Constant, Peter Glick, and Audra K. Grant. 2014. *Youth in Jordan: Transitions from Education to Employment*. Santa Monica: RAND Corporation.

Crone, P. 1980. *Slaves on Horses: The Evolution of the Islamic Polity*. New York: Cambridge University Press.

Dānā. 1395 (2016). Ordū-ye jahādī -ye basījyān-e esfahān dar manāteq-e mahrūm-e lordegān, (2015/05/04). https://dana.ir/725128/اردوی-جهادی-بسیجیان-اصفهان-در-مناطق-محروم-لردگان-تصاویر #gsc.tab=0（2023年10月16日最終確認）

Elkins, S. M. 1959. *Slavery: A Problem in American Institutional and Intellectual Life*. Chicago: University of Chicago Press.

Elliot, Alice. 2021. *The Outside: Migration as Life in Morocco*. Bloomington: Indiana University Press.

Elson, Diane and Ruth Pearson. 1981. "'Nimble Fingers Make Cheap Workers': An Analysis of Women's Employment in Third World Export Manufacturing," *Feminist Review*, 7: 87-107.

Ennaji, Moha and Fatima Sadiqi. 2008. *Migration and Gender in Morocco: The Impact of Migration on the Women Left Behind*. Trenton: The Red Sea Press.

——— 1993「移動を常態とする社会 —— マグレブの人々の生活と意識」梶田孝道編『ヨーロッパとイスラム —— 共存と相剋のゆくえ』有信堂高文社、285-304 頁。

牧野久美子・岩崎えり奈編著 2020『新 世界の社会福祉 第 11 巻　アフリカ／中東』旬報社。

宮治一雄 2004「モロッコの村落開発と在仏移民 NGO —— M&D の事例」『恵泉女学園大学人文学部紀要』16、67-83 頁。

村上明子 2020「イランにおける女性就業の現状と課題」宮本謙介編『アジアにおける労働市場の現局面』亜細亜大学アジア研究所、5-42 頁。

村上薫 1999「トルコの工場女性労働とジェンダー規範」『アジア経済』40(5)、24-48 頁。

——— 2005「トルコの女性労働とナームス（性的名誉）規範」加藤博編『イスラームの性と文化』（イスラーム地域研究叢書 6）東京大学出版会、47-66 頁。

リード、アンソニー（太田淳・長田紀之監訳）2021『世界史のなかの東南アジア —— 歴史を変える交差路』名古屋大学出版会。

レヴィ＝ストロース、クロード（原ひろ子訳）1968「家族」祖父江孝男訳編『文化人類学リーディングス』誠信書房、1-28 頁。

柳橋博之 2002「相続」日本イスラム協会監修、佐藤次高ほか編『新イスラム事典』平凡社。

——— 2012『イスラーム財産法』東京大学出版会。

横田貴之 2006『現代エジプトにおけるイスラームと大衆運動』ナカニシヤ出版。

〈外国語〉
Abu-Lughod, J. L. 1989. *Before European Hegemony: The World System A.D. 1250-1350.* New York: Oxford University Press.
Acar, Burak et al. 2020. “Tekstil ve Hazır Giyim Atölyelerinde Çalışan Genç Yetişkin Kadın İşçilerin Çalışma Koşulları ve Deneyimledikleri Çok Boyutlu Sorunlar,” *Çalışma ve Toplum*, 64. https://www.calismatoplum.org（2023 年 9 月 21 日最終確認）
Administration Office, ed. 2010. *Amman Household Survey 2008 (Research Report Series No. 10)*. Tokyo: Need-Based Program for Area Studies (Middle East within Asia: Law and Economics).
Ahme, Karen Hunt. 2012. “Finding a Jewel: Identity and Gendered Space in Islamic Finance,” *Culture & Psychology*, 18(4), 542-558.
Alhawarin, Ibrahim Mohammad, and Irene Selwaness. 2018. *The Evolution of Social Security in Jordan's Labor Market: A Critical Comparison Between Pre- and Post-2010 Social Security Reform.* Giza: Economic Research Forum.
Amer, Mona. 2014. “The School-to-Work Transition of Jordanian Youth,” In Ragui Assaad (ed.), *The Jordanian Labor Market in the New Millennium*. Oxford: Oxford University Press, 64-104.
Amin, Kassem. 1894. *Les Égyptiens: réponse a M. le duc d'Harcourt*. Cairo: Jules Barbier.

通して」『史淵』第146輯、153-184頁。
——— 2015『イスラーム史のなかの奴隷』山川出版社。
鈴木恵美 2011「エジプト・アラブ共和国」松本弘編著『中東・イスラーム諸国民主化ハンドブック』明石書店、92-105頁。
鈴木英明 2020『解放しない人びと、解放されない人びと —— 奴隷廃止の世界史』東京大学出版会。
鷹木恵子 2007『マイクロクレジットの文化人類学 —— 中東・北アフリカにおける金融の民主化にむけて』世界思想社。
竹信三恵子 2023『女性不況サバイバル』岩波書店。
友松夕香 2019『サバンナのジェンダー —— 西アフリカ農村経済の民族誌』明石書店。
——— 2020「農業の女性化 —— フェミニズムとポストコロニアリズムの国際開発をめぐるパラドックス」『西洋史学』270、79-96頁。
長沢栄治 1980「エジプトの移動労働者」『アジア経済』21(11)、57-75頁。
——— 1991「世界綿業の展開とエジプト農村の労働力問題」『世界の構造化』〈シリーズ 世界史への問い 第9巻〉岩波書店、105-132頁。
——— 1992「エジプト綿花経済における『不自由な賃労働』—イズバ型労働制度をめぐって—」『歴史学研究』638、110-121頁。
——— 2013『エジプトの自画像 —— ナイルの思想と地域研究』平凡社。
——— 2019『近代エジプト家族の社会史』東京大学出版会。
——— 2024「ナセルの遺産 —— アラブ専制体制の起源」『アジアの世紀へ』〈アジア人物史 第12巻〉集英社（刊行予定）。
中田考監修、中田香織・下村佳州紀訳 2014『日亜対訳クルアーン』作品社。
中谷文美 2003『「女の仕事」のエスノグラフィ —— バリ島の布・儀礼・ジェンダー』世界思想社。
中谷文美・宇田川妙子編 2016『仕事の人類学 —— 労働中心主義の向こうへ』世界思想社。
西川慧 2022「ほろ苦さを求めて —— インドネシア西スマトラ州のガンビール・ブームから読み解くビンロウのグローバリゼーションズ」大坪玲子・谷憲一編『嗜好品から見える社会』春風社、339-364頁。
野中葉 2020「インドネシアのムスリマ活動家たちの結集 —— 世界的に稀な女性ウラマー会議開催」長沢栄治監修、鷹木恵子編『越境する社会運動』（イスラーム・ジェンダー・スタディーズ2）明石書店、173-186頁。
バンナー、ハサン（北澤義之ほか訳）2015『ムスリム同胞団の思想　上 —— ハサン・バンナー論考集』岩波書店。
藤本透子 2018「イスラーム社会における喜捨～中央アジアのカザフスタンを中心に～」愛知大学人文社会学研究所『功徳と喜捨と贖罪』（2017年度公開講座報告書）、203-245頁。
堀内正樹 1989「モロッコ —— 出稼ぎの構図」宮治一雄編『中東 —— 国境を越える経済』アジア経済研究所、155-179頁。

堀雅幸編『ディアスポラのムスリムたち —— 異郷に生きて交わること』上智大学イスラーム研究センター、77-87 頁。
小野仁美 2019『イスラーム法の子ども観 —— ジェンダーの視点でみる子育てと家族』慶應義塾大学出版会。
加藤剛 2002「ミナンカバウ人」大塚和夫ほか編『岩波イスラーム辞典』岩波書店、947 頁。
金谷美紗 2011「エジプトにおける労働争議の増加と国家・労働者関係の変化」伊能武次編『エジプトにおける社会契約の変容』アジア経済研究所、68-88 頁。
上岡弘二 1991「イランの民衆のイスラムと社会意識」加納弘勝編『中東の民衆と社会意識』アジア経済研究所、43-83 頁。
上村泰裕 2021「働くことの意味と保護 —— 持続可能なディーセントワークの構想」『日本労働研究雑誌』736、77-86 頁。
北澤義之 2020「ヨルダンの社会福祉」牧野久美子・岩崎えり奈編『新 世界の社会福祉 第 11 巻　アフリカ／中東』旬報社、359-388 頁。
キテイ、エヴァ・フェダー（岡野八代・牟田和恵監訳）2010『愛の労働あるいは依存とケアの正義論』白澤社。
厚生労働省 2022『令和 3 年簡易生命表の概況』https://www.mhlw.go.jp/toukei/saikin/hw/life/life21/index.html（2024 年 2 月 2 日最終確認）
小杉泰 2006『現代イスラーム世界論』名古屋大学出版会。
後藤絵美 2020「エジプト女性運動の『長い 20 世紀』—— 連帯までの道のり」長沢栄治監修、鷹木恵子編著『越境する社会運動』（イスラーム・ジェンダー・スタディーズ 2）明石書店、34-45 頁。
小林和夫 2021『奴隷貿易をこえて —— 西アフリカ・インド綿布・世界経済』名古屋大学出版会。
齋藤剛 2021「噂、監視、密告 —— モロッコのベルベル人にみる名誉と日常的暴力の周辺」田中雅一・嶺崎寛子編『ジェンダー暴力の文化人類学 —— 家族・国家・ディアスポラ社会』昭和堂、131-152 頁。
——— 2023「家族に絡めとられる —— モロッコのベルベル人母子にみる家族の捉え方」長沢栄治監修、竹村和朗編『うつりゆく家族』（イスラーム・ジェンダー・スタディーズ 6）明石書店、64-81 頁。
坂井信三 2003『イスラームと商業の歴史人類学 —— 西アフリカの交易と知識のネットワーク』世界思想社。
坂口明 1998「支配の果実と代償：ローマ奴隷制社会論」樺山紘一ほか編『岩波講座世界歴史 4　地中海世界と古典文明』岩波書店、295-319 頁。
佐藤次高 1991『マムルーク』東京大学出版会。
シーガル、ロナルド（設樂國廣監訳）2007『イスラームの黒人奴隷』明石書店。
嶋田義仁 1995『牧畜イスラーム国家の人類学 —— サヴァンナの富と権力と救済』世界思想社。
清水和裕 2009「中世イスラーム世界の黒人奴隷と白人奴隷 ——〈奴隷購入の書〉を

参考文献

〈日本語〉

アガンベン、ジョルジョ（高桑和巳訳、上村忠男解題）2003『ホモ・サケル —— 主権権力と剝き出しの生』以文社。

アジア経済研究所編（板垣雄三訳）1966『アラブ連合共和国・国民憲章』（所内資料・調査研究部 No.40-32・翻訳 No.12）、アジア経済研究所。

阿部尚史 2020『イスラーム法と家産 —— 19 世紀イラン在地社会における家・相続・女性』中央公論新社。

アレント、ハンナ（志水速雄訳）1994『人間の条件』筑摩書房。

飯塚正人 2023「イスラーム主義の盛衰」荒川正晴ほか編『二つの大戦と帝国主義Ⅱ　二〇世紀前半』〈岩波講座　世界歴史 21〉岩波書店、143-174 頁。

石井正子 2014「フィリピン人家事労働者に対する保護への取り組み」細田尚美編『湾岸アラブ諸国の移民労働者』明石書店、122-146 頁。

板垣雄三 1992「比較の中のアーバニズム —— 都市性のメッセージとしてのイスラム」板垣雄三『歴史の現在と地域学』岩波書店、409-421 頁。

伊藤貞夫 2005「古代ギリシア史研究と奴隷制」『法制史研究』55、121-154 頁。

伊藤るり編 2020『家事労働の国際社会学』人文書院。

伊藤るり・足立眞理子編 2008『国際移動と〈連鎖するジェンダー〉—— 再生産領域のグローバル化』〈ジェンダー研究のフロンティア 2〉作品社。

イドリース、ユースフ（奴田原睦明訳）1984『ハラーム［禁忌］』第三書館。

イブン・ハルドゥーン（森本公誠訳）2001『歴史序説（3）』岩波書店。

ウェッバー、トーマス・L.（西川進監訳）1988『奴隷文化の誕生』新評論。

上野千鶴子 1995「『労働』概念のジェンダー化」脇田晴子／S・B・ハンレー編『ジェンダーの日本史（下）—— 主体と表現　仕事と生活』東京大学出版会、679-710 頁。

エリクセン、トーマス・ハイランド（鈴木清史訳）2006『エスニシティとナショナリズム —— 人類学的視点から』明石書店。

大川玲子 2013『イスラーム化する世界 —— グローバリゼーション時代の宗教』平凡社。

——— 2021『リベラルなイスラーム —— 自分らしくある宗教講義』慶應義塾大学出版会。

太田秀通 1988『奴隷と隷属農民　増補版』青木書店。

小笠原弘幸 2022『ハレム —— 女官と宦官たちの世界』新潮社。

岡戸真幸 2021「往来を続ける出稼ぎ労働者 —— エジプトとクウェートの狭間で」赤

Contents

松尾和彦（まつお・かずひこ）［コラム 5］
総務省統計研究研修所 客員教授（元 JICA-CAPMAS 統計の品質向上プロジェクト・チーフアドバイザー）
専攻：公的統計、統計制度
主な著作：「エジプトにおける統計活動の現状と今後の課題」（『ESTRELA』311、2020 年）。

嶺崎寛子（みねさき・ひろこ）［第 11 章］
成蹊大学文学部 准教授
専攻：文化人類学、ジェンダー学
主な著作：『日本に暮らすムスリム』〈イスラーム・ジェンダー・スタディーズ 7〉（編著、長沢栄治監修、明石書店、2024 年）、『ジェンダー暴力の文化人類学 ── 家族・国家・ディアスポラ社会』（田中雅一との共編著、昭和堂、2021 年）、『イスラーム復興とジェンダー ── 現代エジプト社会を生きる女性たち』（昭和堂、2015 年）。

村上明子（むらかみ・あきこ）［第 7 章］
北海学園大学・藤女子大学・苫小牧工業高等専門学校 非常勤講師
専攻：途上国経済論、イラン地域研究
主な著作：「イランにおける女性就業の現状と課題：改善策としての『起業支援』が機能するためには」（宮本謙介編『アジアにおける労働市場の現局面』亜細亜大学アジア研究所、2020 年）、“Comparative Study on Women Entrepreneurs in Iran and Japan: Practice and Policy”（Vice Presidency for Women and Family Affairs, the Islamic Republic of Iran, *Women Entrepreneurship, and Economic Empowerment: A comparative Study on Women Entrepreneurs in Iran and Japan*, The Sasakawa Peace Foundation, 2019),「イラン女性の社会貢献活動 ── テヘラン市の事例分析」（『経済社会学会年報』38、2016 年）。

村上　薫（むらかみ・かおる）［第 9 章］
日本貿易振興機構アジア経済研究所 主任研究員
専攻：トルコ地域研究、ジェンダー論
主な著作：「名誉殺人と二つの家族像 ── トルコの刑法改正が映しだすもの」（長沢栄治監修、竹村和朗編『うつりゆく家族』〈イスラーム・ジェンダー・スタディーズ 6〉明石書店、2023 年）、「名誉をよみかえる ── イスタンブルの移住者社会における日常の暴力と抵抗」（田中雅一・嶺崎寛子編『ジェンダー暴力の文化人類学 ── 家族・国家・ディアスポラ社会』昭和堂、2021 年）、『不妊治療の時代の中東 ── 家族をつくる、家族を生きる』（編著、アジア経済研究所、2018 年）。

山本沙希（やまもと・さき）［第 10 章］
立教大学異文化コミュニケーション学部 ポストドクトラル・フェロー
専攻：マグリブ地域研究、ジェンダー
主な著作：「現代アルジェリアにおける機織り女性のコロニアルな遺産の利用と組織化の実践 ── カビリー地方『絨毯の村』を事例に」（『日本中東学会年報』38(1)、2022 年）、「アルジェ（アルジェリア）── 街を飛び交う複数の言語」（松原康介編『地中海を旅する 62 章 ── 歴史と文化の都市探訪』明石書店、2019 年）。

友松夕香（ともまつ・ゆか）［第 16 章］
法政大学経済学部 准教授
専攻：経済人類学、アフリカ地域研究
主な著作：「農業の女性化 ── フェミニズムとポストコロニアリズムの国際開発をめぐるパラドックス」（『西洋史学』270、2020 年）、『サバンナのジェンダー ── 西アフリカ農村経済の民族誌』（明石書店、2019 年）、「執拗なる共食の実践 ── ガーナ北部の西ダゴンバ地域における穀物の不足と同居家族の経済関係」（浜田明範編著『再分配のエスノグラフィ ── 経済・統治・社会的なもの』悠書館、2019 年）。

長岡慎介（ながおか・しんすけ）［第 5 章］
京都大学大学院アジア・アフリカ地域研究研究科 教授
専攻：イスラーム経済論、ポスト資本主義論
主な著作：『資本主義の未来と現代イスラーム経済（上・下）』（詩想舎、2020 年）、『お金ってなんだろう？　あなたと考えたいこれからの経済』（平凡社、2017 年）、『現代イスラーム金融論』（名古屋大学出版会、2011 年）。

長沢栄治（ながさわ・えいじ）［第 4 章］
監修者紹介を参照。

西川　慧（にしかわ・けい）［第 12 章］
石巻専修大学人間学部 准教授
専攻：文化人類学、東南アジア地域研究
主な著作：「供犠の価値は計り得るか？ ── インドネシア西スマトラ州における家畜の商品的価値と供犠」（『文化人類学』88(1)、2023 年）、「ほろ苦さを求めて ── インドネシア西スマトラ州のガンビール・ブームから読み解くビンロウのグローバリゼーションズ」（大坪玲子・谷憲一編『嗜好品から見える社会』春風社、2022 年）、「統合と分離のあいだで ── 西スマトラ州海岸部における親族と社会関係をめぐって」（『東南アジア 歴史と文化』50、2021 年）。

福永浩一（ふくなが・こういち）［コラム 2］
上智大学 非常勤講師
専攻：エジプト地域研究、イスラーム思想
主な著作：「イスラーム政治思想研究」（私市正年他編『中東・イスラーム研究概説 ── 政治学・経済学・社会学・地域研究のテーマと理論』明石書店、2017 年）、『イスラーム国の黒旗のもとに ── 新たなるジハード主義の展開と深層』（サーミー・ムバイヤド著、高尾賢一郎との共訳、青土社、2016 年）、「エジプトにおけるムスリム同胞団の危機 ── ムルスィー大統領の退陣と新暫定政府への抗議デモに関して」（『中東研究』518、2013 年）。

細谷幸子（ほそや・さちこ）［第 6 章］
国際医療福祉大学成田看護学部 教授
専攻：イラン地域研究・公衆衛生看護学
主な著作："Thalassemia and Three Iranian Patient Activists: Their Pursuit of Advocacy," *Sophia University Center for Islamic Studies Working Paper Series*, 2019,「NGO の活動と役割 ── 脊髄損傷者を対象とした NGO を例に」（山岸智子編著『現代イランの社会と政治 ── つながる人びとと国家の挑戦』明石書店、2018 年）、『イスラームと慈善活動 ── イランにおける入浴介助ボランティアの語りから』（ナカニシヤ出版、2011 年）。

小野仁美（おの・ひとみ）［第3章］
東京大学大学院人文社会系研究科 助教
専攻：イスラーム法、ジェンダー史
主な著作：『「社会」はどう作られるか？ ── 家族・制度・文化』〈〈ひと〉から問うジェンダーの世界史 第2巻〉（姫岡とし子・久留島典子との共編、大阪大学出版会、2023年）、『結婚と離婚』〈イスラーム・ジェンダー・スタディーズ 1〉（森田豊子と共編著、長沢栄治監修、明石書店、2019年）、『イスラーム法の子ども観 ── ジェンダーの視点でみる子育てと家族』（慶應義塾大学出版会、2019年）。

幸加木 文（こうかき・あや）［コラム3］
千葉大学大学院社会科学研究院 特任研究員
専攻：トルコ政治・社会、中東地域研究
主な著作："Political Conjuncture and its Aftermath in Civil Society: The Gülen Movement's Transnational Dynamics Outside Turkey"（Sawae Fumiko (ed.), *Muslims in the Globalizing World/Some Reflections on Japan* (SIAS working paper series 38), Sophia University, 2022)，「女性をめぐる問題へのトルコの市民社会における取り組み」（鷹木恵子編著、長沢栄治監修『越境する社会運動』〈イスラーム・ジェンダー・スタディーズ 2〉明石書店、2020年）、「市民社会 ── 世俗・宗教軸と対政権軸」（間寧編著『トルコ』〈シリーズ・中東政治研究の最前線〉ミネルヴァ書房、2019年）。

齋藤　剛（さいとう・つよし）［第15章］
神戸大学大学院国際文化学研究科 教授
専攻：文化人類学
主な著作：「中東に生きる人々に学ぶ ── 現場主義の精神と『非境界型世界』」（『社会人類学年報』49、2023年）、「家族に絡めとられる ── モロッコのベルベル人母子にみる家族の捉え方」（長沢栄治監修、竹村和朗編『うつりゆく家族』〈イスラーム・ジェンダー・スタディーズ 6〉明石書店、2023年）、『〈移動社会〉のなかのイスラーム ── モロッコのベルベル系商業民の生活と信仰をめぐる人類学』（昭和堂、2018年）。

清水和裕（しみず・かずひろ）［第2章］
九州大学人文科学研究院 教授
専攻：初期イスラーム史、奴隷研究
主な著作：『イスラーム史のなかの奴隷』（山川出版社、2015年）、『軍事奴隷・官僚・民衆 ── アッバース朝解体期のイラク社会』（山川出版社、2005年）。

鷹木恵子（たかき・けいこ）［コラム4、6］
桜美林大学リベラルアーツ学群 教授、図書館長
専攻：文化人類学、マグリブ地域研究
主な著作：『越境する社会運動』〈イスラーム・ジェンダー・スタディーズ 2〉（編著、長沢栄治監修、明石書店、2020年）、『チュニジア革命と民主化 ── 人類学的プロセス・ドキュメンテーションの試み』（明石書店、2016年）、『マイクロクレジットの文化人類学 ── 中東・北アフリカにおける金融の民主化にむけて』（世界思想社、2007年）。

◉執筆者紹介（50音順、［　］内は担当章）

石井正子（いしい・まさこ）［第14章］
立教大学異文化コミュニケーション学部 教授
専攻：フィリピン地域研究、紛争研究
主な著作：「『テロリスト』に対する軍事的解決と信頼のゆくえ —— フィリピンからの問い」（黒木英充・後藤絵美編『イスラーム信頼学へのいざない』〈イスラームからつなぐ1〉東京大学出版会、2023年）、"Formal and Informal Protection for Domestic Workers: A Case of Filipinas"（Masako Ishii, et al. (eds.), *Asian Migrant Workers in the Arab Gulf States: The Growing Foreign Population and Their Lives*, Brill, 2019）, "Empowerment of Migrant Domestic Workers: Muslim Filipinas in the United Arab Emirates"（Kwen Fee Lian, et al. (eds.), *International Labour Migration in the Middle East and Asia: Issues of Inclusion and Exclusion*, Springer, 2019）.

岩崎えり奈（いわさき・えりな）［はじめに］
編著者紹介を参照。

臼杵　悠（うすき・はるか）［第8章］
東京外国語大学アジア・アフリカ言語文化研究所 ジュニア・フェロー
専攻：中東地域研究、ヨルダン社会・経済
主な著作：「NGO（ヨルダン）」（イスラーム文化事典編集委員会編『イスラーム文化事典』丸善出版、2023年）、「対ヨルダン援助 —— 難民受け入れ国の経済的自立を目指して」（阪本公美子他編『日本の国際協力 —— 貧困と紛争にどう向き合うか』ミネルヴァ書房、2021年）、『移民大国ヨルダン —— 人の移動から中東社会を考える』〈ブックレット《アジアを学ぼう》別巻14〉（風響社、2018年）。

大川玲子（おおかわ・れいこ）［第1章］
明治学院大学国際学部 教授
専攻：イスラーム思想、クルアーン解釈史
主な著作：『リベラルなイスラーム —— 自分らしくある宗教講義』（慶應義塾大学出版会、2021年）、『クルアーン —— 神の言葉を誰が聞くのか』（慶應義塾大学出版会、2018年）、『イスラーム化する世界 —— グローバリゼーション時代の宗教』（平凡社、2013年）。

岡崎弘樹（おかざき・ひろき）［コラム1］
亜細亜大学国際関係学部 講師
専攻：アラブ近代思想史、シリア文化研究
主な著書：『アラブ近代思想家の専制批判 —— オリエンタリズムと〈裏返しのオリエンタリズム〉の間』（東京大学出版会、2021年）、ヤシーン・ハージュ・サーレハ『シリア獄中獄外』（翻訳、みすず書房、2020年）。

岡戸真幸（おかど・まさき）［第13章］
編著者紹介を参照。

◉ 監修者紹介

長沢栄治（ながさわ・えいじ）
東京外国語大学アジア・アフリカ言語文化研究所 フェロー、東京大学 名誉教授
専攻：中東地域研究、近代エジプト社会経済史
主な著作：『近代エジプト家族の社会史』（東京大学出版会、2019年）、『現代中東を読み解く —— アラブ革命後の政治秩序とイスラーム』（後藤晃との共編著、明石書店、2016年）、『アラブ革命の遺産 —— エジプトのユダヤ系マルクス主義者とシオニズム』（平凡社、2012年）。

◉ 編著者紹介

岩﨑えり奈（いわさき・えりな）
上智大学外国語学部 教授
専攻：北アフリカ社会経済、中東地域研究
主な著作：「出生率低下があらわす家族のかたち —— チュニジア南部タタウィーン地域の事例」（長沢栄治監修、竹村和朗編著『うつりゆく家族』〈イスラーム・ジェンダー・スタディーズ 6〉明石書店、2023年）、「チュニジア南部タタウィーン地域における女性の出生行動の変化」（『アジア経済』61(1)、2020年）、『新 世界の社会福祉 第11巻　アフリカ／中東』（牧野久美子との共編著、旬報社、2020年）、『現代アラブ社会 —— アラブの春とエジプト革命』（加藤博との共著、東洋経済新報社、2013年）。

岡戸真幸（おかど・まさき）
大東文化大学・上智大学 非常勤講師
専攻：人類学、中東地域研究
主な著作：「上エジプト出身者の葬儀告示から考える家族のつながり」（長沢栄治監修、竹村和朗編著『うつりゆく家族』〈イスラーム・ジェンダー・スタディーズ 6〉明石書店、2023年）、「出稼ぎ・移民（エジプト）」「家族・親族（エジプト）」（イスラーム文化事典編集委員会編『イスラーム文化事典』丸善出版、2023年）、「感情の荒波を乗り越える —— 調査日誌の読み直しから」（長沢栄治監修、鳥山純子編著『フィールド経験からの語り』〈イスラーム・ジェンダー・スタディーズ 4〉明石書店、2021年）。

イスラーム・ジェンダー・スタディーズ8

労働の理念と現実

2024年3月31日　初版第1刷発行

監修者　長 沢 栄 治
編著者　岩 崎 えり 奈
　　　　岡 戸 真 幸
発行者　大 江 道 雅
発行所　株式会社明石書店
〒101-0021 東京都千代田区外神田6-9-5
電話 03（5818）1171
FAX 03（5818）1174
振替　00100-7-24505
https://www.akashi.co.jp/
装丁　明石書店デザイン室
印刷　株式会社文化カラー印刷
製本　協栄製本株式会社

（定価はカバーに表示してあります）　ISBN978-4-7503-5739-3